aufbau taschenbuch

AUFBAU VERLAGSGRUPPE

Friedrich Schorlemmer, geboren 1944, aufgewachsen in der Altmark, Volkshochschulabitur, 1962 bis 67 Studium der Theologie in Halle, Vikar in Halle-Neustadt, 1967–1971 Studieninspektor in den Franckeschen Stiftungen, 1971–1978 Jugend- und Studentenpfarrer in Merseburg, 1978–1992 Dozent am Evangelischen Predigerseminar und Prediger an der Schloßkirche in Wittenberg, seit 1992 Studienleiter an der Evangelischen Akademie in der Lutherstadt, P.E.N.-Zentrum Bundesrepublik Deutschland seit 1991, 1989 Carl-von-Ossietzky-Medaille der Internationalen Liga für Menschenrechte, 1993 Friedenspreis des Deutschen Buchhandels, 2002 Ehrendoktor in Austin/Texas.

Jüngste Veröffentlichungen: *Absturz in die Freiheit. Was uns die Demokratie abverlangt* (AtV 7029-4), *Die Bibel für Eilige* (AtV 1920-0), *In der Freiheit bestehen. Ansprachen* (AtV 7045-4), *Hier stehe ich – Martin Luther* (Berlin 2003), *Woran du dein Herz hängst … Politisches Handeln und christlicher Glaube* (Freiburg 2006), *Lass es gut sein. Ermutigung zu einem gelingenden Leben* (Berlin 2007).

Für Friedrich Schorlemmer ist Kunst Quelle für Glückseligkeit, Trost und Orientierung bei der Suche nach dem, »was die Welt im Innersten zusammenhält«. Als Theologe interpretiert er Werke von großen DichterInnen, Komponisten und bildenden Künstlern, die ihn durch Schönheit, Vielfalt und Klarheit faszinieren: Lessings Gedanken über Wahrheit und Toleranz, Schillers Poesie und Pathos, Paul Gerhardts Lieder, Mozarts »himmlische« Tonschöpfungen, das Verständnis der Kosmopoliten Goethe und Hermann Hesse von Religion, Barlachs Mahnmale gegen den Krieg, Fühmanns Bibelauslegung, Hilde Domins Gedichte gegen die Endgültigkeit, Brechts Prinzip Zweifel. Seine Deutungen inspirieren, diesen Werken und Gedanken neu und anders zu begegnen.

Friedrich Schorlemmer

»Ich habe keinen Gott. Aber Gott hat mich.«

Die Künstler und die Religion

Aufbau Taschenbuch Verlag

Dem Lehrer
Dem Anreger
Dem Freund
Walter Jens

ISBN 978-3-7466-8149-8

Aufbau Taschenbuch ist eine Marke der Aufbau Verlagsgruppe GmbH

1. Auflage 2007

Umschlaggestaltung Preuße & Hülpüsch Grafik Design
unter Verwendung eines Fotos von Susanne Schleyer
Druck und Binden AALEXX Druck GmbH, Großburgwedel
Printed in Germany

www.aufbau-taschenbuch.de

Inhalt

III. Die Zweifel der Suchenden: Begleiter aus der Krise

Die Künstler und die Religion

»Was die Welt im Innersten zusammenhält« – dies zu ergründen, ist ein Urmotiv der Künstler. Zwölf stelle ich in diesem Buch vor.

Sie alle haben mich gelehrt zu fragen und weiterzufragen; sie haben mir Türen geöffnet, hinter denen sich neue Türen auftaten. Sie haben mich durch die Schönheit, Vielfalt und Klarheit ihrer Sprache, ihrer Musik, ihrer Bilder und Figuren fasziniert, gebildet und motiviert.

In *keinem* Fall bin ich ein Experte, in *jedem* Fall ein Liebhaber.

Ich lese, höre und sehe sie als Theologe. Sie alle haben sich nicht mit einfachen Antworten begnügt; sie haben die »letzten Fragen« im Kontext der »vorletzten Fragen« gestellt.

Gott ist für jeden eine ganz eigene Herausforderung, für keinen ein religiöses Dogma oder eine fromme Ausrede, für einige das Geheimnis des Lebens schlechthin.

Und so kommt auch der Missbrauch des Wortes Gott wie der Religion überhaupt zur Sprache.

Allen voran steht *Lessing*, der uns im so genannten »Kampf der Kulturen« Hilfreiches zu sagen hat und zu einem Toleranzkonzept kommt, das sich den Härten des Lebens stellt und nicht idealistisch darüber hinwegträumt.

Goethe, der »große Heide«, blieb nicht frei von selbstvergottenden Zügen und hat zugleich die Friedensformel für (tödlich) konkurrierende Religion schlechthin gefunden:

Närrisch, daß jeder in seinem Falle
Seine besondere Meinung preist!
Wenn *Islam* Gott ergeben heißt,
In Islam leben und sterben wir alle.

Friedrich Schillers Vision vom spielend glücklichen Menschen und von der Bruderschaft aller Menschen verschweigt nicht die Verführbarkeit des Menschen, schon gar nicht die Blutspur, die die Inquisitoren der Wahrheit hinterlassen haben.

Niemanden will ich christlich vereinnahmen, aber ich gehe den Spuren des Christlichen nach und finde viel gedanklich Weiterführendes, auch das, was wir Transzendenz nennen. Vor allem *Hesses Gedichte* und Essays eröffnen mir eine universalistische Weite des Glaubens – tröstlich und ermunternd.

»Das Wunder *Mozart*« bleibt ein Rätsel. Seine Musik hat etwas Lösendes und Erlösendes. Sie setzt in uns etwas frei: Gelöstheit, Heiterkeit, Freiheit, Glückseligkeit.

Seit der Kindheit bin ich umgeben von den schlichten Versen und herzbewegenden Melodien *Paul Gerhardts*, der den Glauben in den Schrecken des Dreißigjährigen Krieges zu bewahren verstand und christlichen Glauben in der Ich-Sprache zu fassen lehrt.

Leo Tolstoi hat in Leben und Werk offengelegt, wie tief der Widerspruch zwischen Ideal und Wirklichkeit bleibt und wie Orthodoxie und Orthopraxie einander brauchen und miteinander zusammenhängen.

Ernst Barlach, kämpferischer Pazifist gegen eine nationalistisch verirrte Kirche, Schöpfer von Mahnmalen gegen den Krieg, die Helden nicht zu Opfern stilisierten, half schon dem 15-Jährigen, das Alleinsein und Alleinstehen zu bestehen: »Mann im Wind«, »der Zweifler«, »die Begegnung«.

Hilde Domin, die vertriebene deutschen Jüdin, schenkte uns nach ihrer Rückkehr Gedichte gegen die Endgültigkeit – Wegweiser zu einem immer möglichen Neubeginn.

Bertolt Brecht hat in seiner »Hauspostille« die Vertröstungsideologie aufs Korn genommen und im »Guten Menschen von Sezuan« die Frage nach dem guten Menschen, der guten Welt und den guten Göttern aufgeworfen und dabei immer das Erbarmen über das Recht der Herrschenden gestellt.

Franz Fühmann, geborener Katholik, erzogener Nazi, umerzogener Kommunist, vollzog in schmerzhaftester Ehrlichkeit den Abschied von allen ideologischen Täuschungen. Er wurde vielen, die in der DDR großgeworden sind, einer der wichtigsten Anreger und Zeugen des Jahrhunderts.

Die Theo-Poetin *Dorothee Sölle* gibt vom »Politischen Nachtgebet« bis zum Widerständigen in der Mystik dem christlichen Glauben als befreiender Kraft in bedrückenden Verhältnissen wirkmächtig Sprache.

Diese Liebeserklärungen mögen ermuntern, den Kunstwerken wieder – und wieder anders – zu begegnen.

> Willst du ins Unendliche schreiten,
> geh nur im Endlichen nach allen Seiten.
> Willst du dich am Ganzen erquicken,
> so mußt du das Ganze im Kleinsten erblicken.
>
> (Goethe)

Wittenberg, am 1. Advent 2006

I.
Dichtung und Wahrheit – das Gute und das Schöne

Nach Wahrheit suchen
Lessings Gedanken über Glaube, Vernunft und Toleranz

I.

Geht es im gegenwärtigen Streit zwischen westlicher und muslimischer Welt wirklich um »Gott« – also um Jahwe, Allah oder den Vater Jesu Christi?

Wie ein Dammbruch wirkten die mit Absicht schmähenden und höhnenden Karikaturen aus einer dänischen Provinzzeitung in der islamischen Welt. Mobilisierter Mob einerseits, tiefe Kränkung und Verletzung religiöser Gefühle andererseits. Lang Aufgestautes macht sich Luft.

Die Erregung kommt aus wiederholter Generalverdächtigung von Muslimen als Islamisten oder potentiellen Terroristen.

Der Westen fürchtet Überfremdung und Unterhöhlung, ohne selber noch recht zu wissen, welches die geistig-kulturellen Grundlagen der eigenen Kultur sind. Ein Gefühl für die Tiefe religiöser Gefühle haben hier nur noch wenige. Schnoddrig bis arrogant geht man im Namen der Freiheit, in der alles erlaubt scheint, darüber hinweg. Wie ist das mit der »Würde«, von der in Art. 1 GG die Rede ist?

Politische und ökonomische Demütigung wird überlagert von religiös-kultureller Differenz. Ein Aufschaukelungsprozess ist im Gange. Bekräftigung der Pressefreiheit hier, Klagen über Verletzung der Würde durch Verletzung innerster Gefühle dort. Friedliche Proteste neben gewaltsamen Ausschreitungen, diplomatische Klugheit hier, gesteuerte Volkswut dort.

Inwieweit geht es dabei aber um »Gott«? Inwieweit geht es um islamisch getarnten Terrorismus, inwieweit um westliche Grundwerte, inwieweit um globale Macht- und Ressourcenansprüche?

Von gegenseitigem Verstehen sind wir weit entfernt – von einem fruchtbaren Dialog ohnehin. Vorurteile und Ängste grassieren auf beiden Seiten. Lessings Nathan geht in eine neue Runde – zwischen Scylla Fundamentalismus und Charybdis Relativismus.

Es gehört zu den seltenen Glücksfällen der geistigen Kultur, wenn drei Männer wie Lessing, Nicolai und Mendelssohn zusammentreffen. Alle drei sind – wie Nicolai erzählt – in der Blüte ihrer Jahre, voll Wahrheitsliebe und Eifer und von unbefangenem Geiste.

»Keiner hatte gegen den anderen Mißtrauen oder die geringste Zurückhaltung, vielmehr beseelte uns alle das uneingeschränkteste Vertrauen. Daher entstand bei unsrem mehr als zwanzigjährigen sehr genauen Umgange auch nicht ein einziges Mal das geringste Mißverständnis, obgleich fast jede unserer Zusammenkünfte lebhafteste Disputation war, durch die, ohne Rechthaberei und Lehrerton, eine Menge Ideen bei jedem von uns heller wurden.«[1]

Es ist kaum zu glauben: da treffen drei Menschen zusammen, die von sich sagen, dass sie »dogmatisch« in ihren Prinzipien seien, womit sie meinten »kritisch«, denn ihre Prinzipien hätten sie ernsthaft untersucht und geprüft. »In höchstem Grade skeptisch« seien sie in allen Fragen geblieben. Das nennt man im 21. Jahrhundert »Aufklärung der Aufklärung«.

Lessing nahm in einer Disputation entweder die schwächste Partie ein oder suchte, »wenn jemand das Dafür vortrug, sogleich mit seinem Scharfsinne das Dawider« auf. Sie alle drei waren davon überzeugt, »daß in spekulativen Dingen sehr oft die gefundene Wahrheit nicht so viel wert ist als (vielmehr) die Übung des Geistes, wodurch man sie zu finden sucht.«[2] Der Weg also qualifiziert das Ziel!

So haben sie – drei skeptische, kritische und von Prinzipien bestimmte Männer – ohne das geringste Missverständnis ihre Wahrheitssuche freundschaftlich, aber nicht kumpaneihaft oder parteiisch betrieben: ein in jüdischer Tradition verwurzelter Philosoph und Kaufmann, ein idealistischer, philosophisch bewanderter Dichter, zugleich Verleger und ein aus protestantischem Pfarrhaus stammender literarischer Freigeist und scharfsinniger Denker. Das eben macht große Geister aus: sie können auf Gesten der Macht verzichten, auch auf jegliche Selbstdurchsetzung des Stärkeren oder auf jene egomanische Attitüde, die Künstlern oft eigen ist.

Der *Weg*, sich einer Wahrheit zu nähern, war ihnen allemal wichtiger als das *Ergebnis*. Dabei waren sie durchaus auf ein Ergebnis aus. Ihr Nachdenken und ihr Vorausdenken betrieben sie nicht als bloßes Gedankenspiel. Ums Große und ums Ganze ging es genauso wie ums Kleine, Einzelne, Konkrete. Solcherart zu denken ist allen orthodoxen Fundamentalisten, übelnehmenden Kleingeistern und vor allem all jenen suspekt, die das Argument der Macht geschickt zu handhaben wissen, weil es ihnen an der Macht der Argumente fehlt.

Wer in solchem diskursiven oder dialogischen Denken zu Hause ist und zu Hause bleibt, der weiß letztlich um das Geheimnis der Wahrheit und weiß um die Gefahr, die von jenen ausgeht, die sich als Wahrheitsbesitzer wähnen.

Einen Mann wie Lessing allerdings zeichnet aus, dass er nicht alles infrage stellt und lediglich alle Argumente aufsammelt, die für Skeptizismus oder gar für Nihilismus sprechen, sondern dass er Position bezieht und diese vertritt, statt sich in entscheidungslosen Relativismus zu flüchten: Feines Denken ist kein feiges Denken!

Nichts erklärt eindrücklicher, einfacher und einleuchtender, worum es Lessing geht, wenn er mit dem Wort Gott umgeht, als die folgende Passage aus dem so genannten »Fragmentenstreit«.

»Nicht die Wahrheit, in deren Besitz irgendein Mensch ist oder zu sein vermeint, sondern die aufrichtige Mühe, die er angewandt hat, hinter die Wahrheit zu kommen, macht den Wert des Menschen, denn nicht durch den Besitz, sondern durch die Nachforschung der Wahrheit erweitern sich seine Kräfte, worin allein seine immer wachsende Vollkommenheit besteht. Der Besitz macht ruhig, träge, stolz.

Wenn Gott in seiner Rechten alle Wahrheit und in seiner Linken den einzigen, immer regen Trieb nach Wahrheit, obschon mit dem Zusatze, mich immer und ewig zu irren, verschlossen hielte und spräche zu mir: ›Wähle!‹ Ich fiele ihm mit Demut in seine Linke und sagte: ›Vater, gieb, die reine Wahrheit ist ja doch nur für dich allein!‹«[3]

Viele, die Lessing gern zitieren, lassen den zweiten Teil weg (weil sie gern »Gott« wegließen – als ob es *nur um die Suche selbst* ginge, um jene aufrichtige Mühe, die indes nie zum Ziele gelangt, dieses ewige Grüblerische, etwa jenes nie ans Ziel gelangende Gottsuchertum. Lessing aber schließt seinen Gedankengang einerseits mit der Entscheidung »für den regen Trieb nach Wahrheit« und andererseits mit der demütigen Selbstbeschränkung, die geradezu etwas Erlösendes, etwas Entlastendes, etwas Förderlich-Vorläufiges für den Menschen hat: »Die reine Wahrheit ist ja doch nur für dich allein.«

Goethe hat in seinen Gesprächen mit Eckermann treffend vermerkt, es sei doch merkwürdig, dass Lessing uns immer »erst jenen philosophischen Weg durch Meinung, Gegenmeinung und Zweifel herumführt, ehe er uns endlich zu einer Art von Gewißheit gelangen läßt«.

Lessing und Goethe scheinen sich hier ganz einig, dass es auch um *Gewissheit* geht, statt um ein gänzliches *Offenlassen* aller großen Fragen. Goethe wie Lessing ist eine gewisse Affinität zum muslimischen Denken eigen, die Goethe 1819 in jenem berühmten Gedicht aus dem »Buch der Sprüche« im »West-Östlichen-Divan« so formuliert hat:

> Närrisch, daß jeder in seinem Falle
> Seine besondere Meinung preist!
> Wenn *Islam* Gott ergeben heißt,
> In Islam leben und sterben wir alle.

Dies könnte, meint Karl-Josef Kuschel, fast ein Kommentar zur Ringparabel sein; es geht nicht bloß um Anstrengung, schon gar nicht bloß um *moralischen* Erweis der Wahrheit, sondern um jene letzte *Ergebenheit in Gott*, aus der heraus das *Suchen* erfolgt, statt etwas Geoffenbartes nur zu *glauben*.

II.

Lessing hält dem Vorwurf des Hamburger Hauptpastors Melchior Goeze, »der Bibliothekar in Wolfenbüttel habe [ihm] … nichts zu befehlen«, entgegen: »Sehr wahr! Aber was hat denn der Hautpastor in Hamburg dem Bibliothekar in Wolfenbüttel zu befehlen, daß er ihn öffentlich vorladen darf, auf eine Frage zu antworten, die voraussetzt, daß er befriedigend nicht darauf antworten könne?«

1778 meint Lessing in seiner Vorrede zum letzten von ihm herausgegebenen Reimarus-Fragment, »daß man nach der Lektüre (dieses Religionskritikers) wenigstens aufhören wird, seinen Verfasser als einen Wahnsinnigen zu verschreien, der die Sonne mit einem Schneeballe auslöschen will«.

Einer, der die Religion kritisiere, die in Texten und heiligen Büchern fixiert sei, sei doch nicht jemand, der »die Sonne mit einem Schneeballe auslöschen will«.

Kritische Untersuchung der Glaubensgrundlagen hat keine Angst vor der Zerstörung derselben, sondern weiß um die »innere Wahrheit« der Religion. Dazu ist nach Lessings Urteil der Hauptpastor Goeze nicht in der Lage. Er sei der einzige Theologe, »der zugleich so *stolz* und so *klein* von der christlichen Religion denket. Dazu ist er der einzige, der es mir verübelt, daß ich die Flut lieber nach und nach durch den Damm zu leiten suche, als den Damm auf einmal will übersteigen lassen« – also die Flut überschwappen zu lassen.

Lessing achtet die gelehrten Theologen und plädiert unentwegt für den mündigen Christen, der sich von den gelehrten Theologen seinen Glauben nicht vorschreiben lassen solle. Stets denkt er in These und Antithese – genau diese Methode kann die Wahrheit einer Lehre stützen. »Auch das, was Gott lehret, ist nicht wahr, weil es Gott lehren will: sondern Gott lehrt es, weil es wahr ist.«

Die Theologen warnt er vor der Enge. Der Theologe sollte nicht wie »der furchtsame Soldat [sein], der sich an den Grenzfestungen den Kopf zerstößt und kaum das Land darüber zu sehen bekommt.«

Er führt einen Kampf gegen die Buchstabengläubigkeit, für ihn ist die Erkenntnis, auch die Gotteserkenntnis, nicht mit der Bibel abgeschlossen. Er sucht nach der Wahrheit der Religion *in* der Religion. Er nennt das »die innere Wahrheit«, die nicht von einzelnen Buchstaben oder fest umrissenen Büchern abhängt. Wie ein prophetischer Weheruf wirkt das, was er über den zu selbstgewissen Prediger kommen lässt, der da meinte, sein Weg zur Wahrheit zu kommen sei der einzige:

»O über den Mann, allmächtiger Gott! der ein Prediger deines Wortes sein will, und so keck vorgibt, daß du deine Absicht zu erreichen, nur den einzigen Weg gehabt, den du dir gefallen lassen, ihm kund zu machen! O über den Gottesgelehrten, der außer diesem einzigen Wege, den er sieht, alle anderen Wege, weil er sie nicht sieht, platterdings leugnet! – Laß mich, gütiger Gott, nie so rechtgläubig werden, damit ich nie so vermessen werde!«

Lessing geht es bei aller Schärfe der Auseinandersetzung letztlich um Vermittlung, nicht um Entgegensetzung. So sieht er, wie haltlose Spötterei über den Glauben grassiert und die Theologie und die Theologen verächtlich gemacht werden. Es bestünde ein tiefer Graben, über den hinweg es kaum noch einen fruchtbaren Dialog geben könne.

»Seichtigkeit und Spötterei auf der einen Seite, hat man nicht selten mit Stolz und Naserümpfen auf der anderen erwidert. Man hat sich sehr beleidiget gefunden, wenn der eine Teil Religion und Aberglauben für eins genommen: Aber man hat sich kein Gewissen gemacht, Zweifel für Unglauben, Begnügsamkeit mit dem, was die Vernunft sagt, für Ruchlosigkeit auszuschreien. Dort hat man jeden Gottesgelehrten zum Pfaffen, hier jeden Weltweisen zum Gottesleugner herabgewürdiget.«

Über zweihundert Jahre schleppen wir jenen Gegensatz von »Glaube und Vernunft« jetzt mit uns herum. Billige Kritik auf beiden Seiten statt Hören der je anderen Position zur Vertiefung und Verbreiterung der Erkenntnis!

Es ist eine Quasi-Inquisition, der sich Lessing gegenübersieht.

Er hat sich intensiv mit den Kirchenvätern beschäftigt und setzt voraus, dass die Kontroversen sachbezogen weitergehen können, »besonders, wenn es dem Herrn Hauptpastor gefallen sollte, sie von unserer übrigen Katzbalgerei abzusondern und ohne Vermischung mit neuen Verleumdungen zu behandeln.«

Wahrheitsbesitzern ist es eigen, dass ihnen die Antworten nicht nur wichtiger als die Fragen sind, sondern dass sie das Fragen allzu gern zu unterbinden wünschen.

In einer Rezension zum »Nathan« aus dem Jahr 1780 heißt es: »›Herrlich! Herrlich!‹ sprach der Sultan *Saladin*, als ihm Nathan die Geschichte mit dem Ring erzählt hatte. *Herrlich! Herrlich!* sprach das ganze Publikum, als es dieses vortreffliche Gedicht gelesen; die schwachköpfigen Hyperorthodoxen und die verunglückten Theologen ... abgerechnet, deren Stimmen aber bekanntlich schon längst Null sind.«

Der Rezensent fährt fort, dies Stück sei das bleibendste Denkmal von der Freimütigkeit im Untersuchen und Prüfen solcher Gegenstände. Und darüber hinaus sei es das bleibendste Denkmal »von den Fortschritten unseres Zeitalters in der Kenntnis des wahren Gehalts unsrer und andrer Religionen und von der aus diesen Einsichten fließenden Verträglichkeit«.

Verträglich sollen unsere Wahrheiten sein – für den Einzelnen selbst und sein Leben, aber auch für den anderen, demgegenüber sie vertreten werden.

Lessing weiß sehr wohl, wie schwer es ist, sich von eingebläuten Traditionen zu lösen. Selbst der Aberglaube, in dem ein Mensch aufgewachsen ist und den er als solchen erkannt hat, verliert nicht sogleich seine Macht über den Menschen, sondern tritt als eine Art Langzeitmentalität immer wieder hervor. »Es sind nicht alle frei, die ihrer Ketten spotten«, diagnostiziert er scharf.

Das Kriterium aller Wahrheit ist letztlich die Liebe. Lessing knüpft immer wieder an das Wort des Johannes an, »Gott ist Liebe, und wer in der Liebe bleibt, der bleibt in Gott.« (1. Johannesbrief, Kapitel 4). Es geht Lessing nicht um die ontologische Frage nach dem »Sein Gottes«, nicht um das Subjekt »Gott«, sondern um seine Prädikate, um Barmherzigkeit und Brüderlichkeit. Wie Gott wirkt, so *ist* er.

In Lessings 1777 anonym publizierten Dialog »Das Testament Johannis« hinterlässt der greise Johannes nur ein einziges Vermächtnis: »Kinderchen, liebt euch!« Dies habe Johannes immer wieder wiederholt, und auf die Frage, ob das alles sei, habe der Jünger geantwortet: »Darum, weil es der Herr befohlen. Weil das allein, das allein, wenn es geschieht, genug, hinlänglich genug ist.«

Welches von beiden möge wohl das Schwerere sein, fragt Lessings fiktives Ich: »Die christlichen Glaubenslehren annehmen und bekennen? oder die christliche Liebe ausüben?« Die Antwort lautet: Gott ist nicht einfach »die Liebe«, sondern er ist ein Liebender, der einander Liebende will. Und er will sich selbst *darin* zeigen.

III.

Lessing sucht unablässig nach einer möglichen Vermittlung zwischen *Glauben* und *Vernunft. Er strebt* nach der Überwindung »des garstigen Grabens zwischen zufälligen Geschichtswahrheiten und ewigen Vernunftwahrheiten«.

Bis heute ist die Frage virulent geblieben, ob christlicher Glaube darin besteht, an bestimmte (wundersame) historische Tatsachen zu glauben *oder* aber eine existenzielle Wahrheit selber zu erleben. Bedeutet Glauben, zu glauben, also für wahr zu halten, dass etwa im Jahre 4 unserer Zeitrechnung in Bethlehem in einem Stall der Messias der Welt als ein armseliges Kind geboren und von drei Königen aus dem Morgenland nebst Hirten besucht worden sei? Oder geht es nicht vielmehr darum, ob *ich* glaube, dass *mir* der Heiland geboren wurde, der mir heute zum Licht für die Welt wird. Darin ist sich Lessing mit der existentialistischen Theologie eines Rudolf Bultmann im 20. Jahrhundert ganz einig.

Wie vergegenwärtigt sich etwas Vergangenes so, dass ich mit dem Erzählten gleichzeitig werde, ohne ein vorgefertigtes Dogma übernehmen zu müssen.

Lessing strebt nach »Erweisen des Geistes und der Kraft«. Wie können wir über den garstigen Graben der Geschichte springen, um vom Damals ins Heute, von einer zufälligen Geschichtswahrheit zur notwendigen Vernunftwahrheit kommen?

Lessing wendet sich im Anschluss an die »Fragmente« des Hamburger Orientalisten Hermann Samuel Reimarus – angesichts der Widersprüche, die sich in biblischen Schriften selbst finden – gegen die Lehre von der Verbalinspiration.

Melchior Goeze, einem der bedeutendsten Vertreter damaliger lutherischer Orthodoxie, ruft er geradezu pathetisch zu: »Ich will schlechterdings von Ihnen nicht als der Mann verschrieen werden, der es mit der lutherischen Kirche weniger gut meinet als Sie … Wer bringt uns endlich ein Christentum, wie du (er meint damit Luther) es jetzt lehren würdest; wie es Christus selbst lehren würde! Wer –?«

Bald darauf wird ihm die Zensurfreiheit des Wolfenbüttler Bibliothekars entzogen. Als Reaktion schreibt er das Drama »Nathan der Weise«. Wir verdanken dieses große Weltdrama geradezu einem schweren Konflikt, der asymmetrisch zulasten Lessings ausgetragen wurde.

Der Tochter des Reimarus, des wahren Verfassers der »Fragmente eines Ungenannten« gesteht er seine Absicht: »Ich muß versuchen, ob man mich auf meiner alten Kanzel, auf dem Theater wenigstens, noch ungestört will predigen lassen.«

Wir verdanken vielleicht gerade jener Zensurmaßnahme jenen so großartigen künstlerischen Widerstandsimpuls.

Lessing erweist sich als glänzender Dialektiker. Er verlegt das Geschehen ausgerechnet nach Jerusalem und nimmt dem Streit mit dem Pastor Goeze seine Kleinlichkeit, indem er die großen Religionen in Gestalt ihrer besten Vertreter auf die Bühne bringt. Ein aufgeklärter Jude begegnet einem aufgeklärten Muslim und einem jungen Kreuzritter, der dazulernt. Der Patriarch repräsentiert dagegen die autoritär-inquisitorische Kirche.

Nicht das Christ- oder das Jude-Sein, sondern das Mensch-Sein steht im Mittelpunkt sowie alles, was den Getrennten an verbindender Humanität gemeinsam ist. Freilich lässt Lessing, anders als der kalt aufklärerische und latent antisemitische Voltaire, die Humanität durchaus in Religiosität gegründet sein.

Lessing ist kein Kronzeuge für einen heute gängigen Beliebigkeitspluralismus oder gar ein indifferentes *anything goes*, dem letztlich alle religiösen Entscheidungen und Unterscheidungen völlig gleichgültig sind.

Einerseits zählt nur die praktische Bewährung: »Jeder eifere seiner *unbestochnen*, von Vorurteilen freien Liebe nach.« Das ist keine platte Moral, denn andererseits erweist sich gerade die *Kraft* des Ringes, also der Religion selbst »mit Sanftmut, mit herzlicher Verträglichkeit, mit Wohltun, mit innigster Ergebenheit in Gott«. Die Wunderkraft des Ringes erweist sich gerade darin, dass sie »vor Gott und Menschen angenehm« macht.

Letztlich geht es in dem Stück nicht um eine bloße *moralische* Überlegenheit, insbesondere moralische Anstrengung um einen moralischen Vorzug der einen gegenüber den anderen. Lessing zielt auf eine politisch-religiöse Utopie, auf die Versöhnung der

Verschiedenen, der er in einem symbolisch gespielten Umarmungsfest der Menschen verschiedenen Glaubens Ausdruck gibt. Stumm. Kein Wort mehr.

Es ist wie der Friedensgruß derer, die miteinander das Leben eucharistisch teilen. Es ist eine Apotheose der Brüderlichkeit, wie sie Schiller später in seiner Ode »An die Freude« überhöht. Das Gute tun Menschen nicht, um sich voreinander zu erweisen oder auf irgendeine Belohnung zu hoffen, sondern sie tun das Gute, *weil* es das Gute ist. (So im Paragraph 85 seiner Schrift »Die Erziehung des Menschengeschlechts«.)

Lessing weiß, wie schwierig der Weg in eine befreite Gesellschaft sein wird – ganz analog zu Luther, der vom Krebsgang sprach, in dem es manchmal vorangeht.

So heißt es im Paragraph 91: »Geh deinen unmerklichen Schritt, ewige Vorsehung! Nur laß mich dieser Unmerklichkeit wegen an dir nicht verzweifeln. – Laß mich an dir nicht verzweifeln, wenn selbst deine Schritte mir scheinen sollten zurückzugehen!«

Die kleinen Zeichen sehen, statt daran zu verzweifeln, dass der »große Wurf« nicht gelingt!

In einer Welt der inneren und äußeren Zensur hat es der Einzelne nie leicht und muss eine vielfache List anwenden. So argumentiert Lessing, um die Zensur zu foppen, mit den Kirchenvätern Irenäus oder Origenes.

Er selbst findet sich in der Verhaltensweise seines Nathan wieder, seinem Freund Moses Mendelssohn ein Denkmal setzend.

Walter Jens charakterisiert Lessing so: »Wenn's zur Entscheidung kommt, prescht Lessing nicht vor, sondern retardiert, besinnt sich, setzt ab und beginnt neu, stellt Fragen, trägt Einwände vor, bringt den Partner ins Spiel, entwickelt Alternativen und trägt, in dem ihm eigenen Akt des Laut-Denkens, ein dialektisches Exerzitium vor. Wahrheit, so die Quintessenz der Überlegungen, ist keine Münze, die sich rasch und bar aufs Brett zählen läßt.«[4]

Unübertroffen Nathans Monolog, nachdem Saladin von ihm überraschend »Wahrheit«, nichts als die Wahrheit wollte.

> … als ob die Wahrheit Münze wäre! …
> Wie Geld in Sack, so striche man in Kopf
> Auch Wahrheit ein? Wer ist denn hier »der Jude«?
> Ich oder er? – Doch wie? Sollt er auch wohl
> »Die Wahrheit« nicht in Wahrheit fordern? – …
> Ich muß behutsam gehen!

Im Patriarchen zeichnet er einen Typen, der voll dumpfer Rechthaberei ist, geradezu das Schreckbild eines Anwalts institutionell verfasster Religion, ein bornierter Orthodoxer, der nie im Bannkreis des Lichts gewesen ist, wo Vernunft und Offenbarung einander begegnen. Ein Todfeind jeglicher Gesprächskultur.

Wer einen echten Dialog sucht, setzt auf Spontaneität, individuellen Ausdruck, situationsbezogene Rede, Entdeckung des Ichs in anderen, nicht Disziplinierung, sondern Lust, Be-Denken, auch Lachen.

IV.

Im Entwurf der Vorrede für sein Stück bekennt Lessing unumwunden: »Nathans Gesinnung gegen *alle* positive Religion ist von jeher die meinige gewesen.«

Von jeher! Hatte er nicht bereits mit zwölf Jahren bei der Aufnahmeprüfung für Sankt Afra aus eigenem Antrieb seinem kleinen Aufsatz – schon damals unerschrocken, scharfsinnig und wortgewandt – einige lateinische Sätze hinzugefügt. Es sei barbarisch, zwischen den Völkern einen Unterschied zu machen, da doch alle von Gott geschaffen und mit Vernunft ausgestattet worden seien; besonders Christen gezieme es, den Nächsten zu lieben; Christus zufolge sei derjenige der Nächste, der unserer Hilfe bedürfe und – so folgerte Lessing – da wir alle der Hilfe der anderen bedürften, seien wir alle untereinander Nächste. Und genau deshalb sollten wir die Juden nicht verurteilen, obwohl sie Christus verurteilt haben, und auch die Mohammedaner nicht verurteilen, schließlich sei niemand ein Barbar, außer, wer inhuman und grausam ist.

So redet bereits der Zwölfjährige. Ganz autonom deutete er biblische Texte, über die er in seinem Elternhause ausführlichst unterrichtet worden war. Früh nahm er sich das Recht *eigener* Interpretation.

Lessing betont die historische Relativität der religiösen Wahrheit – je nach dem Herkunftsort eines Menschen. Er sucht nach Transzendierung und Universalisierung dieses begrenzten Ortes.

Auf die Rechte der Menschheit kann man nicht dringen, wenn man nicht zugleich die Rechte jeder Minderheit reklamiert. Humanität – wie er sie von einer praxis pietatis Jesu her versteht – ist erst dann erreicht, wenn gegenseitiger Respekt garantiert ist, aus dem heraus sich die Religionen tolerieren. Anerkennen, nicht bloß dulden!

Der Glaube braucht ein Tun. Aber es ist ein Tun des Glaubens, Folge eines inneren Prinzips, einer inneren Überzeugung, einer tragenden, unverfügbaren Gewissheit, die sich in praxi zeigt, aber nicht mit dieser Praxis identisch ist. Der treibende Grund ist eben der jeweilige Ring.

Friedrich Jacobi hob in seinen Aufzeichnungen über Gespräche mit Lessing dessen Einverständnis mit Spinoza hervor. Bei seinem Besuch in Wolfenbüttel im Sommer 1780 hätten sie noch am Ankunftstage »über viele wichtige Dinge«, auch von Personen, moralischen und unmoralischen, Atheisten, Theisten und Christen gesprochen. Er habe Lessing das »Prometheus«-Gedicht vorgelegt.[5] Nachdem Lessing es gelesen hatte, habe er erklärt: »Ich habe kein Ärgernis genommen; ich habe das schon lange aus erster Hand. ... Die orthodoxen Begriffe von der Gottheit sind nicht mehr für mich; ich kann sie nicht genießen ἓν καί πᾶν! * Ich weiß nichts anderes. Dahin geht auch dies Gedicht; und ich muß bekennen, es gefällt mir sehr.«

Jacobi führte diese Äußerung auf das pantheistische Gottesverständnis zurück, demzufolge der *Eine* identisch ist mit Allen und Allem, das Einzelne mit dem Ganzen, das Konkrete mit dem Abstrakten, das einzelne Sein mit dem Weltall. Lessing blieb indes eher ein Deist. Gott ist für ihn nicht das ewige, unbewegliche ferne Sein des Seins, sondern ein Gott in Bewegung, der einen Plan mit der Menschheit hat und sie in seiner Selbstbewegung in Bewegung hält.

Jacobi schreibt über Lessing resümierend: »Mit der Idee eines persönlichen schlechterdings unendlichen Wesens, in dem unveränderlichen Genusse seiner allerhöchsten Vollkommenheit konnte Lessing sich nicht vertragen. Er verknüpfte mit derselben eine solche Vorstellung von unendlicher Langeweile, daß ihm angst und weh dabei wurde.«

V.

Jacobi vermerkt, Lessing habe zum einen das ἓν καί πᾶν als Inbegriff seiner Theologie und Philosophie bezeichnet und zum anderen ihm gegenüber bekannt, »aber ich bleibe ein ehrlicher Lutheraner«.

Was aber sollte das bedeuten? Lessing interpretierte sein Verständnis vom Luthertum in dem 1780, ein Jahr vor seinem Tode, herausgegebenen Traktat »Die Erziehung des Menschengeschlechts«.

Seine Grundthese: Gott ist in der Welt weiter wirksam. Seine Offenbarung zielt auf die Erziehung des Menschengeschlechts und einen immer weitergehenden Fortschritt menschlicher Vernunft. Dem Alten Bund sei der Neue Bund gefolgt. Aber Gott wirke weiter in der Menschheitsgeschichte.

* ἓν καί πᾶν – griech. »eins und alles«; besagt im pantheistischen Weltbild: die Gottheit als das »Eine« ist zugleich das »Alles«.

Es sei die »nämliche Ökonomie des nämlichen Gottes«, der einen Plan zur allgemeinen Erziehung des Menschengeschlechts« verfolge.

Die Schwärmer früherer Zeitalter – er bezieht sich insbesondere auf Joachim von Fiore – hätten sehr richtige Blicke in die Zukunft gerichtet, aber sie seien zu ungeduldig gewesen, denn diesen großen Prozess könne man nicht übereilen, die Menschheit könne nicht aus ihrer Kindheit erwachsen ohne Aufklärung, nicht ohne Vorbereitung auf das neue, das »dritte Zeitalter«. Darauf folgt bei Lessing jener – oben bereits genannte – so bescheidene wie pathetische Appell an sich und seine Zeit.

In Paragraph 91 heißt es: »Geh deinen unmerklichen Schritt, ewige Vorsehung! Nur laß mich dieser Unmerklichkeit wegen an dir nicht verzweifeln. – Laß mich an dir nicht verzweifeln, wenn selbst deine Schritte mir scheinen sollten zurückzugehen! – Es ist nicht wahr, daß die kürzeste Linie immer die Gerade ist.«

Lessing glaubt – unverdrossen – an den Fortschritt der Menschheit. Freilich gelange sie nicht auf dem geradesten, kürzesten Weg dorthin, sondern das große, langsame Rad bringe das Menschengeschlecht seiner Vollkommenheit Schritt für Schritt näher, und jeder einzelne Mensch müsse die Bahn selber zu durchlaufen haben. »Warum könnte jeder einzelne Mensch auch nicht mehr als einmal auf dieser Welt vorhanden gewesen sein?« Den Weg gehe die Menschheit *und* jeder einzelne Mensch mit Gott – samt allen Irrungen, Verirrungen und Irrtümern. Gott ist in *allem* wirksam. Im Vorbericht zum Traktat »Die Erziehung des Menschengeschlechts« schreibt Lessing: »Gott hätte seine Hand bei allem im Spiele, nur bei unsern Irrtümern nicht?« Und in Paragraph 2: »Erziehung ist Offenbarung, ... und Offenbarung ist Erziehung«. Erziehung gebe dem Menschen nichts, was der Mensch nicht auch aus sich selbst haben könnte. Auch Gott habe in seiner Offenbarung eine gewisse Ordnung, ein gewisses Maß halten müssen.

Lessing zeichnet die Geschichte des Volkes Israel nach und

bettet sie in die Entwicklung des Menschengeschlechts insgesamt ein: »Während Gott sein erwähltes Volk durch alle Staffeln einer kindischen Erziehung führte, waren die andern Völker des Erdbodens bei dem Lichte der Vernunft ihren Weg fortgegangen. Die meisten derselben waren weit hinter dem erwählten Volk zurückgeblieben, nur einige waren ihm zuvorgekommen. Und auch das geschieht bei Kindern, die man für sich aufwachsen läßt; viele bleiben ganz roh; einige bilden sich zum Erstaunen selbst.« (§ 20)

Sicher hat Lessing hier die bedeutsamen Beiträge der Sumerer, Ägypter und vor allem der Griechen für die menschliche Zivilisation gewissermaßen »versteckt«.

In der Entwicklung der Menschheit hätten sich die Völker natürlicherweise zu Vielgötterei und Abgötterei hingezogen gefühlt, weil die Vorstellung von einem »einigen Gotte« keinen Bestand hatte. Gott habe das ungeschliffenste und verwildertste Volk ausgesucht (§ 8) und allmählich an den wahren Begriff des Einigen gewöhnt (§ 13). »Er erzog in ihm die künftigen Erzieher des Menschengeschlechts.« (§ 18)

Das jüdische Volk sei einerseits durch erlebte Wunder erzogen worden, andererseits durch unmittelbare sinnliche Strafen und Belohungen.

Wir würden heute sagen: Ein Volk hatte in seiner Geschichte Erfahrungen gemacht und diese Erfahrungen so gedeutet, dass ein geschichtliches Lernen daraus abgeleitet werden konnte – und weiter abgeleitet werden kann. Im Kontakt mit anderen Völkern hätten die Juden dazugelernt, ihre Begriffe erweitert, veredelt und berichtigt, auch ihre Vorstellungen erweitert, – ob nun von den Chaldäern und Persern oder von den griechischen Schulen der Philosophen in Ägypten. Dabei habe sich immer mehr *ein* Maßstab, ein besserer, richtigerer Maßstab herausgebildet: die Vernunft.

»Die Offenbarung hatte seine Vernunft geleitet, und nun erhält die Vernunft auf einmal seine Offenbarung.« (§ 36) Der entscheidende Verdienst des jüdischen Volkes war, dass die Juden ihren »Jehova« nicht bloß als den größten aller Nationalgötter erkannten, sondern Gott. (§ 39)

Im Elementarbuch der Juden (dem Alten Testament) sieht er Vorübungen, Anspielungen und Fingerzeige für eine positive Vollkommenheit, eingekleidet zunächst in Allegorien wie der Schöpfungserzählung, der Erzählung vom verbotenen Baum im Paradies oder vom Turmbau zu Babel. Anspielungen und Fingerzeige müsse man suchen und »mehr hineinlegen als darin liegt«. (§ 51) Dieses Elementarbuch habe sich erschöpft, und es musste »ein beßerer Pädagog kommen und dem Kinde das erschöpfte Elementarbuch aus den Händen reißen. – Christus kam.« (§ 53)

Hier nun erst erschließt sich Lessings Verständnis von Erziehung. Die Erziehung besteht darin, zu wachsender Erkenntnis zu helfen, um zu einem zuverlässigen, vernunftgeleiteten, praktischen, für den Einzelnen wie für die Menschheit bedeutsamen Denken zu gelangen. Der Mensch kommt allmählich zur Ausübung seiner Vernunft. Das historische Verdienst gebührt den ersten Christen, die einer Wahrheit, »die Christus nur allein für die Juden bestimmt zu haben schien, einen allgemeinern Umlauf unter mehrern Völkern verschafft hätten«. So sind sie zu Pflegern und Wohltätern des Menschengeschlechts zu rechnen. (§ 62)

Die Lehren des zweiten Elementarbuches, die Schriften des Neuen Testaments, seien ein neuer Richtungsstoß für die menschliche Vernunft geworden. »Sie haben seit 1700 Jahre den menschlichen Verstand mehr als alle ander Bücher beschäftigt, mehr als alle anderen Bücher erleuchtet, sollte es auch nur das Licht sein, welches der menschliche Verstand selbst hineintrug.« (§ 65) Lessing bewertet das in diesem wirkungsgeschichtlichen Prozess Hineingelesene und gedankliche Hinzugetragene positiv. Die geistige Entwicklung als Menschheit schreitet in jedem eigenständig denkenden Subjekt fort.

Offenbarung und Vernunft, Verstand und Glaube, menschliches Empfangen und menschliches Tun kommen zusammen. Die Lehre von der *Einheit Gottes* komme aus dem Alten Testament, die Lehre von der *Unsterblichkeit der Seele* aus dem Neuen Testament. Es könnten noch mehr Wahrheiten darin vorgespiegelt werden, »die wir nun als Offenbarungen nur so lange anstaunen sollen, bis sie die Vernunft aus ihren anderen ausgemachten Wahrheiten herleiten und mit ihnen verbinden lernen?« (§ 72)

Lessing kleidet seine gewagte theologische These in eine Frage. Für ihn ist indes klar, dass die Vernunft selber eine Erkenntnisquelle ist und mit den geoffenbarten Wahrheiten verbunden werden kann und muss: »... die Ausbildung geoffenbarter Wahrheiten in Vernunftwahrheiten ist schlechterdings notwendig, wenn dem menschlichen Geschlechte damit geholfen sein soll. Als sie geoffenbaret wurden, waren sie freilich noch keine Vernunftwahrheiten; aber sie wurden geoffenbaret, um es zu werden.« (§ 76)

Die Vernunft ist also eine göttliche Gabe und keine Nebenbuhlerin Gottes. Auf diese Weise findet Lessing keinen Gegensatz zwischen Offenbarung und Vernunft, Glauben und Wissen mehr. Ebenso wenig lässt er eine Entgegensetzung von Herz und Verstand zu. Wer seinen Verstand nur an dem üben wolle, was unsere körperlichen Bedürfnisse betreffe, der würde den Verstand »mehr stumpfen als wetzen«. Der Verstand wolle sich schlechterdings an geistigen Gegenständen üben und wenn er zu seiner völligen Aufklärung gelangen wolle, bringe er »diejenige Reinigkeit des Herzens hervor, ... die uns die Tugend um ihrer selbst willen zu lieben fähig macht.« (§ 80)

Es geht nicht um Lohn und Strafe oder um irgendein anderes Drittes, das durch die Tugend zu gewinnen sei, sondern sie wird um ihrer selbst willen ausgeübt. Sie macht den Menschen fähig zu lieben. Das Gute wird getan, weil es das Gute ist. Das ist geradezu kantianisch gedacht.

Lessing sieht die Zeit eines neuen, ewigen Evangeliums gekommen. Es geht nicht mehr nur um die Erziehung eines Einzelnen, sondern um die allgemeine Erziehung des Menschengeschlechts, das im Lichte von Offenbarung und Aufklärung heranreift, einer Offenbarung, die nicht der menschlichen Vernunft entgegensteht, und einer Aufklärung, die sich darüber klar ist, *wohin* sie Menschen erziehen will.

Gewiss werde die Zeit der Vollendung kommen, »da der Mensch, je überzeugter sein Verstand, einer immer bessern Zukunft sich fühlet«. (§ 85)

Hinter dieser Aussage steht nicht kalte Rationalität, sondern das gute Grundgefühl, in einer sich bessernden Zeit zu leben.

Hat sich Lessing in dieser Schrift eines Tricks bedient, um in einer Zeit geistiger Beschränkungen überhaupt etwas sagen zu können? War es nur die List eines scharfsinnigen, überlebensklugen Denkers, der im Übrigen eher seiner Vernunft als Gott vertraute?

Lessings theologisches Denken ist freilich nicht weit entfernt von der *Korrelations-Theologie* eines Paul Tillich, der Glaube und Lebenswelt in beständige Korrelation zu bringen versuchte, in einem gegenseitig befruchtenden Erkenntnis- und Gestaltungsprozess, wo keins im anderen aufgeht.

VI.

Lessing versteht Erziehung als Aufklärung und Aufklärung als Erziehung.

So nimmt es nicht wunder, dass er bereits in seinen ersten Hamburger Jahren (1767) ein deutsches Nationaltheater schaffen wollte, ein großes Humanitätsinstitut, das die Könige belehren, die Verderbtheit der menschlichen Natur und seine Bosheit bändigen und den Wilden zum Menschenbürger, Freund und Patrioten bilden sollte.

Das Theater sollte das werden, was den Christen die Kirche ist; die Kunst sollte die Leere der von jeder positiven Religion verlassenen Herzen ausfüllen und als moralische eine aufklärerische, als aufklärerische eine moralische Institution sein. Bloß moralische Institution wäre ein glattes Missverständnis!

Lessing blieb zeitlebens an einer doppelten Front: gegen die orthodoxen Theologen wie gegen die neumodischen. Die neumodische Theologie sei gegen die Theologie der Orthodoxen wie Mistjauche gegen unreines Wasser. Die biblischen Zeugnisse müssten vor dem Forum der Vernunft bestehen können, nicht vor dem Forum von Vernünfteleien.

Die biblischen Schriften sind unverzichtbarer und wesentlicher Teil des menschlichen Erkenntnisprozesses. Dieser Prozess geht weiter. Der Buchstabe ist nicht der Geist, und die Bibel ist nicht die Religion. Lessing will den breiten Graben der Geschichte überbrücken, der ferne Vergangenheit mit jeweiliger Gegenwart verbindet. Historische Tatsachen, also Vorgänge, die in einer ferneren oder näheren Vergangenheit liegen, dürften nicht zu Glaubenssätzen gemacht werden.

Es geht nicht um die Frage, ob es einmal *Wunder* gegeben hat, sondern darum, mit welchen Wundern wir heute leben. Die Wunder, wie sehr sie auch historisch gewiss seien, können »als zufällige Geschichtswahrheiten niemals allgemeine Vernunftwahrheiten werden«. Diese Gedankenfigur taucht bei Lessing immer wieder auf.

Ein Beispiel dafür, was Wunder für ihn sind, die durch Engel bewirkt werden, gibt Lessing in »Nathan der Weise«: als Recha davon erzählt, wie sie aus dem brennenden Hause von einem »Engel« herausgetragen worden sei.

> Ich also, ich hab' einen Engel
> Von Angesicht zu Angesicht gesehn;
> Und *meinen* Engel.

Als Nathan ihr klarzumachen versucht, dass dies ein Mensch war, antwortet sie:

> Habt Ihr,
> Ihr selbst die Möglichkeit, daß Engel sind,
> Daß Gott zum Besten derer, die ihn lieben,
> Auch Wunder könne tun, mich nicht gelehrt?
> Ich lieb ihn ja.

Darauf entgegnet Nathan:

> Und er liebt dich und tut
> Für dich und deinesgleichen stündlich Wunder;
> Ja, hat sie schon von aller Ewigkeit
> Für euch getan.

Das ganz Natürliche ist das ganz Wunderbare, erläutert Nathan:

> Der Wunder höchstes ist,
> Daß uns die wahren, echten Wunder so
> Alltäglich werden können, werden sollen.
> (1. Aufzug, 2. Auftritt)

Und das noch größere Wunder ist, dass Menschen einander trotz aller Feindschaft Gutes tun können, dass sie gar Feinde verschonen oder Verurteilte begnadigen – mitten im Kriege, der gemeinhin alles Zivile außer Kraft setzt.

Wunder der Gnade! Zivilität bewahren inmitten der hassgesteuerten Raserei: Das ist die großartige Ausnahme; ein Wunder bewahrter Mitmenschlichkeit. (Das bleibt zu bedenken vor den Abgründen von Babi Jar, My Lai, Abu Ghraib, Srebrenica, angesichts der Racheakte auf allen Seiten, der täglichen Selbstmordattentate, der Entführungsvideos, der »Kollateral«-Bomben auf Hochzeitsgesellschaften etc. etc.)

Die *Wunder* sind die wunderbaren Unterbrechungen des Alltäglichen – wo das geschieht, was niemand mehr erwartet hat, was aber dennoch wirklich wird, Wirklichkeit verändert und was immer gefährdet bleibt, weil wir Gefährdete sind, von Gott und allen guten Geistern verlassen. Dennoch tun einzelne Menschen das Unerwartete und Heilsame. Man denke an Lew Kopelew oder Nelson Mandela.

Die von Lessing im »Nathan« entfaltete Welt ist die von *Individuen*, die sich nicht von ihren *Gruppen*zugehörigkeiten her bestimmen lassen, zugleich sich nicht von diesen lösen müssen, wenngleich sie darin Genüge finden, *ein Mensch zu heißen*.

Wir sind nicht für die Gruppen verantwortlich, zu denen wir gehören, sondern nur *mit*verantwortlich. Verantwortlich sind wir als Individuen. So gibt Nathan dem Tempelherrn zu bedenken:

> Verachtet
> Mein Volk, so sehr Ihr wollt. Wir haben beide
> Uns unser Volk nicht auserlesen. Sind
> Wir unser Volk? Was heißt denn Volk?
> Sind Christ und Jude eher Christ und Jude
> Als Mensch? Ah! Wenn ich einen mehr in Euch
> Gefunden hätte, dem es genügt, ein Mensch
> Zu heißen!
>
> (2. Aufzug, 5. Auftritt)

Alle Länder tragen gute Menschen, und die Unterschiede sind die an Farbe und Kleidung, an Gestalt, an diverser Herkunftstradition. Die einen sollten nicht die anderen bemäkeln und »der Knorr den Knubben hübsch vertragen«. Zuerst und zuletzt geht es immer um den Stolz, um Macht, Besitz und um die Anmaßung, selber der »Gipfel aller Weisheit« zu sein.

> Nur muß ein Gipfelchen sich nicht vermessen,
> Daß es allein der Erde sei entschossen.
>
> (2. Aufzug, 5. Auftritt)

Es ist der Stolz, ein auserwähltes Volk zu sein, der gefährlich wird – bei den Juden und von den Juden auf die Christen vererbt –, bekennt der Tempelherr offenherzig dem Nathan.

Die Behauptung, nur der *eigene* Gott sei der *rechte* Gott, führt zur Instrumentalisierung des je »eigenen« Gottes zu Machtzwecken.

> Wenn hat und wo die fromme Raserei,
> Den bessern Gott zu haben, diesen bessern
> Der ganzen Welt als besten aufzudringen,
> In ihrer schwärzesten Gestalt sich mehr
> Gezeigt als hier, als itzt?
> (2. Aufzug, 5. Auftritt)

Im »Nathan« wird kein expressionistisches »O-Mensch-Pathos« entfaltet, keine Gefühlsduselei, kein träumerischer Aufstieg in den Himmel humanitätstrunkener Schwärmerei, auch kein verstandeskaltes Berechnen eines Gesellschaftsentwurfes, in dem die einen die anderen mit ihren Maßnahmen höherer Vernunft oder historischer Gesetzmäßigkeiten zu beglücken sich anschicken. Sondern hier bricht der Gedanke ein, sich füreinander zu erwärmen, einander frei zu machen, freizulassen in die finsteren Niederungen von Gewalt, Intoleranz, Gier, Verrat, Verstellung.

Lessing plädiert leidenschaftlich gegen die Patriarchenwelt, die in diversen Verpuppungen auftritt. Der »Patriarch«, der Papst, die Partei, der Pope, der Präsident hat »immer Recht«. Er bekommt mit Gewalt Recht. Er produziert stets neu seine gefolgsam-gefügigen Kreaturen, die nur nach oben gehorsam sind, nicht zu eigenem Urteil kommen und kein »Gesetz in sich« spüren.

Elementare menschliche Anrührung durchbricht die vorgeschriebene Regel, nur für die eigenen da zu sein. So ist es halt selbstverständliche Christenpflicht, in der Not bedenken-los zu helfen. Ohne zu überlegen, springt der Tempelherr ins Feuer und rettet die Jüdin.

> Sehr gern ergriff ich die Gelegenheit,
> Es für ein andres Leben in die Schanze
> Zu schlagen; für ein andres – wenn's auch nur
> Das Leben einer Jüdin wäre.
>
> (2. Aufzug, 5. Auftritt)

»Glück ist Hilfe« – sollte später Brecht schreiben. Etwas Sinnvolles tun können, sagen wir.

Eben diese Lebenseinstellung zeigt auch Saladin, als er in das Gesicht des jungen Tempelherrn auf dem Schafott schaut und in dessen Zügen die Züge seines toten Bruders wiederzuerkennen meint.

Der Tempelherr weigert sich, »im Interesse der Sache« die Gunst der Stunde zu nutzen und seinen Lebensretter Saladin zu bespitzeln, damit die eifernden Streiter Gottes mit dem Gegner leichteres Spiel hätten. Und er verweigert sich der Gedankenlogik des Patriarchen, wonach »ein Bubenstück vor Menschen nicht auch Bubenstück vor Gott« sei.

Die Menschen verehren Nathan als den weisen Nathan und nicht als den reichen. Darüber wundert sich Daja und fügt hinzu, dass er doch vor allem »der Gute« genannt werden müsse.

Das Kleinste ist ihm der Reichtum und das Größte die Weisheit. Und wenn er gibt, so möchte er *geben* und nicht borgen. Er leiht keinem etwas, damit er zu geben habe. Und er gibt Menschen ohne Ansehen der Person – ob Jud', Christ, Muselman oder Perser –, »alles ist ihm eins«.

Menschen sind ihm alles; Menschen sind ihm *alle*.

Daja, parteiische Christin mit europäisch-christlichem Überlegenheitsgefühl, gerät durch die Erfahrung des so »christlich« handelnden Nathan innerlich in Zwiespalt mit ihrem abgezirkelt-christlichen Denken. Das Herz der »Jüdin« Recha bleibt nicht kalt, als Daja ihr von christlichen Glaubenshelden erzählt, aber sie zieht den Schluss:

> Ihr Glaube
> Schien freilich mir das Heldenmäßigste
> An ihnen nie. Doch so viel tröstender
> War mir die Lehre, daß Ergebenheit
> In Gott von unserm Wähnen über Gott
> So ganz und gar nicht abhängt.
> (3. Aufzug, 1. Auftritt)

Die Intensität, mit der ein Mensch in einer innigen Verbindung zu Gott steht, ist entscheidend, nicht die ausgeformte Lehre jedweder Orthodoxie, die jeweilige, einzig »richtige« Lehre. Gott kann man nicht besitzen. Die kluge Recha fragt:

> Wem eignet Gott? was ist das für ein Gott,
> Der einem Menschen eignet? der für sich
> Muß kämpfen lassen?
> (3. Aufzug, 1. Auftritt)

Gott muss nicht für sich kämpfen lassen! Der »Gott mit uns« wurde und wird immer wieder Vorwand für die Liquidierung anderer – im erbarmungslosen angeblichen »Krieg der Kulturen« heute, der in Wahrheit ein Krieg der Unkulturen ist und nach der Melodie funktioniert »Fundamentalisten aller Länder! Vereinigt euch!« (Vgl. den 2. Aufzug, 5. Auftritt)

VII.

Seinem verehrten Freunde Moses Mendelssohn hat Lessing in der Figur des Nathan ein Denkmal gesetzt. Als Schauplatz seines dramatischen Gedichts hat er eben nicht zufällig die Heilige Stadt mit den heiligen Stätten der drei monotheistischen Religionen gewählt.

Was man gemeinhin als »Wirren des Krieges« bezeichnet, ist der verwickelte und tragische, allmählich aufgehellte Hintergrund dieser »Ode an die Toleranz«, die sich der harten Wirklichkeit stellt, statt sie schwärmerisch zu überschreiten.

In den Religionskriegen im Heiligen Land kulminieren Wahrheits- und Gebietsansprüche, menschliche Macht- und göttliche Legitimationstheorien. Im Interesse des je eigenen Gottes wird gemordet, vertrieben, verbrannt.

Der Frieden der jeweiligen Zwischenkriegszeit ist ein Burgfrieden, in dem der Stärkere die Regeln bestimmt. Die Ansprüche der religiösen Institutionen auf die eigenen Gläubigen sind nicht bloß religiöser Natur, sie sind gehorsamheischend und besitzanzeigend.

Der Patriarch zumal, der höchste Repräsentant der dortigen Christenheit, wird als der Schurke schlechthin entlarvt, so gnadenlos wie hinterhältig gibt er sich, der alles »im Interesse der Sache«, der großen Sache, der einzigartigen und der einzigen Sache tut. Durch die Taufe erhebt die Kirche Anspruch auf Leib, Leben und Geist der Getauften.

Lessing bringt die befreienden Ausbrüche aus dem Kastendenken der Religionsgemeinschaften auf eine kunstvoll-verwickelte Weise auf die Bühne. Ein aufklärerischer Optimismus, eine Auflösung der Verwicklungen, ein versöhntes Miteinander, eine akzeptierte Verschiedenheit! Das Konfliktpotential mag bleiben, doch die Austragungsform von Konflikten wird humanisiert. Keine idealistische Überhöhung! Die glückliche Auflösung als stumme Umarmung schließt Christen, Juden und Muslime als Personen ein, den offiziellen – gänzlich verstockten – Repräsentanten der Kirche aber aus.

Der Patriarch kann es nicht lassen, Glauben mit Macht zu verwechseln. Dostojewskis Großinquisitor trägt unverkennbar die Züge des Lessing'schen Patriarchen, und dieser Patriarch hat viele Namen, bis zu den Diktatoren des 20. Jahrhunderts, ja dem Papsttum bis heute – nur ohne Feuer.

Im Streit mit dem Herrn Hauptpastor Goeze in Hamburg, bei dem die Halskrause seines Amtes stets einen größeren Durchmesser als der Kopf hat, beharrt Lessing auf dem Florett: mit dem Argument. Arguere (lat.) bedeutet »in hellem Lichte zeigen, klarmachen, beweisen«. Der Herr Hauptpastor könne ihn wohl alle acht Tage *überschreien*, aber *überschreiben* könne er ihn gewiss nicht.

Selbst in Religionsdingen ist für Lessing die Vernunft als eine göttliche Gabe nicht ausgeschaltet und nicht ausgeschlagen, *insofern* und *weil* es um einen Austausch von Argumenten – also um Erhellung – geht. Freilich gehört dazu die Erkenntnis, dass es in letzten Fragen um letztlich unentscheidbare Behauptungen geht. Religionen sind Näherungsversuche ans Nichtfassbare, das Lessing im spinozischen Denken wiederfindet, wo das Eine und das Ganze zusammenkommen, wo das Einzelne und das Viele, das Materielle und das Immaterielle zu einer Einheit gelangen und doch nebeneinander bestehen bleiben.

In Religionsdingen darf es nicht um Ausschließlichkeitsansprüche gehen, durch die jede Toleranz ausgeschlossen ist. Die Behauptung der *einen* Wahrheit muss die anderen zu Unwahrheiten erklären.

Diese Melodie wird nach wie vor in Rom aufgespielt. Joseph Ratzinger geht wie selbstverständlich davon aus, dass die göttliche Wahrheit in der römisch-katholischen Kirche substituiert ist und andere Glaubensgemeinschaften allenfalls an dieser umfassenden Wahrheit, die »die Kirche« verwaltet, teilhaben können. Sie werden lediglich gewürdigt, Teilwahrheiten erkennen zu können. Rom hat die Wahrheit. – Roma locuta-causa finita. Das gilt noch immer.

Eine postaufklärerische Welt scheint zu Beginn des 21. Jahrhunderts ganz verrückt nach einem herrlich verkleideten Herrn und 130 rot gerockten und prächtig beköpften Herren samt einer Liturgieinszenierung zu sein, die den Bedürfnissen der globalisierten Fernsehwelt perfekt entsprechen. Um Inhalte geht es nicht vorrangig, da geht es um blanke Begeisterung, schließlich um ein Einswerden in der sichtbaren Römischen Kirche. Diese Kirche weiß (zu) gut, was sie will und was sie schließlich dem äußerlich angezogenen Menschen abverlangt: Glaubens-Gehorsam.

Wir stehen vor einer neuen Gestalt von Gegenreformation, wo die Pracht der barocken Architektur durch die Prächtigkeit der fernsehgerechten Inszenierungen abgelöst und der schönen religiösen Illusion alles unterworfen wird. Selbst Zyniker fangen an zu säuseln, wenn der Papst mit dem Papstjet herabschwebt und zum so genannten Weltjugendtag engelsgleich auf der Gangway erscheint oder jesusgleich auf dem Rhein schwimmt und Huldigungen entgegennimmt.

Für den aufgeklärten und mündigen Menschen heißt es stets: mit Lessing sowohl gegen den Hauptpastor Goeze und seine lutherische Orthodoxie (im Übrigen ein ziemlich kluger Mann) als auch gegen die papistische universalistische Machtregie Roms anzutreten. In beider Logik führen die einen das Wort und die anderen applaudieren »Amen!« Nicht das mündige Individuum entscheidet autonom oder ringt auf konziliare Weise mit anderen um Wahrheit, sondern heilige Offizien und ihre unfehlbaren Päpste lassen Enzykliken in die Welt hinausgehen.

Bisweilen werden darin theologische Richtigkeiten – etwa über die Liebe – wie taufrische Erkenntnisse medienwirksam verkündet.

Zugleich gilt weiterhin die Augustin'sche Unterscheidung zwischen ecclesia visibilia und ecclesia invisibilia – die unsichtbare Kirche vollzieht sich in der sichtbaren als »Salz der Erde« und »Licht der Welt«, wie Jesus es seinen Nachfolgern in der Bergpredigt zugesprochen hat (Matthäus 5, 13–16).

Zum »Protestanten« wird bei Lessing ein Klosterbruder, der sich von den Gehorsamsforderungen des Patriarchen gelöst und nicht nur *erkannt*, sondern *erlebt* hat, was es für die Juden bedeutet, »wenn die Christen gar so sehr vergessen konnten, / Daß unser Herr ja selbst ein Jude war«.

Diesem Klosterbruder ruft Nathan in Erinnerung, wie mörderisch Hass geworden war. Nathan hat Vertrauen gegenüber Christen behalten, *obwohl* es Christen waren, die alle Juden, auch sein Weib und seine sieben Kinder, ermordet hatten.

Der frommen Einfalt
Allein erzähl ich sie. Weil die allein
Versteht, was sich der gottergebene Mensch
Für Taten abgewinnen kann.
(4. Aufzug, 7. Auftritt)

Der gottergebene Mensch kann sich ungeheure Taten abgewinnen, sogar seinen menschlich nur allzu verständlichen Hass, seine Raserei, seine Verbitterung, seine Enttäuschung überwinden. Nathan erzählt: »Nun kam die Vernunft allmählich wieder. / Sie sprach mit sanfter Stimm: ›Und doch ist Gott!‹«

Die Vernunft spricht mit sanfter Stimme. Die Vernunft! Das Wort »Gott« wird zur Behauptung eines Sinns in allem Unsinn, eines Mutes in aller Verzweifelung, einer liebenden Regung in allem Hass. Gott wird zu der Kraft, die den Menschen, der darniederliegt, wieder aufstehen lässt.

Was hat Lessing nicht alles in wenige Sätze Nathans hineinkomponiert? Nathan hatte zu Gott gerufen: »Ich will! / Willst du nur, daß ich will!«

Und als er anstelle seiner eigenen sieben toten Söhne dieses kleine gefährdete, in eine Decke gehüllte Kind in die Hand gedrückt bekommt, nimmt er es als Zeichen des Lebens für sich. Das ist gottergebenes Leben! Und er erzieht dieses Kind – »Sie, / Die jedes Hauses, jedes Glaubens Zierde / Zu sein erschaffen und erzogen ward.«

Jedes Glaubens Zierde kann sie sein. Und diese Recha ist es, in deren persönlichem Geschick alle drei Religionen zusammenkommen: persischer Vater, deutsche (christliche) Mutter, in jüdischem Hause erzogen – wenngleich von Daja, einer so liebenswürdigen wie bigotten Christin miterzogen –, findet Recha in dem muslimischen Saladin schließlich ihren Onkel, in Sittah ihre Tante und im Tempelherrn ihren leiblichen Bruder.

Was Gott ist, wird in einer Konfliktgeschichte (nach einem mörderischen Religionskrieg) sozialisiert. Man könnte zugespitzt sagen: Gott vollzieht sich, indem die Menschen aus ihren tödlichen Verstrickungen schließlich miteinander herausfinden und zu neuem, grenzüberschreitendem Miteinander finden.

Es gilt stets, das Wagnis des Handelns einzugehen, wissend, wie recht der Apostel Paulus hat, dass der Mensch in einem »inneren Gesetz« weiß, was gut ist, aber nicht das tut, was er eigentlich will. Zwischen Wollen und Vollbringen bleibt eine Schere. Der Klosterbruder im »Nathan« hat es treffend auf den Punkt gebracht.

> Wenn an das Gute,
> Das ich zu tun vermeine, gar zu nah,
> Was gar zu Schlimmes grenzt, so tu ich lieber
> Das Gute nicht; weil wir das Schlimme zwar
> So ziemlich zuverlässig kennen, aber
> Bei weitem nicht das Gute.
>
> (4. Aufzug, 7. Auftritt)

Aus lauter Schrecken vor dem Bösen wagen wir das Gute nicht zu tun!

Hat Lessing bereits etwas von dem gewusst, was wir später die »Dialektik der Aufklärung« zu nennen gewohnt sind, wo im Namen »der Vernunft« und des als vernünftig Erklärten jegliches Verbrechen gerechtfertigt wurde und wird? Das reicht bis zu einem Gebrauch der Vernunft, die die ganze Welt zum bloßen objektivierten Gegenstand macht, bis auch der Mensch lediglich zu einer Sache, zu einem Mittel, zu einem Instrument für Ideologie oder Wissenschaft herabgewürdigt wird.

Nicht von ungefähr heißt der 1. Artikel unseres GG: »Die Würde des Menschen ist unantastbar.« Da wird im Indikativ ein

Imperativ versteckt. Denn die Würde wird angetastet. Täglich. In Guantánamo. In der russischen Armee. Von islamischen Terroristen. Auch bei 5 Millionen Arbeitslosen.

VIII.

Bereits in seinem ersten Brief gegen den Hauptpastor Goeze beharrte Lessing darauf, dass er der christlichen Religion zutraue, sie könne ihre Wahrheitsansprüche der Prüfung unterziehen. Es sei nicht nur erlaubt, sondern geradezu geboten, Thesen aufzustellen und diese von anderen prüfen zu lassen, statt nach dem Zensor oder nach der »heiligen Inquisition« zu rufen, die im Braunschweig'schen »Reichshofrat« heißen mag. Lessing kleidete das in ein für ihn typisches Bild: »Weil ich das Gift, das im Finstern schleiche, dem Gesundheitsrate anzeige, soll ich die Pest in das Land gebracht haben?«

Würde man versuchen, ihm das Wort oder eine Veröffentlichung zu verbieten, dann hätte der Herr Hauptpastor »uns um alle Reformation gebracht! Was hatte Luther für Rechte, die nicht noch jeder Doktor der Theologie hat? Wenn es itzt keinem Doktor der Theologie erlaubt sein soll, die Bibel aufs neue und so zu übersetzen, wie er es vor Gott und seinem Gewissen verantworten kann, so war es auch Luthern nicht erlaubt.«

Als ein Doktor der Theologie im Geiste Luthers versteht sich Lessing. Er wendet sich vehement gegen eine Kanonisierung des Reformators, denn die wahren Lutheraner seien eben nicht bei Luthers Schriften, sondern bei Luthers Geist. Luther habe dem gemeinen Mann die Freiheit gegeben, die Bibel in seiner Sprache zu lesen und zu verstehen; man dürfe nun »keinen Menschen in der Erkenntnis der Wahrheit nach seinem eigenen Gutdünken fortzugehen hindern«.

Fortzugehen heißt hier fortzuschreiten, und solchen Fortgang der eigenen Erkenntnisse solle man auch anderen mitteilen dürfen. Ansonsten, warnt Lessing, könne es der Herr Pastor dahin bringen, »daß unsere lutherischen Pastores unsere Päpste werden«.

Wenn das geschähe und wir aufhören sollten, in der Schrift zu forschen und die Ergebnisse unserer Forschung anderen darzulegen, so wolle er – Lessing – doch lieber »die Päpstchen wieder mit dem Papste« vertauschen. Wer als Protestant dem freien Geiste willkürliche Schranken auferlege, scheuche viele Protestanten in den Schoß der katholischen Kirche zurück.

Lessing verteidigt die Bibel, indem er den *Geist* vom *Buchstaben* der Bibel zu unterscheiden sucht, indem er der Verbalinspiration widerspricht und daran festhält, dass die Bibel eine Offenbarung enthält, aber keine ist, und dass die Religion *vor* der Bibel da war, dass also die Religion etwas Weitergreifendes ist als das Christliche allein – zeitlich, räumlich, geistig, kulturell.

Es ist Lessings Anliegen, dass das Wort Gottes in den Augen vernünftiger Menschen nicht lächerlich gemacht wird. Solche Beschädigung des christlichen Glaubens erblickt er in der Orthodoxie des Hauptpastors Goeze. Seine ganze Polemik kommt aus einer bestimmten Bitternis, aus der heraus er höhnend, verachtend und wegwerfend schreibt. Zugleich will er die Grenzen der Wiedervergeltung nicht überschreiten. Ihn empört: dass sein Gegner nicht argumentiert, sondern dekretiert, droht und einfach die Anklage wiederholt, als hätte es keine Erläuterungen und Missverständnisse ausräumende Erklärungen gegeben. Er schreibt am Schluss seines zweiten Briefes »Es ist erlaubt, Ihnen den Eimer faulen Wassers, in welchem Sie mich ersäufen wollen, tropfenweise auf den entblößten Scheitel fallen zu lassen.«

Als der Hauptpastor »etwas Vorläufiges« gegen ihn formuliert hatte, polemisiert Lessing trefflich zurück, er hätte sein Elaborat doch lieber das »vorläufige Etwas« nennen sollen. Jeder Mensch habe einen *Stil*, so wie er seine eigene Nase habe, und man soll einem anderen nicht seinen Stil vorwerfen, sondern sie auf die Aussagen beziehen. Es komme »wenig darauf an, wie wir schreiben, aber viel, wie wir denken.«

Und man solle keinem seinen blendenden Stil vorwerfen, die Schärfe seiner Gedanken der Gleisnerei eines vortrefflichen Stils zuschreiben. »Ich kenne keinen blendenden Stil, der seinen Glanz nicht von der Wahrheit mehr oder weniger entlehnet. Wahrheit allein gibt echten Glanz und muß auch bei Spötterei und Posse wenigstens als Folie unterliegen.«

Und so bediene sich der Mensch, zumal der Poet, der Gleichnisse, Allegorien, Metaphern. Gerade das metaphorische Reden gibt dem Dialog Geschmeidigkeit und Wahrheit. Jede Metapher müsse man oft betrachten, ehe man »den Strom in ihr entdecket, der uns am besten weiterbringen kann«.

Nicht der Stil sei das Entscheidende, sondern die Logik, die dahinterstecke. Und die Logik sei immer die gleiche, wenn es eine gute Logik sei, »man mag sie anwenden, worauf man will«. Einer allzu elendigen Predigt könne man jedoch nicht durch irgendwelche Späße aufhelfen.

Kanzel und Theater haben also zwar durchaus vergleichbare Logiken, doch ganz unterschiedliche Stile. Lessing: »Darf ein Prediger Komödien machen? ... Warum nicht? wenn er kann. ... Darf ein Komödienschreiber Predigten machen? Und darauf war meine Antwort: Warum nicht? wenn er will.«

»... wer zweifelt wohl, daß Molière und Shakespeare vortreffliche Predigten gemacht und gehalten hätten, wenn sie, anstatt des Theaters, die Kanzel hätten besteigen wollen?« Aber sie haben eben die Bretter bestiegen, nicht Kanzeltreppen. Der Hintergrund muss stets der gleiche bleiben. »Ich unterstehe mich nicht zu sagen, was ich nicht erweisen kann; und Sie [Herr Hauptpastor Goeze] – Sie tun alle sieben Tage, was Sie nur einen Tag in der Woche tun sollten. Sie schwatzen, verleumden und poltern; für Beweis und Eviktion mag die Kanzel sorgen.«

Der Ort macht es nicht. Die Person oder die Institution machen es nicht. Das Argument machts. Was aber tun die, die kein Argument haben? Sie verdammen, sie wiehern Blut und werden unbarmherzige Ankläger.

»Die Goeze'sche Scharteke« enthalte nichts als elende Rezensionen, auch »einen zum dritten Male aufgewärmten Brei, den ich längst der Katze vorgesetzt habe. Und dennoch sollen und müssen sich des Herrn Hauptpastors liebe Kinder in Christo diesen beschnuffelten, beleckten Brei wieder in den Mund schmieren lassen.«

Hier also liegt der biographisch-existenzielle Hintergrund für die Person des Patriarchen im »Nathan«, der Blut wiehert und Verdammung fordert, der Anklagen wiederholt und den Namen des Angeklagten getrost an den Galgen schlägt. Darüber könne nur derjenige gelassen urteilen, nach dessen Kopfe die Steine nicht zielen.

Lessing wird geradezu gallig, wenn er seinem Hauptpastor attestiert, dass dieser »wenigstens *einen* Spruch im Neuen Testament für nicht eingegeben, nicht für göttlich [halte], sondern für eine bloß menschlich gute Lehre, von welcher er Ausnahmen nach Gutdünken machen darf. *Verdammet nicht, so werdet ihr auch nicht verdammt.*« (Lukas 6, 37)

Das ist die Ausnahme, die alle Inquisitoren aller Zeiten für sich machen.

»Tut nichts, der Jude wird verbrannt.« Bei den Verdammungsurteilen der Rechtgläubigen, die nur mit Macht agieren, wird Lessing so zornig wie selten:

»Genug, daß mich mein Herz nicht verdammet und ich also, mit aller Freudigkeit zu Gott, einem jeden intoleranten Heuchler, der mir *so* kömmt, die Larve vom Gesicht reißen *darf* – und reißen *will* –, sollte auch die ganze Haut daran hängen bleiben!«

Gründe will Lessing von seinen Gegnern hören. Nichts als Gründe. Einwürfe bedürfen neuer Erörterungen, geschärfte Zweifel präziser und einleuchtender Auflösungen.

Credo, quia absurdum? – das will Lessing niemals gelten lassen.

Ich meine: *Solche* Geisteshaltung bleibe protestantisches Prinzip einer aufklärerischen Theologie im 21. Jahrhundert!

IX.

Vor 36 Jahren sagte Willy Brandt in seiner Nobelpreisrede in Stockholm über die Wahrheit und die Wahrheiten: »Ideologien, ihre Verkünder und Gläubigen setzen sich immer wieder über ethische Grundnormen des Zusammenlebens hinweg, weil sie die Menschheit ›besser‹ machen, die Reinheit der Lehre wahren oder andere Lehren überwinden wollen. Zwischen solchen Kräften ist kein dauernder Friede zu stiften. Zur Friedenspolitik gehört, sie zur Einsicht zu bringen, daß weder Staaten noch Ideologien Selbstzweck sind, sondern daß sie dem einzelnen Menschen und seiner sinnvollen Selbstverwirklichung zu dienen haben.

Der Anspruch auf das Absolute bedroht den Menschen. Wer sich im Besitze der ganzen Wahrheit glaubt, wer das Paradies nach seinen Vorstellungen heute und hier haben will, der zerstört nicht nur den Boden, auf dem eine menschenwürdige Ordnung wachsen kann. Auch in der Tradition der europäischen Demokratie lebt neben einem humanitären ein doktrinärer Zug, der zur Tyranis führt; Befreiung wird dann zur Knechtschaft.

Junge Menschen erwarten oft von mir das ungebrochene Ja, das deutliche Nein. Aber, mir ist es unmöglich geworden, an eine einzige, an *die* Wahrheit zu glauben, also sage ich meinen jungen Freunden und anderen, die es hören wollen: Es gibt mehrere Wahrheiten, nicht nur die eine, alles andere ausschließende Wahrheit. Deshalb glaube ich an die Vielfalt und an den Zweifel. Er ist produktiv. Er stellt das Bestehende in Frage. Er kann stark genug sein, versteinertes Denken aufzubrechen. Der Zweifel hat sich im Widerstand bewiesen. Er ist zäh genug, um Niederlagen zu überdauern und den Sieger zu ernüchtern.«[6]

X.

Das ganze Programm der Aufklärung steckt in den Anti-Goeze-Briefen Lessings. Lessing möchte, dass die Sätze des christlichen Glaubens wahr, also auch rational geprüft sind, dass Hintergründe aufgeklärt werden, damit diese Wahrheiten wirksam werden können.

Welchen Einfluss haben nun die Wahrheiten auf unsere Pflichten? Es geht darum – ganz nach Paulus im Römerbrief, Kapitel 12 –, den »vernünftigen Gottesdienst« zu suchen, der darauf beruht, dass Menschen Gründe prüfen. Und am Schluss seines ersten Briefes an die Gemeinde in Thessalonich fordert Paulus: »Prüfet alles, das Gute behaltet«. Die Zeit kann nur aufgeklärter werden, wenn man prüft, ob das, was man für Wahrheit hält, auch wirklich so ist. All jene, die die Fähigkeit, Zeit und Amt haben, die Wahrheiten zu prüfen, sollen es tun. Wem die Wahrheit der christlichen Religion am Herzen liegt, der muss das Fragen erlauben. Man darf dem Pöbel nicht etwas vormachen, was man selber nicht glaubt. Die Zeiten sind vorüber, da die Obrigkeit für uns dachte – und für uns aß. Einwürfe gegen die Religion sind nicht nur erlaubt und können nicht von anderen erlaubt werden; sie sind einfach da! Sie müssen geprüft und diskutiert werden, statt einfach, wie der Hauptpastor Goeze es macht, zu schimpfen und nichts zu widerlegen. Dem armen, geprügelten Hund, dem unterlegenen Gegner, dem man mit seiner ganzen geballten Macht begegnen kann, dürfe man nicht auch noch verbieten, wenigstens zu bluffen.

Lessing, dieser Hochgebildete, dessen Wortspiel ein triftiger Sinn zugrunde liegt, will nicht zulassen, dass man nur über seinen Stil streitet. Er sucht durch die Phantasie auf den Verstand seiner Leser zu wirken. Dazu sei es nützlich, ja notwendig, Gründe in Bilder zu kleiden, die von etwas ausgehen und auf etwas hinauslaufen.

Goeze wirft er vor, »mit dem Pöbel die Sprache des Pöbels«

zu sprechen und auf dem »nämlichen Punkte der Moral und Religion … stehenzubleiben, auf welchem … [die] Vorfahren vor vielen hundert Jahren standen«. Dabei werde »auch der geringste Pöbel, wenn er nur von seiner Obrigkeit gut gelenkt wird, von Zeit zu Zeit erleuchteter, gesitteter und besser«.

Er sieht sich feindseliger Angriffe auf die christliche Religion beschuldigt. Der Hauptpastor Goeze habe ihn förmlicher Gotteslästerungen bezichtigt.

Es bricht immer wieder ein geradezu lutherischer Geist in Lessing auf. »Ich habe die Fragmente [des Reimarus] drucken lassen, und ich würde sie noch einmal drucken lassen, wenn mich auch aller Welt Goezen darüber in den tiefsten Abgrund der Hölle verdammten. Die Gründe, warum ich es mit gutem Gewissen tun zu können geglaubt, habe ich verschiedentlich auch schon beigebracht.«

Das ist fast wörtlich Luther: »Ich habe allhier in Wittenberg des Papstes Dekrete verbrannt und wollt's noch einmal tun.«

Gründe will er hören, einsichtige Argumente – genau wie Luther vor dem Reichstag in Worms 1521. Einem seiner Briefe gegen Goeze setzt Lessing ein Luther-Wort voran, wie er ansonsten seinen Briefen Zitate der großen Kirchenväter vorangesetzt hat.

»Ärgernis hin, Ärgernis her! Not bricht Eisen und hat kein Ärgernis. Ich soll der schwachen Gewissen schonen, sofern es ohne Gefahr meiner Seele geschehen mag. Wo nicht, so soll ich meiner Seelen raten, es ärgere sich daran die ganze oder halbe Welt.«

Was Lessing am Lebensende seinen »Nathan« schreiben lässt, ist bitterste Erfahrung von Intoleranz, Unfähigkeit von Gegnern, geistige Klingen zu kreuzen. Er selbst war bedrohender, dummer, verschleiernder, vereinfachender, unwissender Angriffe ausgesetzt. Das macht diesen Meister der Sprache hilflos. Zunächst kränkt es ihn.

»Ich will schlechterdings von Ihnen [Pastor Goeze] nicht als der Mann verschrien werden, der es mit der lutherischen Kirche weniger gut meint als Sie. Denn ich bin mir bewußt, daß ich es weiter besser mit ihr meine als der, welcher uns jede zärtliche Empfindung für sein einträgliches Pastorat (oder dergleichen) lieber für heiligen Eifer um die Sache Gottes einschwatzen möchte.«

Er legt offen, dass Interesse an einem einträglichen Pastorat als Eifer für die Sache Gottes ausgegeben wird. »Sie, Herr Pastor, Sie hätten den allergeringsten Funken lutherischen Geistes? – Sie? …, der Sie einen ehrlichen Mann mit Steinen verfolgen?«

Es scheint, als würde sich die Zeit von 1521 wiederholen, wenn er einfordern muss: »Erst soll uns hören, erst soll über uns urteilen, wer hören und urteilen kann und will!

O, daß *er* es könnte, *er*, den ich am liebsten zu meinem Richter haben möchte! – Luther, du! – Großer, verkannter Mann! Und von niemandem mehr verkannt als von den kurzsichtigen Starrköpfen, die, deine Pantoffeln in der Hand, den von dir gebahnten Weg schreiend, aber gleichgültig daherschlendern! – Du hast uns von dem Joche der Tradition erlöset; wer erlöset uns von dem unerträglichen Joche des Buchstabens! Wer bringt uns endlich ein Christentum, wie du es *itzt* lehren würdest; wie es Christus selbst lehren würde!

Wer! –«

Lessing beschwört den frühen lutherischen Freiheitsgeist, der auf das Argument und auf die Schrift rekurrierte, aber eben auf die Schrift, die nicht von der geheiligten Tradition, sondern vom kritischen Gedanken her ausgelegt wird, von dem maßgeblichen Gedanken her, dass das Kriterium Christus selbst ist. Lessing findet den Geist Jesu in besonderer Weise im Liebesgebot des Johannesevangeliums zusammengefasst. (Joh. 13, 34f.)

In seiner ersten Schrift gegen Goeze kündigt Lessing an, eines werde er »nicht aushalten können«: »Ihren Stolz nicht, der einem jeden Vernunft und Gelehrsamkeit abspricht, welcher Vernunft und Gelehrsamkeit anders braucht als Sie.«

Zulassen, dass andere mit guten Gründen durchaus zu anderen Schlüssen kommen! Gemeinsam weiter nach dem Grund der Wahrheit suchen und praktische Schlüsse ziehen! Das Grundthema ist für Lessing fast durchgängig die Frage nach dem Verhältnis zwischen offenbarter und natürlicher Religion. Jeder Mensch sei nach dem Maße seiner Kräfte zu einer natürlichen Religion aufgelegt und damit verbunden. Aber diese natürliche Religion zeige sich in unterschiedlichen, historisch zufälligen Gestalten. Es gelte, den inneren, gemeinsamen Grund aller Religionen zu erkennen. Lessing nennt dies die »innere Wahrheit« derselben, die »in zufälliger Beschaffenheit modifiziert« wird. Aber die innere Wahrheit sei bei der einen so groß wie bei der anderen.

Es gibt die Wahrheit, aber sie ist im Menschen nicht zuhanden. Und diese Wahrheit hat unter vergänglichen, sterblichen, begrenzten Menschen unterschiedliche Ausdrucksformen. Diese nebeneinander gelten zu lassen, ist das theologische und zugleich humane Ziel Lessings. Seinen Gegnern bietet er an, einfach zu schweigen, die Polemik aufzugeben und die Dinge auf sich beruhen zu lassen. Er wird bitter enttäuscht. Goeze lässt nicht nach. Er sitzt am längeren Hebel – der Macht, nicht des Arguments.

Lessing ist auch im Blick auf sich selbst kritisch und versucht geradezu seelsorglich, Goeze deutlich zu machen, dass Menschen, die sich am leichtesten übereilen, nicht die schlechtesten seien, denn sie seien größtenteils ebenso bereit, ihre Übereilung zu bekennen, »und eingestandene Übereilung ist oft lehrreicher als kalt überdachte Unfehlbarkeit«.

XI.

1777 schreibt er in der kleinen Schrift an Herrn Direktor Schumann zu Hannover unter dem Titel »Über den Beweis des Geistes und der Kraft«, dass der Glaube sich nicht auf historische

Tatsachen gründen könne, die man glaubt, sondern im Erweis des Geistes und der Kraft bewähre sich der Glaube. Glaube kann sich nicht gründen auf historische (Wunder-)Behauptungen aus der Vergangenheit. Lessing formuliert wiederholt jene klassisch gewordene These: »Zufällige Geschichtswahrheiten können der Beweis von notwendigen Vernunftswahrheiten nie werden.«

Es ginge immer darum, dass man über den garstigen breiten Graben, »über den ich nicht kommen kann, so oft und ernstlich ich auch den Sprung versucht habe«, gelange zwischen dem Damals und dem Jetzt. So könne eben auch der Glaube an Christi Wunder in der Vergangenheit nicht dazu dienen, den Glauben an Christi anderweitige Lehren zu begründen. Was wäre eine historische Wahrheit anderes als ein Für-wahr-Halten von Tatsachen, die einmal geschehen sind? Was aber sollen sie mir sagen, außer dass ich sie glaube, und sei es auch gegen alle Vernunft? Lessing aber will nichts anderes, als dem »gesunden Menschenverstand auf die Spur helfen«.

Lessing hat letztlich die Überzeugung, dass die konkreten (positiven) Religionen je historisch bedingt und insofern relativ und keineswegs einzig und umfassend sind, dazu getrieben, die »Fragmente eines Ungenannten« zu veröffentlichen. Alles hat seinen historischen Ort. Eine allgemeine Religiosität des Menschen entwickelt sich je nach der zufälligen Herkunft des Einzelnen.

So, wie Reimarus im ersten Fragment schreibt: »ein jeder findet denn doch, beim Beschlusse seiner Prüfung, die Religion und Secte, worin er erzogen worden, die beste und einzig wahre zu sein. Wie geht das zu, daß ein Mufti, ein Ober-Rabbiner, ein Bellarminus, ein Grotius, ein Gerhard, ein Vitringa, mit so vieler Wissenschaft, und aufrichtiger Bestrebung, von so entgegen stehenden Systemen alle gleich überführt sein können?

Es hat allerwärts einerlei Grund. Einem jeden ist seine Religion und Secte in der Kindheit bloß als ein Vorurteil, durch unverstandene Gedächtnis-Formeln und eingejagte Furcht vor Verdammnis, eingeprägt worden…

Die Vernunft wird ihnen als eine schwache, blinde, verdorbene und verführerische Leiterin abgemalt; damit die Zuhörer, welche noch nicht einmal recht wissen, was Vernunft oder vernünftig heiße, jetzt gar bange werden, ihre Vernunft zur Erkenntnis göttlicher Dinge anzuwenden, weil sie dadurch leicht zu gefährlichen Irrtümern gebracht werden mögten.«

Lessing zeichnete eine streitbare Wahrheitsliebe und ein männlicher Mut aus, er liebte nichts mehr als das Gespräch, wo Satz und Gegensatz sich aneinander reiben und den Gedanken forttreiben. Er spürte in sich eine intellektuelle Überlegenheit, und ihn charakterisierte ein spöttischer Grundzug, der ihn zu Distanz und skeptischem Vorbehalt brachte. Gelernt hat er die Fähigkeit zur Gegenrede auf der Fürstenschule Sankt Afra. Sein Vater hatte schon 1749 über ihn geschrieben, er habe einen »kläglichen« Zweifel am Christentum. Und damit ist ein methodischer Zweifel gemeint, nicht die Zerstörung, sondern die Befestigung des Glaubens durch vernünftige Untersuchung. Nötig bleibt stets die Reflexion des urteilsfähigen Subjekts, das in einem einander aufklärenden Gespräch mit Menschen auf gleicher Augenhöhe zum Kern der Dinge kommt, wobei ein *intellektueller* Fortschritt ohne einen durchaus *geselligen* nicht möglich ist. Und Lessing geht es immer auch um Selbstaufklärung, um Selbsterkenntnis, um Selbstbewusstsein. Die Welt kann nur verändert werden, wenn der Dichter sich selbst zum Vertreter der Menschheit läutern lernt.

XII.

Wer spottet, muss auch über sich selbst spotten können. Am Ende seines Studienaufenthaltes 1752 in Wittenberg, wohin er aus Leipzig geflohen war und wo er unter widrigen Umständen gelebt und seinen Magistertitel abgelegt hatte, schrieb er in ein Stammbuch:

Ich
Die Ehre hat mich nie gesucht;
Die hätte mich auch nie gefunden.
Wählt man, in zugezählten Stunden,
Ein prächtig Feierkleid zur Flucht?

Auch Schätze hab ich nie begehrt.
Was hilft es, sie auf kurzen Wegen
Für Diebe mehr als sich zu hegen,
Wo man das wenigste verzehrt?

Wie lange währt's, so bin ich hin,
Und einer Nachwelt untern Füßen?
Was braucht sie, wen sie tritt, zu wissen?
Weiß ich nur, wer ich bin.

Das ließ sich leicht sagen, nicht Ehre und nicht Schätze gewinnen wollen, jedenfalls wenn es zu Lasten der Ausbildung des eigenen Ichs ging. Lessing litt zeitlebens unter materiellen Sorgen. Er konnte nur – wie er es selber sagte – gemächlich leben. »Gemächlich heißt bei mir, was ein anderer vielleicht zur Not nennen würde. Allein, was tut mir das, ob ich in der Fülle lebe oder nicht, wenn ich nur lebe.«

Solche Selbstbescheidung hat ihn ausgezeichnet, und Selbsterkenntnis ist ihm stets wichtiger als Ruhm und Reichtum, aber er musste doch wenigstens leben können!

Moses Mendelssohn hat 1785 über »Nathan der Weise« und seinen Autor, seinen Freund, geschrieben, dieses Stück gereiche der »Christenheit zur wahren Ehre. Auf welcher hohen Stufe der Aufklärung und Bildung muß ein Volk stehen, in welchem sich ein Mann zu dieser Höhe der Gesinnungen hinaufschwingen, zu dieser feinen Kenntnis göttlicher und menschlicher

Dinge ausbilden konnte! Wenigstens, dünkt mich, wird die Nachwelt so denken müssen; aber so dachten nicht die Zeitgenossen Lessings.«

Solche Sätze waren es, die Juden es nicht für möglich erscheinen ließen, was nach 1933 und dann in lebensbedrohlicher Form für alle 1938 geschehen sollte. Sie dachten groß über ein Volk, aus dem ein Mann wie Lessing hervorgegangen war. Verdichteter, als es Lessing im »Nathan« getan hat, lässt sich nicht sagen, was die Menschheit auch heute dazu bringen könnte, den Hass der Religionen, Kulturen und Ideologien zu überwinden.

Wohlan!
Es eifre jeder seiner unbestochnen,
Von Vorurteilen freien Liebe nach!
Es strebe von euch jeder um die Wette,
Die Kraft des Steins in seinem Ring an Tag
Zu legen! komme dieser Kraft mit Sanftmut,
Mit herzlicher Verträglichkeit, mit Wohltun,
Mit innigster Ergebenheit in Gott,
Zu Hülf!

(3. Aufzug, 7. Auftritt)

Was hat Lessing nicht alles in diesen wenigen Zeilen konzentriert! Die Liebe soll unbestochen sein, also auch nicht parteilich gegenüber denen, die zu einem gehören und einem nahe sind. Und dieser von Vorurteilen gegen Freund und Feind freien Liebe nachzueifern, führt zu einem Streben, die Kraft des Steins an den Tag zu legen. Das heißt also, in dem Stein ist die Kraft, die der Mensch zutage zu bringen habe. Dieser Kraft solle er nur entsprechen und zu Hilfe kommen mit Sanftmut, Verträglich, Wohltun und Ergebenheit in Gott. Es ist ein geläuterter Eifer, von dem Lessing hier spricht. Nicht der einfache Eifer, der ins Eiferertum gleitet, allzu leicht abgleitet.

Und es ist Recha, die Schülerin, die kluge Schülerin ihres Stiefvaters Nathan, die davon spricht, dass die Ergebenheit in

Gott von unserem Wähnen über Gott so ganz und gar nicht abhinge.

Nicht, wie man über Gott denkt, sondern in welche Beziehung der Mensch in seinem Innersten zu ihm tritt und wie er sich in ihm wiederfindet, ist das Entscheidende.

Spricht hier Lessing selbst?

Er bleibt kritischer Lutheraner. Er ist dem Pantheistischen nahe. Zweifellos hat ihn der Deismus geprägt. Keine solcher Kategorisierungen trifft zu.

Er ist als Feind jedes Fundamentalismus keineswegs ein Relativist, wohl wissend, wie relativ unsere Glaubensüberzeugungen sind und dass sie nur als relative Wahrheiten genießbar bleiben.

»Die Stimmen wägen, nicht zählen«
Poesie, Pathos und Pöbel bei Friedrich Schiller

Es ist nicht wahr, wie man gewöhnlich behaupten hört, dass das Volk die Demokratie herabzieht; der Politiker zieht das Volk herab, und zu allen Zeiten, in denen die Demokratie verfiel, ist sie durch die Politiker gefallen.

Das Volk braucht nichts als Empfänglichkeit, und diese besitzt es.

So schrieb einst Friedrich Schiller; nur stand an der Stelle von Volk Publikum und anstelle von Politiker Künstler.

Wir leben in einer Situation außerordentlicher Herausforderung des politischen Personals, aber auch aller Bürger, die besonderen Einfluss auf das Denken, Empfinden und Urteilen des Volkes haben. Schiller meinte, das Volk bringe eine Fähigkeit mit, sich am Verständigen und Rechten zu erfreuen, wenn es aber damit angefangen habe, sich mit dem Schlechten zu begnügen, so höre es zuverlässig damit auf, das Vortreffliche zu fordern.

Wir müssen wohl alle weiter das Vortreffliche fordern und uns nicht daran beteiligen, das Niveau abzusenken – bis ins Unerträgliche.

Es geht um Poesie, Pathos und Pöbel. Es geht um uns.

Poesie

Schiller preist das geistige Vergnügen, ein Vergnügen, das die Kunst gewährt, die ein »Mittel für die Sittlichkeit« wird und einen »auf Abscheu und Verabscheuung gerichteten Affekt«

auslöst. Er hat ein Pathos, das für die einen abschreckend, für die anderen anziehend wirkt. Das so ideenlose Edelzyniker-Konsortium des großdeutschen Feuilletons würde Schiller glatt den verachteten »Gutmenschen« zuordnen.

Ich habe mich nach über vier Jahrzehnten wieder ganz neu von ihm faszinieren lassen.

Ich bin Leser, kein Experte, lasse Schiller sprechen, vor allem aus seinen Briefen. *Eklektisch* bleibt, was ich herausziehe, *subjektiv*, was ich bewerte oder aktualisiere.

Schiller war einer, der meint, was er sagt. Und der wollte was. Der ließ sich anrühren und wollte anrühren, Mitleid erwecken mit seiner Kunst. Das ist Teil seines Pathos (pathein = leiden; sympathein = mitleiden, Mitgefühl haben). Betroffenheitskitsch? Jedenfalls: Mitgefühlsliteratur. Mir ist es durchaus angenehm zu spüren, dass er etwas von mir (dem Leser, dem Zuschauer, dem Zeitgenossen) will.

Schillers Pathos täte unserer eingetrübten Zeit Not, *weil* dieser Dichter Realist genug war, Idee und Wirklichkeit nicht zu identifizieren, aber dazu auffordert, letztere nicht so sein zu lassen, wie sie ist. Sittlich zu empfinden und zu sein sei ein Vergnügen! Auch das Genießen der Rührung durch Tragisches. Das Mittel für Sittliches ist das Schöne und Erhabene, nicht die strenge Tugend*erziehung* oder religiöse *Vor-Schrift*.

Seine große Rede über die »Schaubühne als moralische Anstalt« schloss er mit dem unvergesslichen Satz: »Jeder einzelne genießt die Entzückungen aller, die verstärkt oder verschönert aus hundert Augen auf ihn zurückfallen, und seine Brust gibt jetzt nur *einer* Empfindung Raum – es ist diese: ein *Mensch* zu sein.«

In seinen nicht leicht zu lesenden Schriften zur Ästhetik unterscheidet er zwischen den *schönen* Künsten (also Künsten des Geschmacks und Künsten des Verstandes) und den *rührenden* Künsten (also Künsten des Gefühls und des Herzens). Das Schöne könne ohne das Rührende zwar bestehen, aber das

Schöne reicht nicht, heißt es in seinem Essay »Über den Grund des Vergnügens an tragischen Gegenständen«. »Die Lust am Schönen, am Rührenden, am Erhabenen stärkt unsre moralischen Gefühle, wie das Vergnügen am Wohltun, an der Liebe usf. …«

Im August 1797 schrieb Schiller an Goethe, der Grundsatz, dass »man nur für sich selber philosophiert und dichtet«, schneide jede Versuchung ab, »die Poesie zu etwas Äußerm zu gebrauchen«. Man müsse die Leute »inkommodieren, ihnen ihre Behaglichkeit verderben, sie in Unruhe und Erstaunen setzen. … entweder als ein Genius oder als ein Gespenst, muß die Poesie ihnen gegenüberstehen. Dadurch allein lernen sie, an die Existenz einer Poesie glauben und bekommen Respekt vor den Poeten.« Er hielt am Glauben fest, dass in jedem Menschen etwas steckt, was ihm Zugang zur Kunst eröffnen kann. Der »Same des Idealismus« allein könne noch verhindern, »daß das wirkliche Leben mit seiner gemeinen Empire nicht alle Empfänglichkeit für das Poetische zerstört«.

Fast durchgängig wandte sich Schiller gegen die Versuchung, »gefallen« zu wollen. Was er damit meinte, verdeutlichen seine unterschiedlichen Urteile über die Brüder Wilhelm und Alexander von Humboldt im Brief an Christian Gottfried Körner vom 6. August 1797: Wilhelm »hat ein seltenes, reines Interesse an der Sache, weckt jede schlummernde Idee, nötigt einen zur schärfsten Bestimmtheit, verwahrt dabei vor der Einseitigkeit und vergilt jede Mühe, die man anwendet, um sich deutlich zu machen, durch die seltene Geschicklichkeit, den Gedanken des anderen aufzufassen und zu prüfen.« (Das mag auch für Schiller selbst, der Höflichkeit und Menschlichkeit mit freundschaftlichem Respekt füreinander verbindet, gelten.) Alexander bescheinigte er einen nackten, schneidenden Verstand, »der die Natur, die immer unfaßlich und in all ihren Punkten ehrwürdig und unergründlich ist, schamlos ausgemessen haben will und mit einer Frechheit, die ich nicht begreife, seine Formeln, die oft nur leere Worte und immer nur enge Begriffe sind, zu ihrem Maßstabe macht.« Vielen imponiere er mehr als Wilhelm, »weil er ein Maul hat und sich geltend machen kann«, aber ihm fehle »das notwendigste Vermögen zu seiner Wissenschaft«: Einbildungskraft.

Schiller, einem wahrhaften Dialektiker zwischen »Verstand und Empfindungskraft«, galt als Kunst, was den konkreten Gegenstand oder das historische Ereignis zu verallgemeinern versteht und gleichzeitig auf den Einzelfall, auf das je Konkrete zurückführbar und anwendbar ist. So wird das Konkrete zum Allgemeinen und das Allgemeine wieder zum Konkreten.

In einem der letzten Briefe an Körner, seinen wohl treuesten Freund, erklärte er (wahrscheinlich mit Blick auf die Arbeit am »Demetrius«): »Wenn ich Dir auch gleich meinen Gegenstand nennte, würdest Du Dir keine Idee von meinem Stücke machen können, weil alles auf die Art ankommt, wie ich den Stoffe nehme, und nicht, wie er wirklich ist. Der Stoff ist historisch, und so wie ich ihn nehme, hat er volle tragische Größe.« Das Wirkliche ist eben noch nicht das Wahre, die bruta facta noch nicht die Geschichte in der Geschichte, sondern bloße Historie. Schiller war ein reflektierender *Ver*dichter von Wirklichkeit – eben ein Dichter.

Er schmiegte sich nicht an den Zeitgeist an und suchte das Publikum durch kühne Einbildungskraft zu überraschen und zu erschüttern. An Goethe schrieb er im Juli 1802, er müsse sich künftig bei seinen Stücken mehr auf das dramatisch Wirkende konzentrieren; aber nur sofern dies eine poetische Forderung sei, könne er sich darum bemühen: »denn eine Wirkung ad extra, wie sie zuweilen auch einem gemeinen Talent und einer bloßen Geschicklichkeit gelingt, kann ich mir nie zum Ziele machen … Es ist also hier nur von der höchsten Aufgabe selbst die Rede, und nur die erfüllte Kunst wird meine individuelle Tendenz ad intra überwinden können, wenn sie zu überwinden ist.« Die sinnlichen Kräfte zu reizen und zu beschäftigen, falle ihm schwerer als anderen, da ihn »eine gewisse *Innigkeit*« für gewöhnlich mehr an seinem Gegenstande festhalte, als zuträglich sei. Er war davon überzeugt, dass seine Werke in Jahrhunderten nicht weniger gelesen werden als zu ihrer Entstehungszeit, weil ihr Wert nicht »nur in den Resultaten liegt, die sie für den Verstand enthalten«. »Schriften, die einen von ihrem logischen Gehalt unabhängigen Effekt machen, ... in denen sich ein Individuum lebend *abdrückt*«, heißt es in einem Briefentwurf an Johann Gottlieb Fichte vom August 1795, »werden nie entbehrlich werden und ein unvertilgbares Lebensprinzip in sich enthalten, eben weil jedes Individuum einzig und mithin auch unersetzlich ist«.

Schiller kam zu dem Schluss, dass sich in der Tragödie die historische Wahrheit den Gesetzen der Dichtkunst unterzuordnen habe, da sonst die poetische Wahrheit leide. »Da ... jeder Dichter, nur unter dem Gesetz der poetischen Wahrheit steht, so kann die gewissenhafteste Beobachtung der historischen ihn nie von seiner Dichterpflicht lossprechen, nie einer Übertretung der poetischen Wahrheit, nie einem Mangel des Interesses zur Entschuldigung gereichen.« In »Wallenstein« oder in »Maria Stuart« reicht die poetische Wahrheit über das bloß Historische genauso weit hinaus wie die geschichtliche Wahrheit der deutenden Nacherzählung des Evangelisten Lukas in der so genannten Weihnachtsgeschichte über die historisch verifizierbare Wahrheit von der Geburt Jesu weit hinausreicht.

Aber nicht nur in der Kunst kommt es nach Schillers Meinung auf den Geist an, der den bloßen Stoff belebt: »Auch der Geschichtsschreiber muß genauso wie Dichter und Historienmaler ... die produktive Einbildungskraft des Lesers ins Spiel zu setzen wissen und bei der strengsten Wahrheit ihr den Genuß einer ganz freien Dichtung verschaffen.«

Immer wieder beneidete Schiller Goethe, ohne dass ihn der Neid anfraß. »Sie wohnen gleichsam im Hause der Poesie, wo Sie von Göttern bedient werden.« Er selbst müsse sich alles abringen. Als er den Wallenstein-Stoff nach drei Jahren Plackerei endlich abgeschlossen hatte, tauschte er sich mit dem Dichterfreund über neue Vorhaben aus: »Neigung und Bedürfnis ziehen mich zu einem frei phantasierenden, nicht historischen und zu einem bloß leidenschaftlichen und menschlichen Stoff, denn Soldaten, Helden und Herrscher habe ich vor jetzt herzlich satt.« Und doch hat er nach »Don Karlos« und der Wallenstein-Trilogie überwiegend historische Stoffe poetisch&dramatisch bearbeitet. (»Fiesco«, »Maria Stuart«, »Die Jungfrau von Orleans«, »Wilhelm Tell«, »Demetrius«).

Die historischen Elemente beim »Tell« in eine Form zu bringen, die seinen Intentionen und den Erwartungen des Publikums entsprach, erforderte »viel poetische Operation«. Es galt, »eine sehr hohe poetische Forderung zu erfüllen, weil hier ein ganzes, lokal-bedingtes Volk, ein ganzes und entferntes Zeitalter und, was die Hauptsache ist, ganz örtliches, ja beinahe individuelles und einziges Phänomen mit dem Charakter der höchsten Notwendigkeit und Wahrheit soll zur Anschauung gebracht werden«, teilte er Körner am 9. September 1802 mit. Das Vorhaben, ein »Volksstück« zu schreiben, gelang, »Wilhelm Tell« ist sein größter Theatererfolg geworden.

Schiller war der erste Kritiker seiner selbst, er versuchte der Enge seiner Welt in jeder Weise zu entrinnen, hielt an dem Ziel fest, andere in Freiheit zu setzen und selber ein ganz Freier zu werden. Im Frühjahr 1804 reiste er mit seiner Familie nach Berlin, wo man den Dichter ehrte und feierte. Das Angebot, in die preußische Hauptstadt überzusiedeln, war verlockend. Wilhelm von Wolzogen, einem Freund seit der Schulzeit, gestand er nach der Rückkehr nach Weimar: »Einmal ist es ja meine Bestimmung, für eine größere Welt zu schreiben, meine dramatischen Arbeiten sollen auf sie wirken, und ich sehe mich hier in so engen, kleinen Verhältnissen, daß es ein Wunder ist, wie ich nur einigermaßen etwas leisten kann, das für die größere Welt ist.« Ihm kamen jedoch bald Zweifel, ob Berlin substanziell die größere Welt wäre, die ihm einen freieren Geist ermöglichen würde und mehr Wirkung auf die politische Wirklichkeit auszuüben, statt diese bloß auf eine unterhaltsame oder anrührende Weise zu reflektieren.

Stets stellte sich Schiller den höchsten Ansprüchen »auf den Brettern, die die Welt bedeuten«. Mit seinem Spiel war es ihm ernst, sehr ernst. In seiner berühmten Vorrede zur Tragödie »Die Braut von Messina« fasste er sein Credo auf unnachahmliche Weise zusammen: »Die wahre Kunst aber hat es nicht bloß auf ein vorübergehendes Spiel abgesehen, es ist ihr ernst damit, den Menschen nicht bloß in einen augenblicklichen Traum von Freiheit zu versetzen, sondern ihn wirklich und in der Tat frei zu *machen*, und dieses dadurch, daß sie eine Kraft in ihm erweckt, übt und ausbildet, die sinnliche Welt, die sonst nur als ein roher Stoff auf uns lastet, als eine blinde Macht auf uns drückt, in eine objektive Ferne zu rücken, in ein freies Werk unsres Geistes zu verwandeln, und das Materielle durch Ideen zu beherrschen.«

In diesen Sätzen steckt das ganze idealistische Programm der Schiller'schen Poesie! Dieser feurige Idealist erkannte: »Freiheit ist nur in dem Reich der Träume, / Und das Schöne blüht nur im Gesang.« Es ging ihm wohl um den augenblicklichen Traum von Freiheit, um das glückliche Erlebnis des Moments, aber sein Schaffen zielte darauf ab, dass dieser Traum in der Wirklichkeit Fuß fasse.

Er hielt daran fest, dass die Kunst den Menschen aus seiner Ohnmachtsanmutung herausreiße, Kraft in ihm erwecke und ausbilde, »die *sinnliche* Welt, die sonst nur als ein roher Stoff auf uns lastet, als eine blinde Macht auf uns drückt, in eine objektive Ferne zu rücken, in ein *freies* Werk unsers Geistes zu verwandeln, und das Materielle durch *Ideen* zu beherrschen«. Der Mensch könne sich durch Kunst in ein freies Wesen verwandeln, also zu dem Wesen werden, das nicht *muss*, sondern das *will*. Jene Gedanken gipfeln in dem pathetischen Satz: »Es ist der Geist, der sich den Körper baut.«

Das Pathos, eingeflossen in sein ganzes literarisches Werk, in seine POESIE in einem umfassenden Sinne, hat Schiller die Kraft gegeben, überhaupt so lange zu leben und mit wiederkehrenden Krämpfen, Fieberanfällen, Keuchhusten umzugehen – und produktiv zu bleiben, nie sein Geschick bejammernd. Die Poesie habe, so Schiller, das Vermögen (und die Aufgabe!), das Schreckliche zu bannen, über das Schreckliche hinauszuweisen durch Transzendierung des wirklichen Geschehens – »das düstre Bild der Wahrheit in das heitre Reich der Kunst hinüberspielen«, heißt es im »Wallenstein«-Prolog. Norbert Oellers, Herausgeber der Schiller-Nationalausgabe, schreibt: »Die heitere, die überlegene Kunst kann, indem sie über die Wirklichkeit einen Schleier breitet, deren Wahrheit zur Erscheinung bringen, da sie (die Kunst) das Wahre mit dem Schönen aufs Engste verbindet.«

Mir scheint, derzeit droht uns der Geist der Utopie gänzlich auszugehen. Jeder, der noch eine Utopie formuliert, wird im großdeutschen Feuilleton lächerlich gemacht, zu einem Menschentyp »von gestern« erklärt, selbst derjenige, der überhaupt noch alternative Handlungsmöglichkeiten sieht, statt sich den globalisierten neoliberalen Herrschaftsformen einfach zu beugen. Globalisierung muss so gestaltet werden, dass sie keine Verlierer hinterlässt, statt dass man sich einer ungehemmten Handelsfreiheit unterwirft.

Niemand bleibt rein bei der Begegnung mit der Wirklichkeit. Aber er muss wissen, dass er nicht »rein« bleiben kann – und wissen, *was* das Reine überhaupt sei, um das Unreine bezeichnen zu können. Einem Ideal anzuhangen heißt nicht, es blauäugig & traumwandlerisch zur Wirklichkeit zu erklären oder zu glauben, es ließe sich bruchlos in die Wirklichkeit überführen. Schiller machte sich nicht zum Büttel einer zur Notwendigkeit erklärten Wirklichkeit. In seinem letzten Brief an Humboldt vom 2. April 1805 fragte er sich, ob er in seinem poetischen Streben »den materiellen Forderungen der Welt und der Zeit etwas eingeräumt« habe. »Anfangs gefällt es, den Herrscher zu machen über die Gemüter, aber welchem Herrscher begegnet es nicht, daß er auch wieder der Diener seiner Diener wird, um seine Herrschaft zu behaupten…« Die »tiefen Grundideen der Idealphilosophie bleiben ein ewiger Schatz; schon allein um ihretwillen muß man sich glücklich preisen, in dieser Zeit gelebt zu haben«, versicherte er dem Freunde und fuhr fort: »Am Ende sind wir beide ja Idealisten und würden uns schämen, uns nachsagen zu lassen, daß die Dinge uns formten und nicht wir die Dinge.« Solches Resümee ist nicht Ausdruck von Ohnmacht, sondern hat etwas Kämpferisches.

Am 29. November 1795 schätzte Schiller Humboldt gegenüber sein Gedicht »Elegie« hoch ein: »noch in keinem ist der *Gedanke* selbst so poetisch gewesen und geblieben, in keinem hat das Gemüt so sehr als *eine* Kraft gewirkt«. Er wolle nun eine »Idylle« verfassen. In der sentimentalischen Dichtkunst sei die Idylle »das höchste, aber auch das schwürigste Problem«. »Der Begriff dieser Idylle ist … kein andrer als das Ideal der Schönheit auf das wirkliche Leben angewendet. Ihr Charakter besteht also darin, daß aller Gegensatz der Wirklichkeit mit dem Ideale, der den Stoff zu der satyrischen und elegischen Dichtung hergegeben hatte, aufgehoben sei«, heißt es in dem Aufsatz »Über naive und sentimentalische Dichtung«. Im Brief an Humboldt pries er eine Szene im Olymp als höchsten Genuss: »alles Sterbliche ausgelöscht, lauter Licht, lauter Freiheit, lauter Vermögen, keine Schatten, keine Schranke, nichts von dem allen mehr zu sehen«. Die Menschheit »zu einem vollendeten Ausdruck zu bringen« erfordere nicht nur einen von der Realität abgehobenen Stoff, auch sein Gemüt müsse »erst ganz frei und von allem Unrat der Wirklichkeit recht reingewaschen« sein.

Bei allem Schwärmen von Arkadien und vom Elysium wusste Schiller um die Vergänglichkeit. Er hoffte, »durch die Krankheit gehe von der Heiterkeit meines Gemüts und der Kraft meines Entschlusses nichts verloren«. Es klingt geradezu tröstlich, wenn in dem Gedicht »Nänie« die Allerweltsweisheit ausgesprochen wird:

Auch das Schöne muß sterben …
Und die Klage hebt an um den verherrlichten Sohn.
Siehe! Da weinen die Götter, es weinen die Göttinnen alle,
Daß das Schöne vergeht, daß das Vollkommene stirbt.
Auch ein Klaglied zu sein im Mund der Geliebten, ist herrlich,
Denn das Gemeine geht klanglos zum Orkus hinab.

Das Ästhetische erhebt sich über das Natürliche im Moment des Todes.

Das Schöne lebt nur im Gesang, und es lebt im Gesang weiter. Es lebt nur da weiter, wo Menschen des Schönen ansichtig werden, nicht nur verstandesmäßig, sondern durch Poesie zu sich selber kommen – als Menschen, als Spielende. »Ernst ist das Leben, heiter ist die Kunst.« Spielend. So wird das Leben heiter – im mitleidsfähigen Menschen.

Angerührt wird der Mensch durch eine Kunst, in der Form und Inhalt einander brauchen, weil nur das Schöne wahr ist, selbst wenn das Wahre nicht schön ist.

Was ist der letzte Zweck der Kunst? Es ist »die Darstellung des Übersinnlichen. Die tragische Kunst insbesondere bewerkstelligt dieses dadurch, daß sie uns die moralische Independenz von Naturgesetzen im Zustand des Affekts versinnlicht.«

Bevor Schiller seine großen späten Dramen verfasste, formulierte er als Programm: »Die Schaubühne ist die Stiftung, wo sich Vergnügen mit Unterricht, Ruhe mit Anstrengung, Kurzweil mit Bildung gattet, wo keine Kraft der Seele zum Nachteil der andern gespannt, kein Vergnügen auf Unkosten des Ganzen genossen wird. … wir werden uns selbst wiedergegeben, unsre Empfindung erwacht, heilsame Leidenschaften erschüttern unsere schlummernde Natur, und treiben das Blut in frischere Wallungen.«

Schiller baute auf die in uns allen steckende Sehnsucht nach Vergnügen. Ein *menschliches* Vergnügen muss den Menschen erheben – und dabei durchaus vergnüglich sein. Das Sinnliche und das Sittliche fallen somit nicht mehr auseinander.

Pathos

Das Pathos (griech. = Schmerz; Leiden; Leidenschaft, zu: páschein = erfahren, [er]leiden) Schillers ist das Pathos der Freiheit, der Humanität, die in jedem Einzelnen wächst und für jeden Einzelnen da sein muss. »Glühend für die Idee der Menschheit, gütig und menschlich gegen den einzelnen Menschen, und gleichgültig gegen das ganze Geschlecht, wie es wirklich vorhanden ist – das ist mein Wahlspruch.« Es ist schon eine verwegene Welt-Erlösungs-Konzeption, die für diesen Schwaben hinter allem stand. »Alle Kunst ist der Freude gewidmet, und es gibt keine höhere und ernsthaftere Aufgabe, als die Menschen zu beglücken.«

Ihm ging es um die innere Befreiung, ohne die es keine äußere Freiheit geben kann. Sobald es Licht wird *in* dem Menschen, ist *außer* ihm keine Nacht mehr. Davon war er überzeugt. Dafür wollte er wirken: dass wir lichtvolle Menschen sind, die spielen gelernt haben. Der Mensch soll mit der Schönheit nur spielen, und er soll nur mit der Schönheit spielen.

Schiller wusste wohl um den realen Menschen, aber er wusste auch, der Gedanke sprengt äußere Grenzen:

> Es wächst der Mensch mit seinen größeren Zwecken.
> Eng ist die Welt, und das Gehirn ist weit.

Der Mensch sei nicht dazu da, *einzelnes* sittliches *Handeln* zu verrichten, er sei dazu bestimmt, ein sittliches Wesen zu *sein* und solle nicht nur eine *Pflicht* dröge erfüllen, sondern *Lust* und *Pflicht* in Verbindung bringen und seiner Vernunft mit *Freude* gehorchen.

Schiller hat eine Idee von der Menschheit, die sich im einzelnen Menschen verwirklichen solle: Wenn jeder Mensch alle Menschen liebe, so würde jeder Einzelne die ganze Welt besitzen. Von diesem Pathos und Ethos hat er lebenslang nicht abgelassen. Die Freude ist nicht bloßer emotionaler Überschwang oder gar die Trunkenheit des Jünglings. Aber ohne solche Trunkenheit und Begeisterung kommt der Mensch nicht aus, wenn er die Härten des Lebens bestehen will.

Das Pathos der Freude führt ins Ethos der Menschlichkeit. Aus Begeisterung wird das durchbrochen, was Mitmenschlichkeit einengt. Sein vielleicht bekanntestes und populärstes Gedicht »An die Freude« ist zugleich das wohl am meisten verballhornte, verkitschte und im Schlusssatz in Beethovens 9. Sinfonie auch verbrauchte Gedicht. Es ist aber eben mehr als »der Kuß der ganzen Welt« und mehr als die »umschlungenen Millionen«, mehr als das feuertrunkene, bezaubernde, jubelnde Dasein der Brüder, die in Silvestersektlaune im hohen Sternenzelt einen »lieben Vater« wohnen wähnen.

Zum Schlusse hin entfaltet jenes Überschwangs-Freude-Elysiums-Gedicht eine geradezu erlösende Gegenwelt in der Gewaltwelt.

Festen Mut in schwerem Leiden,
Wahrheit gegen Freund und Feind
Männerstolz vor Königsthronen –
…
Rettung von Tyrannenketten,
Großmut auch dem Bösewicht
Hoffnung auf den Sterbebetten,
Gnade auf dem Hochgericht!
Auch die Toten sollen leben!
Brüder, trinkt und stimmet ein,
Allen Sündern soll vergeben,
Und die Hölle nicht mehr sein.

Die Freude, die Schiller preist, das ist die große Utopie der Gnade, paradiesische Welt der Mitmenschlichkeit, also etwas ganz anderes als das heutige Gut-drauf-Sein, mehr als »positiv Denken« oder jenes autosuggestive »der Erfolg ist in dir«. Immer wieder überkam ihn der Überschwang. Er, der zeitlebens mit körperlichen Gebrechen und ökonomischer Unbill umzugehen hatte, schrieb am 10. November 1789, seinem 30. Geburtstag, an Caroline und Charlotte von Lengefeld: »Was läge mir an meiner Geburt, wenn ich nicht zur Freude geboren wäre?« Und er nahm sich vor: »Ich möchte in dieser holprigen Welt einige Sprünge machen, von denen man erzählen soll.«

Wenn Schiller das preist, was sein soll und sein kann, hindert das ihn nicht, klar zu sehen, was ist.

> Gefährlich ist's, den Leu zu wecken,
> verderblich ist des Tigers Zahn;
> jedoch der schrecklichste der Schrecken,
> das ist der Mensch in seinem Wahn.

Schiller war gerade nicht *ver*klärt, sondern *auf*geklärt, auch über die Abgründe im Menschen, die tragischen und die schuldhaften. Das Pathos seines Freiheitsglaubens kommt aus einer anthropologischen Erkenntnis: Der Mensch ist das einzige Wesen, das nicht *muss*, sondern *will*. Einer, der nur muss, ist noch nicht Mensch. Den Realisten zeichne es aus, dass er sich durch die Notwendigkeit der Natur bestimmen lasse, während der Idealist sich durch die Notwendigkeit der Vernunft leiten lasse. »Der Realist wird fragen, *wozu* eine Sache gut sei und die Dinge nach dem, was sie *wert* sind, zu taxieren wissen; der Idealist wird fragen, *ob* sie gut sei und die Dinge nach dem taxieren, was sie *würdig* sind.« Jeder Mensch lebe in seinem Jahrhundert, aber er sei nicht sein Geschöpf, sondern sein Gestalter.

Dem Dichter sei es aufgetragen, Zeitgenosse *aller* Zeiten zu sein.

Geradezu hellsichtig hat Schiller im »Don Karlos« vorweggenommen, was in der Französischen Revolution geschehen sollte und frühzeitig vor einem kommenden Diktator gewarnt. Wenn Sklaven sich von ihren Ketten befreien, doch in der ertrotzten Freiheit mental immer noch Sklaven sind, werden sie nur Machtverhältnisse ändern, nicht die Macht selbst und keine Befreiung bewirken. Schiller sah voraus, wie jene, die für abstrakte Ideale glühen, über Leichen gehen können, wenn sie im Namen des Ideals andere Menschen (auch sich selbst!) instrumentalisieren.

Am 13. Juli 1793 schrieb der mit dem Orden der Französischen Revolution Ausgezeichnete (was er selbst noch gar nicht wusste) an den Herzog Friedrich Christian von Augustenburg über die Französische Revolution: »Wäre das Faktum wahr, ... daß die politische Gesetzgebung der Vernunft übertragen, der Mensch als Selbstzweck respektiert und behandelt, daß Gesetz auf den Thron erhoben und wahre Freiheit zur Grundlage des Staatsgebäudes gemacht worden, so wollte ich auf ewig von den Musen Abschied nehmen und dem herrlichsten aller Kunstwerke, der Monarchie der Vernunft, alle meine Tätigkeit widmen. Aber dieses Faktum ist es eben, was ich zu bezweifeln wage. Ja, ich bin so weit entfernt, an den Anfang einer Regeneration im Politischen zu glauben, daß mir die Ereignisse der Zeit vielmehr alle Hoffnungen dazu auf Jahrhunderte benehmen.« (Dasselbe Motiv taucht bei Bertolt Brecht wieder auf, der in einem Gedicht meinte, sein Werk habe sich erst erledigt, wenn der Letzte »von den Hunden gebissen wurde«.)

In seinem ersten umjubelten Skandalstück »Die Räuber« (1780) lässt er Karl Moor desillusioniert sagen: »O über mich Narren, der ich wähnete, die Welt durch Greuel zu verschönern und die Gesetze durch Gesetzlosigkeit aufrechtzuhalten. Ich nannte es Rache und Recht...« Den Gedanken, dass der noch so gute Zweck nicht alle Mittel rechtfertigt, führte er im »Don Karlos« eindrücklich aus – in der Ambivalenz des glühenden Freiheitsstrategen Marquis von Posa. Die Unduldsamkeit der philosophischen Weltverbesserer empörte Schiller. Unabhängig vom System, in dem er lebt, solle der Mensch seiner eigenen Überzeugung folgen, »die schönsten Träume von Freiheit werden ja in Kerkern geträumt«. In den Briefen an den Erbprinzen Friedrich Christian von Augustenburg entwickelte er Grundgedanken zur ästhetischen Erziehung des Menschen: »Das Reich der Vernunft ist [eben nicht das Reich der Hegel'schen eingesehenen Notwendigkeit, sondern] ein Reich der Freiheit, und keine Knechtschaft ist schimpflicher, als die man auf diesem heiligen Boden erduldet. Aber viele, die sich ohne innere Befugnisse darauf niederlassen, beweisen, daß sie nicht frei geboren, bloß freigelassen sind.« Bloß Freigelassene, aber noch nicht Freie seien die neuen Totengräber der Freiheit. Er wolle keinesfalls die »Sache der Schönheit mit Waffen verrichten, die der Schönheit nicht würdig sind«.

Schiller repräsentiert den schärfsten Widerspruch zur jesuitischen Heiligung der Mittel durch den heiligen Zweck. Der Erwachsengewordene solle nicht irre werden, »wenn des Staubes Weisheit Begeisterung, die Himmelstochter, lästert«. So lässt er den Marquis von Posa die Königin bitten, dem Infanten Karlos dies Vermächtnis zu übermitteln.

Sagen Sie
Ihm, daß er für die Träume seiner Jugend
Soll Achtung tragen, wenn er Mann sein wird,
Nicht öffnen soll dem tötenden Insekte
Gerühmter besserer Vernunft das Herz
Der zarten Götterblume – daß er nicht
Soll irrewerden, wenn des Staubes Weisheit
Begeisterung, die Himmelstochter, lästert.
(4. Akt, 24. Auftritt)

Es ist, als hätte er das in das Stammbuch jener Alt-68er geschrieben, die verächtlich auf ihre Träume zurücksehen und Zuflucht zum Zynismus genommen haben, zugleich sich im Spott über die ergehen, die sich eine (Selbst-)Achtung gegenüber den Träumen ihrer Jugend erhalten haben.

Das Pathos in seinem großen Gedicht »Hoffnung« ist nur

dann erträglich, wenn man erkennt, *wogegen* es sich wendet: gegen jedes vorzeitige Aufgeben. »Und was die innere Stimme spricht, / Das täuscht die hoffende Seele nicht.« Noch am Grabe pflanzt er – der Mensch – die Hoffnung auf.

Schillers Menschheitspathos ist nicht ohne Klarsicht; er weiß genau, warum die Mächtigen so leicht sich der Menschen bemächtigen können und was sie dazu bringt, niedrig von Menschenwürde zu denken. Marquis sagt zu Philipp II., ahnend, woher er seine Menschenverachtung hat.

> Die Menschen zwangen Sie dazu; *die* haben
> Freiwillig ihres Adels sich begeben,
> Freiwillig sich auf diese niedre Stufe
> Herabgestellt. Erschrocken fliehen sie
> Vor dem Gespenste ihrer innern Größe,
> Gefallen sich in ihrer Armut, schmücken
> Mit feiger Weisheit ihre Ketten aus,
> Und Tugend nennt man, sie mit Anstand tragen.
> (3. Akt, 10 Auftritt)

Der durch seine Macht und durch seine Schmeichler einsam gewordene König begegnet einem freien Menschen, lässt sich durch ihn faszinieren und bescheinigt dem Marquis am Schluss:

> Ihr kennt
> Den Menschen, Marquis. Solch ein Mann hat mir
> Schon längst gemangelt, Ihr seid gut und fröhlich
> Und kennet doch den Menschen auch – Drum hab
> Ich Euch gewählt.

Der Marquis hat das »kühne Traumbild eines neuen Staates, / Der Freundschaft göttliche Geburt«. (IV. Akt, 24. Auftritt). Sein Ideal zielt auf die Verwirklichung von Grundsätzen, die Rousseau im »Gesellschaftsvertrag« postulierte und auf die Freundschaft – für Schiller ein Grundtrieb der menschlichen Seele. »Ihr Terrain ist die Ewigkeit und ihr Nonplusultra die Gottheit.«

Wer Schillers Briefe liest, kann gar nicht anders, als angerührt zu sein von seiner Fähigkeit, eines Freundes Freund zu sein. Körner schrieb er zu Beginn ihres innigen und fruchtbaren Austauschs am 7. Mai 1785: »Verbrüderung der Geister ist der unfehlbarste Schlüssel zur Weisheit. *Einzeln* können wir nichts.« Seine Freundschaft zu ihm habe da angefangen, »wo die gewöhnliche Bande unter den Menschen zerreißen«. Und wo geschieht das gewöhnlich? Beim Geld. »Für unser Einverständnis sind keine Jahre und Räume«, bilanzierte er am 2. April 1805 im Brief an Wilhelm von Humboldt.

»Ich kann nicht Fürstendiener sein.« Der Gipfelsatz in »Don Karlos« ist wohl ein Leitsatz von Schiller selbst, der aus den Zwängen der Militärakademie geflohen war und den etwas Großes anwandelte bei der Vorstellung »an keinen andern Thron mehr zu appellieren als an die menschliche Seele … – ein Bürger der Universums, der jedes Menschengesicht in seine Familie aufnimmt und das Interesse des Ganzen mit Bruderliebe umfaßt«, wie er 1784 in der »Rheinischen Thalia« schrieb. Und immer wieder ist in Schillers Werk von der Freiheit die Rede, die man sich nicht *geben* und nicht *zulassen* kann, die man sich *nehmen* muss.

Posa bestürmt Philipp:

Stellen Sie der Menschheit
Verlornen Adel wieder her. Der Bürger
Sei wiederum, was er zuvor gewesen,
Der Krone Zweck – ihn binde keine Pflicht
Als seiner Brüder gleich ehrwürd'ge Rechte.
…
In seiner Werkstatt träume sich der Künstler
Zum Bildner einer schönern Welt. Den Flug
des Denkers hemme ferner keine Schranke,
Als die Bedingung endlicher Naturen.
…

Wenn nun der Mensch, sich selbst zurückgegeben,
Zu seines Werts Gefühl erwacht – der Freiheit
Erhabne, stolze Tugenden gedeihen –
...
Dann, Sire, wenn Sie zum glücklichsten der Welt
Ihr eignes Königreich gemacht – ... dann ist
Es ihre Pflicht, die Welt zu unterwerfen.

(III. Akt 10. Auftritt)

Der Künstler ist »Vor-Bildner« einer schöneren Welt, und der Mensch nicht bloß »die Krone«, sondern der Krone Zweck, ein Mensch, den keine Pflicht bindet als die, für das Recht, für das Freiheitsrecht der anderen zu kämpfen.

Die einzige Schranke, die der Mensch zu akzeptieren hat, ist die Schranke aller endlichen Kreatur, also der Tod. Nirgendwann ist Schillers Freiheitspathos bloßes Beschwören einer schönen Welt – immer ist es Opposition gegen die wirkliche Welt, die ein Ideal braucht, die Reibung an der Realität braucht, über die Schiller sich keine Illusionen macht. Es geht um die Wiederherstellung eines gedachten Urzustandes: »Ehemals gab's einen Herrn, weil ihn Gesetze brauchten, jetzt gibt's Gesetze, weil der Herr sie braucht.«

Im »Wallenstein« stellt er sich (wie schon im »Don Karlos«) der Ambivalenz der Macht und der Ambivalenz seines Helden. Er teilte am 21. März 1796 Wilhelm Humboldt mit, er wolle auf »rein realistischem Wege einen dramatisch großen Charakter in ihm aufstellen, der ein echtes Lebensprinzip in sich hat. Vordem habe ich, wie im Posa und Carlos, die fehlende Wahrheit durch schöne Idealität zu ersetzen gesucht. Hier im Wallenstein will ich es probieren und durch bloße Wahrheiten für die fehlende Idealität (die sentimentalische nämlich) entschädigen.«

Schiller, der überschwängliche und überschäumende, sieht sich selber auch scheitern, aber er gibt als Scheiternder nicht auf, was er für richtig hält – selbst wenn es nicht von Erfolg gekrönt ist oder sich gar realpolitisch als nicht zweckmäßig erweist.

Etwas Großes anpacken – ob man es »vollende oder unterliege« (Marquis zu Karlos): 1785 schrieb Schiller geradezu konfessorisch an seine Schwester, die geliebte: »eine gewisse Beschämung spüre ich, daß ich meine Entwürfe über das Glück der Meinigen so wenig habe zur Aufführung bringen können. Wie viel bleiben doch unsere Taten unseren Hoffnungen schuldig...«

Er kämpfte für das Aufleuchten seiner Ideale in einer Realität, die den Idealen nicht entspricht. In seinem letzten Brief an Wilhelm von Humboldt vom 2. April 1805 heißt es: »Und am Ende sind wir ja beide Idealisten und würden uns schämen, uns nachsagen zu lassen, daß die Dinge uns formten und nicht wir die Dinge.«

Das bleibt ein Vermächtnis Schillers an uns, damit wir uns den Zwängen nicht beugen, statt sie zugunsten einer Idee aufzubrechen, die transzendent ist, also überschreitet, was ist. Schiller kann hin und wieder erstaunlich »religiös« werden und in die Sprache christlicher Mystik fallen. »Harmonie, Wahrheit, Ordnung, Schönheit, Vortrefflichkeit geben mir Freude, weil sie mich in den tätigen Zustand ihres Erfinders, ihres Besitzers versetzen, weil sie mir die Gegenwart eines vernünftig empfindenden Wesens verraten und meine Verwandtschaft mit diesem Wesen mich ahnen lassen.« Er interpretierte auf seine eigene Weise, was Luther mit der »Freiheit eines Christenmenschen« gemeint hatte: Das Christentum unterscheide sich von allen monotheistischen Religionen durch die Aufhebung des Gesetzes oder des Kant'schen Imperativs. An dessen Stelle wolle das Christentum »eine freie Neigung gesetzt haben«. Das Christentum »ist also in seiner reinen Form Darstellung *schöner* Sittlichkeit oder der Menschwerdung des Heiligen und in diesem Sinn die einzige *ästhetische* Religion«, heißt es in seinem Brief vom 17. August 1795 an Goethe.

Man fühle sich als Mensch »der Gottheit schon sehr viel näher gerückt«, wenn man es so weit gebracht hat, »alle Schönheit, Größe, Vortrefflichkeit im Kleinen und Großen der Natur aufzulesen«. Im Kleinen und im Großen! In *dieser* Reihenfolge.

Mit geradezu Oetinger'scher Manier meldet sich bei Schiller der Realist im Idealisten. »Wohl ihm [dem Menschen] also, wenn er gelernt hat, zu ertragen, was er nicht ändern kann, und preiszugeben mit Würde, was er nicht retten kann!« Preiszugeben, aber mit Würde und akzeptieren, ohne zu resignieren. (Ein »Lebenshilfe«-Schiller blieb über zwei Jahrhunderte in seinen sprichwörtlichen Weisheiten lebendig!)

Dieser Idealist sieht sehr klar, was auf dem Spiel steht, wenn die niederen Klassen sich erheben, da das Menschengeschlecht der vormundschaftlichen Gewalt noch längst nicht entwachsen ist. Die Abschüttelung der Monarchie in Frankreich bewertet er *nicht* als einen moralischen Widerstand von innen, denn es waren nicht freie Menschen, die der Staat unterdrückt hatte, »nein, es waren bloß wilde Tiere, die er an heilsame Ketten legte. Hätte der Staat die Menschheit wirklich unterdrückt, wie man ihm schuld gibt, so müßte man Menschheit sehen, nachdem er zertrümmert worden ist. ... Aber der Nachlaß der äußern Unterdrückung macht nur die innere sichtbar ...« Wie sehr fühle ich mich bei diesen Worten an den Befreiungsakt von 1989 und die Unterwerfung der gedemütigten Ostdeutschen unter das neue System unter Ableugnung eigener Passivität erinnert. Der schweigende Gehorsam galt in Deutschland stets als höchste Lebensregel. Bloßer Gehorsam ist die Verweigerung jeder eigenen Verantwortung, das Abschieben der eigenen (Mit-)Verantwortung »nach oben«.

Schiller ist keineswegs ein elitärer oder arroganter Aristokrat, der auf die Niederen herabblickt, sondern sieht mit großer Schärfe die so genannten »zivilisierten Klassen«, die einen »noch widrigeren Anblick der Erschlaffung der Geistesschwäche und einer Versunkenheit des Charakters« bieten. Es ist wie eine Voraussicht auf das, was dem deutschen Kulturvolk, dem »Volk der Dichter und Denker«, seit 1933 geschah – was *durch* Deutsche massenhaft-fanatisch-verbrecherisch geschah.

So schrieb Schiller 1793: »Wenn die Kultur ausartet, so geht sie in eine weit bösartigere Verderbnis über als die Barbarei je erfahren kann. Der sinnliche Mensch kann nicht tiefer als zum Tier herabstürzen; fällt aber der aufgeklärte, so fällt er bis zum Teuflischen herab und treibt ein ruchloses Spiel mit dem Heiligsten der Menschheit.« So sprach Schiller, nicht etwa Nietzsche! Nicht der Idealismus oder zu große Blauäugigkeit sind die Gefahr, sondern eher ein »raffinierter und konsequenter Epikureismus, der angefangen hat, alle Energie des Charakters zu ersticken«, der zu »Beschränktheit im Denken, Kraftlosigkeit im Handeln, kläglicher Mittelmäßigkeit im Hervorbringen« führt, die unser Zeitalter zu seiner Schande charakterisieren.

Das ist die Ambivalenz des Enthusiasten Schillers, der einerseits immer wieder sagt, er wolle in gar keiner anderen Zeit als in der seinigen gelebt haben, und seiner Zeit zugleich so gnadenlos den Spiegel vorhält, eben weil er noch Maßstäbe hat, an denen er sein Zeitalter und sich selbst darin misst.

Die eben zitierten Passagen aus einem der Briefe an seinen Gönner Friedrich Christian, Herzog von Schleswig-Holstein-Augustenburg, stellen die geläufige Interpretation seines berühmten Gedichtes »Die Worte des Glaubens« infrage. Da heißt es:

> Der Mensch ist frei geschaffen, ist frei,
> Und würd er in Ketten geboren,
> Laßt Euch nicht irren des Pöbels Geschrei,
> Nicht den Mißbrauch rasender Toren,
> Vor dem Sklaven, wenn er die Kette bricht,
> Vor dem freien Menschen erzittert nicht.

Schiller geht es um die *innere* Freiheit, die der Mensch als besonderes Geschöpf Gottes hat, gerade weil er aus dem Paradies vertrieben wurde und sich die Freiheit *nimmt*, sich nicht weiter *theonom* begrenzen zu lassen. Diese Freiheit kann missbraucht werden durch des Pöbels Geschrei oder / und den Missbrauch rasender Toren, durch den Missbrauch der Freiheit als Parole neuer Unterdrückung.

Und so solle man wohl erzittern vor dem Sklaven, wenn er die Kette bricht, aber noch längst kein Freier ist. Vor dem freien Menschen braucht indes niemand zu erzittern! Nur die Un-Freien – ob als Unterdrücker oder als Unterdrückte.

Die Interpretation, dass man vor dem Sklaven, der die Kette gebrochen hat, nicht erzittern solle, könnte grundfalsch sein. Der Sklave ändert nicht die Herrschaftsverhältnisse, sondern: nur das Subjekt der Herrschaft wechselt.

Anton Tschechow merkt dazu trefflich an, ein unterdrückter Mensch müsse den Sklaven tropfenweise aus sich herauspressen.

Der Mensch ist nach Schiller nicht reif zur *bürgerlichen* Freiheit, da ihm so vieles zum *Menschlichen* noch fehle. Seine Fähigkeit, als ein sittliches Wesen zu handeln, gibt ihm jedoch Anspruch auf Freiheit. Politische und bürgerliche Freiheit bleiben ihm immer und ewig das Heiligste aller Güter, das würdigste Ziel aller Anstrengungen, ja das Zentrum aller Kultur. Aber dies wird nur »auf dem festen Grund eines veredelten Charakters aufzubauen sein«.

Allgemeine kulturelle und ästhetische Erziehung und Selbstbildung des Menschen ist nötig, damit der Mensch sich als Selbstzweck zu begreifen vermag und – nach Kant – wisse, was man sein muss, um ein Mensch zu sein. Schiller meint, man müsse damit anfangen, »die Verfassung der Bürger zu erschaffen, ehe man den Bürgern eine Verfassung geben kann«.

In welch lahmem Zustand ist unser Land mit seiner Verfassung, die den Bürgern so gleichgültig ist, dass sie sie nicht kennen, geschweige denn, dass sie in großer Zahl aufmerksam würden, wenn sie ausgehöhlt wird. Und wie kindisch gehen politische Repräsentanten im Kampf um die Macht miteinander um!

Wie gering war etwa der bürgerschaftliche Widerstand gegen Schilys großen Lauschangriff? Jeder fremdenfeindliche Übergriff ist eine Verletzung des Artikels 1 unserer Verfassung. Erfreulich, wie erfinderisch die Bürgergesellschaft überall den Demonstrationen der Neonazis entgegengetreten ist, ob in Erfurt oder Wunsiedel, in Dresden oder jüngst wieder in Halbe. Zugleich sträfliches Zuschauen beim Verbrennen von Anne Franks Tagebuch, selbst durch die Ordnungshüter.

Wenn uns Kultur und Bildung nicht das Geld wert sind, werden wir in die Barbarei oder/und in die Seichtigkeit eines Epikureismus zurücksinken, wo alles – nach Luther – »in der Habsucht ersoffen ist«. Raffgier und Bestechlichkeit der Reichen – also der Führungsklassen – sind an Schamlosigkeit nicht mehr zu überbieten.

Schiller schärft uns ein, dass es höchste Zeit ist, »sich um die Bedürfnisse der ästhetischen Welt zu bekümmern«. Es komme nicht darauf an, was die Kunst dem Einzelnen, etwa dem an Kunst höchst interessierten Subjekt Schiller bedeutet, »sondern wie sie sich gegen den menschlichen Geist überhaupt und insbesondere gegen die Zeit verhält, in der ich [Schiller] mich zu ihrem Sachwalter aufwerfe, zum Sachwalter der Kunst und im Namen der Menschlichkeit«. Dieser sich so aufwerfende Schwabe »Friedrich« ist dem ein »eingreifendes Denken« propagierenden Augsburger »Bertolt« gar nicht so fern.

Pöbel

Im »Demetrius«-Fragment setzte sich Schiller mit Macht und Machtmissbrauch auseinander. Der Primas von Gnesen prüft, ob jener Mann, der sich als Sohn Iwan des Schrecklichen ausgibt, tatsächlich der legitime Thronfolger ist. Damit sind polnische Herrschaftsinteressen gegenüber Russland sowie Interessen einzelner Adliger verbunden, nicht zuletzt Interessen des polnischen katholischen Klerus gegenüber den Orthodoxen. Der Primus also legt fest: »Ja, er ist es« – (und wir ziehen mit ihm in den Kampf gegen Moskau). Die Anwesenden werden der Reihe nach gefragt, ob sie Demetrius auch als Zarewitsch akzeptieren. Der erste sagt, »wie der Primas«, der zweite sagt, »ich ebenso«, der dritte hat schon keine Chance mehr und der vierte erst recht nicht.

Sapieha, der Kanzler von Litauen, widerspricht als einziger. Die anderen stürmen auf ihn ein, er solle sich den Beschlüssen der Mehrheit fügen. Darauf reagiert Sapieha mit jenen – wiederum antidemokratisch missbrauchbaren – Sätzen:

Die Mehrheit ?
Was ist die Mehrheit? Mehrheit ist der Unsinn,
Verstand ist stets bei wen'gen nur gewesen.
Bekümmert sich ums Ganze, wer nichts *hat*?
Hat der Bettler eine Freiheit, eine Wahl?
Er muß dem Mächtigen, der ihn bezahlt,
Um Brot und Stiefel seine Stimm verkaufen.
Man soll die Stimmen wägen und nicht zählen;
Der Staat muß untergehn, früh oder spät,
Wo Mehrheit siegt und Unverstand entscheidet.

Nur die Stimmen gelten wirklich, die erwogen, geprüft haben und nicht bloß zählen, schon gar nicht die, die von Mächtigen abhängig sind, die sie bezahlen. Doch: »Die dümmsten Kälber wählen ihre Schlächter selber«, sagt der Volksmund. Bert Brecht konstatiert im »Kälbermarsch« bissig:

Hinter der Trommel her
Trotten die Kälber
Das Fell für die Trommel
Liefern sie selber.

Unverstand bedeutet in jenem konkreten Falle, einen Krieg mit Moskau anzuzetteln und dies unter dem Vorwand, einem

Thronprätendenten in Moskau zur Macht zu verhelfen, von dem wohl alle wissen, dass er einer der vielen Usurpatoren ist und einer, der sich zum Werkzeug machen lässt.

Wer nichts hat, fühlt sich auch für nichts verantwortlich. Er lebt im Schlepptau und in Abhängigkeit von denen, die ihn anstellen. Die da »alle« dem Kriegszug gegen Moskau auf dem Reichstag zustimmen, gehören mehrheitlich zum mittellosen, aber macht- und geldgierigen Adel, der sich auch bei uns Deutschen »nach Osten« aufmachte, als das Codewort »Barbarossa« am 22.6.1941 drohend eingelöst wurde.

Die Mehrheit selber ist noch kein Argument, wenn der Unverstand der Mehrheit oder die bloße Unterwürfigkeit der Masse entscheidet. Man könnte es Schiller als geistigen Hochmut auslegen, wenn er all denen, die nicht in der Lage sind, sittlich zu handeln (also Tugend von Untugend, Menschlichkeit von Barbarei, Tierisches von Menschlichem, Naturhaftes von Vernünftigem zu unterscheiden) keinen »Anspruch auf Freiheit« zubilligt. »Ein Gemüt aber, das nur sinnlicher Bestimmung fähig ist, ist der Freiheit so wenig wert, als empfänglich. ... nur der Charakter der Bürger erschafft und erhält den Staat und macht politische und bürgerliche Freiheit möglich.«

Auf deutsche Zustände 2007 bezogen: Nur abwägend denkende liberal gesinnte Bürger, die sich für ihr Gemeinwesen einsetzen, erhalten die Demokratie und ermöglichen politische und bürgerliche Freiheit auf Dauer. Fähigkeit soll zählen, nicht bloß Zahl. Die Demokratie wird nur in dem Maße bestehen und nur so lange funktionieren, wie es Bürger gibt, die die menschenrechtlichen Grundsätze nicht bloß kennen und akzeptieren, sondern bereit und fähig sind, sie aktiv auszufüllen und zu verteidigen.

Schiller wandte sich immer wieder vehement gegen das, was man »Zeitgeschmack« nennt, was Beifall beim Publikum oder bei den Rezensenten erheischt, was vordergründigen Erfolg verspricht. Er wollte sich nie von dem Eindruck dominieren lassen, den seine Schriften »auf die Majorität des Publikums machen«. Gerade die ganz direkte Opposition gegen den Zeitcharakter – das Bürsten gegen den Strich! – prägt ihren Geist.

Freilich gibt es äußere Zwänge, materiell-existenzielle Abhängigkeiten. Schiller litt darunter sein Leben lang, immer in materieller Not und immer bemüht, sich beim Betteln um Geld nicht selbst zu entwürdigen. So konnte es ihm nicht gleichgültig sein, ob ein größeres oder kleines Publikum seine Schriften auch kauft. Stets betonte er, dass er nur auf einem einzigen Wege um Zustimmung geworben habe – auf einem, der seiner Individualität und seinem Charakter entsprach: Er wollte mit einem kühnen und lebhaften künstlerischen Vorbringen seiner Gedanken überraschen, anspannen und erschüttern. Schiller wusste, dass er auf diesem Wege nicht der Liebling seines Publikums werden konnte. Im Entwurf eines Briefes an Fichte vom 9. August 1795 heißt es, ein freier und unabhängiger Schriftsteller zeichne sich dadurch aus, »daß er von der Armseligkeit gehaßt, von der Eitelkeit beneidet, von Gemütern, die eines Schwungs fähig sind, mit Begeisterung ergriffen und von knechtischen Seelen mit Furcht und Zittern angebetet wird«.

Schiller war vom Publikum tief enttäuscht, das einerseits etwas höchst Qualitätsvolles, etwas Vortreffliches bewundere, aber mit gleicher Zufriedenheit »Rohigkeit und Kraftlosigkeit« aufnehme. Völlig ungeschützt erklärte er, er habe geradezu einen Ekel vor dem, »was man öffentliches Urteil nennt«, und wolle alles tun, »um diesem heillosen Geschmack entgegenzuwirken«, ohne dass dies zu seinem Leitprinzip werden dürfe. Denn: Wer dies versuche, bei dem färbe das Gegnerische ab.

Nur dem Zwang seiner Natur und seiner Vernunft folgen – und nichts anderem! Bei diesem Vorsatz waren Enttäuschungen vorprogrammiert. Mit drei Zeitschriftprojekten hatte Schiller sich *ein* Ziel gesetzt: die ästhetische Erziehung des Menschen. »Die Horen«, die ambitionierteste dieser Unternehmungen, sollten sich »über alles verbreiten, was mit Geschmack und philosophischen [illegible] rden kann, und also sowohl philosophischen Untersuchungen als historischen und poetischen Darstellungen offen stehen«. Am 9. Januar 1796 teilte er Friedrich Christian von Augustenburg selbstbewusst mit: »ich kann nie bereuen, es versucht zu haben«. Der Anspruch, »die Seichtigkeit im Räsonnement und geistlosen, schlaffen Geschmack in Poesie und Kunst« zu bekämpfen, fand nicht genügend Resonanz in der Öffentlichkeit, die Zeitschrift wurde eingestellt.

Auch in seiner Dichtung musste er Zugeständnisse machen, weil er von der Schriftstellerei leben, also auch auf das sehen musste, was etwas einträgt. Körner ließ er im Januar 1788 wissen: »Weil aber die Welt das *Nützliche* zur höchsten Instanz macht, so wähle ich einen Gegenstand, den die Welt auch für nützlich hält. Meiner Kraft ist es eins, oder soll es eins sein – also entscheidet der Gewinn.« Doch immer habe bei ihm letztlich die *innere* Quelle der Tat, nicht die *schimmernde* Tat vor dem Auge der Welt, nicht das stürmische Klatschen des Beifalls der Menge entschieden.

Das Streben nach Gewinn ist Ursache für geistige Prostitution zu *jener* Zeit gewesen und erst recht in der unsrigen, wo das Nützliche, also das Gewinnbringende, also das Quoten- und Auflagenstärkende, zum höchsten Gut und Maßstab wird. In den Verlagen gibt es kaum noch Mischkalkulationen zwischen Publikumsrennern und den Minderheitenansprüchen!

Im Brief vom 7. Mai 1785 an Körner pries Schiller *den* Menschen »selig, dem es gegeben ward, der Mechanik seiner Natur nach Gefallen mitzuspielen und das *Uhrwerk* empfinden zu lassen, daß ein *freier* Geist seine Räder treibt«. Das »glückliche Talent zur Begeisterung« sei das beste Geschenk des Himmels, das einem Menschen zukommen könne. »Das Leben von tausend Menschen ist meistens nur Zirkulation der Säfte, Einsaugung durch die Wurzel, Destillation durch die Röhren und Ausdünstung durch die Blätter …« Sie »gehen eben wie Taschenuhren,

... der Körper usurpiert sich eine traurige Diktatur über die Seele, aber sie kann ihre Rechte reklamieren, und das sind dann die Momente des Genius und der Begeisterung«. Der Sechsundzwanzigjährige machte sich keine Illusionen darüber, dass die große Menge der Menschen – von der Freiheit erschreckt – dazu neigt, sich einer bequemen Knechtschaft in die Arme zu werfen. Sich und seinen Freund Körner sah er zu Höherem berufen, als den Takt der Maschine zu halten. Das sollte eine Orientierung für uns sein: nicht im Räderwerk mitspielen, sondern es drehen oder aus dem Räderwerk ganz austreten, zumindest über Alternativen nachzudenken.

Es verwundert, dass dieser Schiller so viel Zuspruch, so viel Begeisterung auslöste, weil er ein tief im Menschen liegendes Ansinnen zur Sprache brachte: Wir sind Naturwesen, gleichwohl weit *mehr* als Naturwesen. Das ist der Idealist mit dem Atem der Freiheit. Vom Kopf lebt mehr »als eine Laus« (Brecht).

»Egoismus ist ein Despot in einer verwüsteten Schöpfung«, heißt es in Schillers »Philosophischen Briefen«. Der real existierende Kapitalismus basiert auf *Egoismus*, jener Ärmlichkeit, die ihren Mittelpunkt immer in sich selber sucht. Heutzutage ist der kurzfristige materielle Nutzen das Prinzip, dem alle Kräfte frönen und alle Talente huldigen sollen. Global&total! Auf solch einer groben Waage »hat *das* geistige Verdienst der Kunst kein Gewicht«.

Schließlich sei auf den tragenden Gedanken in den »Briefen über die ästhetische Erziehung des Menschen« über die besondere Aufgabe der Kunst bei der Humanisierung hingewiesen, den Schiller immer wieder variiert. Er erweist sich als ein tieflotender Psychologe, ohne Kategorien Freuds bemühen zu können. Im Aufsatz »Über die tragische Kunst« diskutierte er die Ambivalenz des anrührenden Erschreckens, des Negativ-Ergötzlichen, der Lust am Tragischen, der Rührung der Affekte, die sich mit dem *bloß* Erschreckenden begnügen oder nur dies suchen. Der Zustand des Affekts habe – völlig unabhängig von seinem Gegenstand – »etwas Ergötzendes« für Menschen. Dieser Affekt kann auf Begierde und Verabscheuung gerichtet sein. Er kann angenehm oder peinlich sein. Die Erfahrung lehre, »daß der unangenehme Affekt den größeren Reiz für uns habe und also die Lust am Affekt mit seinem Inhalte gerade im umgekehrten Verhältnisse stehe. Es ist eine allgemeine Erscheinung in der Natur, daß uns das Traurige, das Schreckliche, das Schauderhafte selbst mit unwiderstehlichem Zauber an sich lockt, daß wir uns an Auftritten des Jammers, des Entsetzens mit gleichen Kräften weggestoßen und wieder angezogen fühlen.«

Hierauf beruht das Erfolgsgeheimnis der »Skandal!« schreienden Presse, ihrer voyeuristischen Darstellung des Unglücks oder Grauens, ihrer tabulosen Präsentation von Verbrechen in Text und Bild. Allen voran: BILD mit dem romfrommen Kai Diekmann an der Spitze.

Für Schiller war entscheidend, ob es zu einer Sym-Pathie mit dem reinen moralischen Schmerz kommt oder ob es bei bloßer Lust am Entsetzen bleibt. Der »Grad der Freiheit in Affekten« richte sich nach dem Verhältnis von sittlicher und sinnlicher Natur eines Menschen. Schiller war überzeugt: Jedes Vergnügen, das aus sittlichen Quellen fließt, verbessert den Menschen sittlich, die Wirkung muss wieder zur Ursache werden. »Die Lust am Schönen, am Rührenden, am Erhabenen stärkt unsre moralischen Gefühle, wie das Vergnügen am Wohltun, an der Liebe usf. alle diese Neigungen stärkt. … Die Kunst wirkt also nicht deswegen allein sittlich, weil sie durch sittliche Mittel ergötzt, sondern auch deswegen, weil das Vergnügen selbst, das die Kunst gewährt, ein Mittel zur Sittlichkeit wird.« »Frei« nennt Schiller das Vergnügen, bei dem »die geistigen Kräfte, Vernunft und Einbildungskraft tätig sind, und wo die Empfindung durch eine Vorstellung erzeugt wird«.

Dieser auf Glückseligkeit der Menschheit – und jedes Einzelnen! – bedachte, vom Leben begeisterte und gezeichnete, hellsichtige und nie verzweifelnde Lockenkopf sagte auch, »daß bei einer zahlreicheren Menge mehr beschränkte als erleuchtete Köpfe vorauszusetzen sind, die durch das gleiche Recht der Stimmen die Mehrheit nicht selten auf die Seite der Unvernunft ziehen«. Das ist und bleibt das Dilemma jeder *Demokratie*, die alle Menschen gleich zu bewerten hat. Das ist und bleibt ein Gegenstand für eine *Kunst*, die sich der Aufklärung verpflichtet weiß und die Selbstwerdung jedes Einzelnen befördert.

»... die Kunst ist eine Tochter der Freiheit, und von der Notwendigkeit der Geister, nicht von der Notdurft der Materie will sie ihre Vorschrift empfangen.« Freiheit und Notwendigkeit sind die großen zu versöhnenden Antipoden. Sofern Freiheit und Einsicht sich verbünden, kann der Konflikt glücklich ausgehen. Zugleich darf sich ein Mensch, der Idealen folgt, keiner Illusion hingeben – er sollte so illusionslos wie Schiller bleiben:

Die Menschen in der Regel,
Verstehen sich aufs Flicken und aufs Stückeln,
Und finden sich in ein verhaßtes Müssen
Weit besser als in eine bittre Wahl.

Allzu gut verstehe ich nach 200 Jahren Schillers Mahnung: »Fürchte dich nicht vor der Verwirrung außer dir, aber vor der Verwirrung in dir; strebe nach Einheit, aber suche sie nicht in der Einförmigkeit; strebe nach Ruhe, aber durch das Gleichgewicht, nicht durch den Stillstand deiner Tätigkeit.«

Dieser glühende Idealist Schiller, der sich als sentimentalischer Dichter verstand, also als einer, der die Zerrissenheit der Welt zur Sprache bringen und sich doch mit dieser Zerrissenheit nicht abfinden will, sprach mit Sympathie und mit kritischer Distanz von den naiven Schriftstellern. »Sie vergessen aus eigener schöner Menschlichkeit, daß sie es mit einer verderbten Welt zu tun haben.« Dieser sich zu stellen, sei Aufgabe des Künstlers.

Schiller war ein freier Bürger, der Idealen folgte, in diesem Sinne ein Idealist, und er sah, was in der Wirklichkeit aus dem Ideal wird und was Menschen, die von Idealen besessen sind, aus

Ideen machen können. In diesem Sinne war er ein Realist. Seine feste Überzeugung war, dass die Liebe zur Menschheit nicht die Liebe zum Einzelnen verschlingen darf. Der Mensch ist niemals Mittel zu einem Zweck, sondern Zweck. Die Hinrichtung Ludwigs XVI. im Januar 1793 empörte ihn, er las keine französischen Zeitungen mehr, so ekelten ihn »diese elenden Schinderknechte an«. Er wandte sich gegen die Exzesse der Bilderstürmerei – ähnlich wie Luther – und hatte sogar erwogen, für die Sache des Königs öffentlich zu streiten, da ein Vernünftiger bei dieser Gelegenheit »schon einige wichtige Wahrheiten mehr als ein anderer sagen« dürfe. Den folgenden Satz aus dem Brief an Körner vom Dezember 1792 »Es gibt Zeiten, wo man öffentlich sprechen muß« findet man fast wörtlich wieder in Luthers großer Reformschrift von 1520.

Die innere Freiheit ist die Bedingung für den rechten Gebrauch der äußeren Freiheit. Diese Auffassung legte Schiller ausführlich im Brief an den Herzog von Augustenburg vom 13. Juli 1793 dar: »In den niedern Klassen sehen wir nichts als rohe gesetztlose Triebe, die sich nach aufgehobenem Band der bürgerlichen Ordnung entfesseln, und mit unlenksamer Wut ihrer tierischen Befriedigung zueilen ... Es waren also nicht freie Menschen, die der Staat unterdrückt hatte, nein, es waren bloß wilde Tiere, die er an heilsame Ketten legte.«

Nur freie Menschen können freiheitliche Verhältnisse schaffen: Die Rechte des Individuums waren ihm heilig. Und der Staat? »Durch was sonst ist ein Staat groß und ehrwürdig als durch die Kräfte seiner Individuen?« Aus diesem Grunde hatte Schiller eine Abneigung gegen den Aufruhr und gegen die Exzesse der Bilderstürmerei. Wie wenige Menschen dem folgten, ließ sich an der verabscheuungswürdigen Unterwerfungslust ablesen, die Napoleon seinerzeit erregt hatte.

Ähnlich wie Martin Luther hatte Friedrich Schiller ein recht ambivalentes Bild vom Volk: es kann einerseits zum Pöbel, zum großen unberechenbaren Haufen mutieren, erfasst von blinder

Emotion, vordergründiger Faszination und gefährlicher Manipulation, andererseits kann es sich emporheben zum Zusammenschluss mündiger Individuen, denen die Freiheit das entscheidende Band ist, das sie eben nicht bindet, sondern in Freiheit und für die Freiheit aneinander bindet (wie im »Tell«).

Sein Epigramm »Majestas populi«:

> Majestät der Menschennatur! dich soll ich beim Haufen
> Suchen? bei wenigen nur hast du von jeher gewohnt,
> Einzelne wenige zählen, die übrigen alle sind blinde
> Nummern; ihr leeres Gewühl hüllet die Treffer bloß ein.

Dieses Volk zu veredeln sei Aufgabe der ästhetischen Erziehung. Die Kunst – für Schiller das Höchste, was sich denken lässt – schien ihm dafür als das geeignete Werkzeug.

Einen »aufgeklärten, verfeinerten Wortführer der Volksgefühle« nannte Thomas Mann den Dichter. Popularität ist für den Künstler eine zweischneidige Sache. »Welch Unternehmen, dem edlen Geschmack des Kenners Genüge zu leisten, ohne dadurch dem großen Haufen ungenießbar zu sein – ohne der Kunst etwas von ihrer Würde zu vergeben, sich an den Kinderverstand des Volkes anzuschmiegen.«

Wenn heute selbst die öffentlich-rechtlichen Rundfunkanstalten auf ihre Weise versuchen, seicht zu sein, so verfehlen sie nicht bloß ihren gesellschaftlichen Auftrag, zu Bildung und Unterhaltung *zugleich* beizutragen – in einem umfassenden Sinne –, sondern sie vergehen sich am Anspruch der Kunst, Freiheit, Humanität, Mündigkeit zu befördern! Ihnen sei die Warnung Schillers ins Stammbuch geschrieben, die er im Vorspruch zur »Braut von Messina« in aller Klarheit formuliert hat.

»Es ist nicht wahr, was man gewöhnlich behaupten hört, daß das Publikum die Kunst herabzieht; der Künstler zieht das Publikum herab, und zu allen Zeiten, wo die Kunst verfiel, ist sie durch die Künstler gefallen. Das Publikum braucht nichts als

Empfänglichkeit, und diese besitzt es. Es tritt vor den Vorhang mit einem unbestimmten Verlangen, mit einem vielseitigen Vermögen. Zu dem Höchsten bringt es eine Fähigkeit mit, es erfreut sich an dem Verständigen und Rechten, und wenn es damit angefangen hat, sich mit dem Schlechten zu begnügen, so wird es zuverlässig damit aufhören, das Vortreffliche zu fordern, wenn man es ihm erst gegeben hat.«

Auch wenn der Unternehmer bestehen, der Schauspieler sich zeigen und der Zuschauer unterhalten sein will, so gibt es doch keine höhere und ernsthaftere Aufgabe der Kunst, als die Menschen zu beglücken: »Der höchste Genuß aber ist die Freiheit des Gemüts in dem lebendigen Spiel aller seiner Kräfte.«

Kunst soll den Menschen zu dem freisetzen, was noch in ihm schlummert, in ihm etwas erwecken, was er noch nicht von sich gewusst hat. Sie will ihm die wirkliche Welt zeigen, aber ihn dazu bringen, sie aus ihrer »ganzen drückenden Enge zu befreien« und an ihm und in ihm etwas ändern, dass er – die Welt anders betrachtend – auf sie einwirke.

Schiller steigerte sich in eine Apotheose der Kunst und hielt es für ein Recht der Poesie, »die verschiedenen Religionen als ein kollektives Ganzes für die Einbildungskraft zu behandeln«.

Unter der Hülle aller Religionen liege die Religion selbst – nämlich die Idee eines Göttlichen. (So am Schluss seines Essays über den »Gebrauch des Chores in der Tragödie«.)

Der Mensch kann in der Kunst das absolut Große in sich selbst erblicken und seinen Geist der engen Sphäre der Wirklichkeit entreißen. Das setzt voraus, sie zu erkennen und anzuerkennen, aber sie nicht so zu lassen, wie sie ist.

Keinen geringeren Anspruch richtet der Dichter auch heute an uns.

»Ich dich ehren? Wofür?«
Goethes prometheisches Programm

Goethe ist im wörtlichen und übertragenen Sinne nicht zu fassen. Sein Gesamtwerk wird man im religiösen Sinne pantheistisch nennen können. In seinen Pantheismus mischen sich muslimische Züge. Am Schluss seines Lebens scheint er sich wieder mit seiner protestantischen Herkunft zu identifizieren.

Er gehört zu denen, die sehr gut oder zu gut um ihre Genialität wissen. Und so geht es bei der Frage nach Gott bei Goethe zugleich auch um die Frage nach dem »göttlichen Goethe«. Für viele ist Goethe beinahe ein Gott. Für die Anthroposophen ist er eine Hauptquelle ihrer Weltanschauung.

Heinrich Heine nannte ihn den »großen Heiden«

Varnhagen von Ense notierte 1809: »Goethe sagte einmal zu Rühle: ›Ich heidnisch? Nun, ich habe doch Gretchen hinrichten und Ottilien verhungern lassen, ist denn das den Leuten nicht christlich genug? Was wollen sie noch christlicheres?‹« Von Ense fuhr fort: »Das erinnert an die empörte Antwort, die er (Goethe) Knebeln wegen der sittlichen Bedenken desselben gegen die ›Wahlverwandtschaften‹ gabt: ›Ich hab's auch nicht für Euch, ich hab's für die jungen Mädchen geschrieben!‹«

Das ist Zynismus pur und verrät viel über den Autor, der tief in sich gespalten war. Immer wieder begegnete er dem Vorwurf, er habe kein Christentum. Er war es offensichtlich leid und reagierte deshalb so grobschlächtig-polemisch. Aber seine Antworten sind vielschichtig. Bei ernsthaften Gesprächen suchte Goethe oft die Flucht in alberne Scherze, humoristische Ausflüchte und in sarkastische Ausbrüche. Diese Eigenart (von der er in »Dichtung und Wahrheit« ausführlich erzählt) hat sich im Laufe seines Lebens immer mehr ausgeprägt.

Hinter solchen Bemerkungen verbirgt sich Goethes Generalkritik an der Bigotterie christlicher Morallehren und Moralpraxis, an tötender Orthodoxie sowie sein Abstand auch zu jenen Schriftstellerkollegen, die die »Erziehung des Menschengeschlechts« in den Mittelpunkt ihres Schaffens stellen.

In seinem Nachlass findet sich ein für Goethe unerwarteter Satz: »Die christliche Religion ist eine intentionierte politische Revolution, die verfehlt, nachher moralisch geworden ist.«

Goethe will ausdrücklich keine Morallehren verbreiten und zu nichts erziehen. Gnadenlose Unbarmherzigkeit hat diese allzu christliche Welt hinterlassen, die der Kindsmörderin aus Verzweiflung (in Frankfurt) nichts lässt als den Tod. Und Goethe? Er lässt sie hinrichten, sowohl sein Gretchen im Faust wie die reale Kindsmörderin in Weimar. Schlimmer noch: Faust in seinem egozentrischen Drange, sein Glück zu suchen, will wohl Liebe als Gefühl, aber Verantwortung weist er ab.

Die »Wahlverwandtschaften« durchbrechen gängige christliche Ehemoralvorstellungen. Goethe will nicht richten und urteilen, sondern beschreiben. Er lässt am Schlusse Ottilie verrückt werden, aus Scham, Schande, nachträglichem Verantwortungsgefühl. – Und Goethe lässt sie verhungern. »Und solche Gnadenlosigkeit soll nicht christlich sein?«, hält er dieser christlichen Welt vor. Er pointiert seine Kritik, indem er behauptet, die »Wahlverwandtschaften« für die jungen Mädchen geschrieben zu haben, zur Warnung! So bösartig kann er reagieren, der doch so geläutert und so einfühlsam in »Dichtung und Wahrheit« reflektiert, in Sonderheit in Glaubensdingen. Wo aber Gefühl alles wird, gilt Entschiedenheit nichts und die aus Glauben kommende Verantwortung wird beiseite gelassen. Konsequent ist das Versprechen des Mephisto, auf das Faust sich wohlgemut einlässt.

Damit du, losgebunden, frei,
Erfahrest, was das Leben sei.

In *diesem* Zusammenhang ist die Antwort Goethes zu verstehen, wenn man sie nicht bloß als blanken Zynismus beiseite legen will. Es ist die polemische Abwehr eines Gottes, der den Einzelnen zur Verantwortung ziehen könnte. Es ist die schroffe Abwehr der christlich-einschränkenden Normen, es ist dieser permanente Ausbruchsversuch des Faust-Goethe aus dem Leiblichen ins Geistige, vom Genuss des Lebens zu des Geistes Freuden, der Wunsch, entrückt, entzückt zu sein, mit dem All zu verschmelzen und ganz auf der Erde zu sein.

Diese Verse legen nahe, Goethes Antwort auf den Vorwurf, er sei heidnisch, nicht als blanken Zynismus zu deuten, sondern als polemische Abwehr eines Gottes, der den Einzelnen zur Verantwortung ziehen könnte. Sie spiegeln Goethes schroffe Abwehr christlich einschränkender Normen wider, den permanenten Ausbruchsversuch des Faust-Goethe aus dem Leiblichen ins Geistige, vom Genuss des Lebens zu des Geistes Freuden, den Wunsch, entrückt, entzückt zu sein, mit dem All zu verschmelzen und ganz auf der Erde zu sein.

Die folgenden auf eine Sentenz verkürzten Sätze sind Ausdruck der inneren Spaltung des Faust-Goethe:

> Zwei Seelen wohnen, ach! in meiner Brust,
> Die eine will sich von der andern trennen;
> Die eine hält, in derber Liebeslust,
> Sich an die Welt, mit klammernden Organen;
> Die andre hebt gewaltsam sich vom Dust
> Zu den Gefilden hoher Ahnen.
> Oh gibt es Geister in der Luft,
> Die zwischen Erd und Himmel herrschend weben.

Der protestantischen Pflichtenreligion setzt Goethe die allgefühlige Ehrfurchtsreligion gegenüber. Die Natur, wie Goethe sie erfährt, gibt Trost, wo der Geist in Verzweiflung treibt. Angesichts der Abendsonnenglut lässt er Faust sagen:

Doch ist es jedem eingeboren,
Daß sein Gefühl hinauf und vorwärts dringt.

Wie anders spricht Kant, dem als Denker das Staunen nicht fremd ist: »Zwei Dinge erfüllen mich mit immer neuer und zunehmender Bewunderung und Ehrfurcht, je öfter und anhaltender sich das Nachdenken damit beschäftigt: Der bestirnte Himmel über mir und das moralische Gesetz in mir.« Dagegen setzt Goethe das jedem eingeborene »Gefühl, das hinauf und vorwärts dringt«. Es ist nicht das Schleiermacher'sche Gefühl der »schlechthinnigen Abhängigkeit«, sondern das Gefühl einer Allverbundenheit.

Goethe geht es zentral um die Frage, ob Gott überhaupt benennbar ist, dieser Allumfasser, Allerhalter, in allem Anwesende. Niemand könne ihn nennen, bekennen noch leugnen. In der christlichen Theologie geht es genauso zentral darum, dass der Mensch ein Angerufener, ein Angesprochener, ein Wort- und Antwortwesen ist. Für den personalen Gott ist jeder Mensch einmalig und unverwechselbar. Gott ist eine »Beziehungsgröße«, wo Glaube Beziehung ist: Ich-und-Du-Sagen, einander Anrufen, Behaften, Wort und Antwort geben, Verantwortung haben und sie wahrnehmen. Die Vertreibung aus dem Paradies anerkennen, aber auch die Frage hören: »Wo bist du, Adam?« und »Wo ist dein Bruder?« Der christlich-personale Gott lässt den Menschen erkennen, dass er per se schuldig bleibt, sich selber verfehlt, den Riss in der Welt spürt und die Risse, die er verursacht. Dies kann der Mensch als seine Schuld benennen und bekennen. Er kann dankbar an- und hinnehmen, wer er ist, was ihm anvertraut ist. Er kann tätig werden aus dem ihm Gegebenen heraus, immer auf Gnade vertrauend; handelnd nicht aus Versagensangst oder aus Leistungszwängen, sondern ganz aus Gnade.

Im Faust übersetzt Goethe den Satz aus dem Prolog des Johannesevangeliums »Im Anfang war das Wort« mit »Im Anfang war die Tat«. Diese Variation ist für den Dichter bestimmend geworden, sie weist ihn als theologischen Nachfahren des Irrlehrers Pelagius aus. Goethe denkt strikt synergetisch: der Lebenssinn muss erarbeitet werden. Dies widerspricht ganz und gar dem Paulinischen: »Was hast du, das du nicht empfangen hast?!« Oder: »Aus Gnade bin ich, was ich bin.« Für Goethe heißt es vielmehr: Ich bin, was ich tue. Am Anfang und am Ende steht die rettende Tat. So singen die Engel, schwebend in der höheren Atmosphäre, als sie Faustens Unsterbliches tragen:

Gerettet ist das edle Glied
Der Geisterwelt vom Bösen,
Wer immer strebend sich bemüht
Den können wir erlösen.
Und hat an ihm die Liebe gar
Von oben teilgenommen,
Begegnet ihm die selige Schar
Mit herzlichem Willkommen.

Goethe hat Eckermann gegenüber 1831 ausdrücklich erklärt: »In diesen Versen ist der Schlüssel zu Fausts Rettung enthalten. In Faust selber eine immer höhere und reinere Tätigkeit bis ans Ende und von oben die ihm zu Hülfe kommende ewige Liebe. Es steht dieses mit unserer religiösen Vorstellung durchaus in Harmonie, nach welcher wir nicht bloß durch eigene Kraft selig werden, sondern durch die hinzukommende göttliche Gnade.«

Die Göttlichen also begegnen ihm mit herzlichem Willkommen und versichern, dass sie alle erlösen können, die strebend sich bemühen. Dieses »Können« ist mehrdeutig: es liegt in ihrer Macht, den Strebenden zu erlösen oder nicht zu erlösen; oder heißt es, nur *den* können sie erlösen, der immer strebend sich bemüht? Die Liebe von oben hat am Streben des Menschen unten Anteil teilgenommen, und so hat sich Faustens Wunsch erfüllt, dass die Geister in der Luft – zwischen Erd und Himmel herrschend – ein Gewebe geschaffen haben.

Die frühe Begegnung mit der Freundin seiner Mutter und pietistischen Gottesverehrerin, Fräulein von Klettenberg, veranlasst Goethe in »Dichtung und Wahrheit« zu Reflexionen, die erkennen lassen, welch ein Gottsucher er ist, der mit »seinem Gott« einige Rechnungen offen hat:

»Meine Unruhe, meine Ungeduld, mein Streben, mein Suchen, Forschen, Sinnen und Schwanken … das alles komme daher, weil ich keinen versöhnten Gott habe. Nun hatte ich von Jugend auf geglaubt, mit meinem Gott ganz gut zu stehen, ja, ich bildete mir nach mancherlei Erfahrungen wohl ein, daß er gegen mich sogar im Rest stehen könne, und ich war kühn genug, zu glauben, daß ich ihm einiges zu verzeihen hätte. Dieser Dünkel gründete sich auf meinen unendlich guten Willen, dem er, wie mir schien, besser hätte zuhülfe kommen sollen.«

Schon sehr früh also maß sich Goethe mit Gott. Ja, es sind frühe Anmaßungen, nicht ohne einen Schuss von Keckheit und Humor. Und das in Knittelversen aufbewahrte Andenken »an einen wunderlichen Wirtstisch in Koblenz«, an dem er mit zwei Geistlichen saß, nimmt er ja nicht von ungefähr in »Dichtung und Wahrheit« auf.

Und wie, nach Emmaus, weiter ging's
mit Sturm- und Feuerschritten:
Prophete rechts, Prophete links,
Das Weltkind in der Mitten.

Er verpackt in ironische Distanz, dass in der Mitten einst Jesus schritt und nun das Weltkind Goethe, von dem Friedrich August Werthes, einer seiner Verehrer, schrieb: »Machen wir ihn immer zu unserem Herrn Christus«, denn »noch nie hätt ich das Gefühl der Jünger von Emmaus im Evangelio so gut exegesieren und mitempfinden können, von dem sie sagten: Brannte nicht unser Herz in uns, als er mit uns redete?« (F. A. Werthes an Fritz Jacobi, 18. Oktober 1774) Und Wieland preist ihn, er sei »von allen Seiten das größte, beste, herrlichste menschliche Wesen, das Gott geschaffen hat«.

Hat Goethe jemals solcherart Verehrungen von sich gewiesen? Dieser vergöttlichte Goethe kann am Ende seines Lebens geradezu fordern, dass die Natur verpflichtet sei, ihn für seine rastlose Tätigkeit zu belohnen: »Die Überzeugung unserer Fortdauer entspringt mir aus dem Begriff der Tätigkeit; denn wenn ich bis an mein Ende rastlos wirke, so ist die Natur verpflichtet, mir eine andere Form des Daseins anzuweisen, wenn die jetzige meinem Geist nicht ferner auszuhalten vermag.«

Und so kann Goethe – alt und lebenssatt –, zufrieden über sein Werk wie ein Erzvater, von hinnen scheiden und nach Abschluss seines Faust im Sommer 1831 im Gespräch mit Eckermann sagen: »Das Hauptgeschäft zustande gebracht ... und es ist jetzt im Grunde ganz einerlei, ob und was ich noch etwa tue.«

Die Lektüre Goethes löst bei mir Faszination und Distanz, Bewunderung und Verwunderung, Kopfschütteln und Begeisterung aus. Am Schluss aber überwältigt er doch, dieser kosmopolitische Denker und zugleich größte, bedeutendste deutsche Dichter. Freilich wurde er zu Zeiten mit Vorwürfen konfrontiert, er sei gottlos, herzlos. Die Angriffe gegen ihn betreffen dogmatische, moralische und charakterliche Haltungen. Sie sind ebenso berechtigt wie die vielfältigen Gründe zur Verehrung.

Die einen erlebten ihn als liebenswürdig, als einen, der für Freundschaft alles opfert, etwa zu Schiller, von Uneigennützigkeit im Sinne der Lebensmaxime von Spinoza getragen, wo Gottes- und Menschenliebe mit der Eigenliebe koinzidieren, einen, der bescheiden zurückstellt, wann er wem und wie geholfen hat. Die ihn verehren, überschlagen sich in Lobpreisungen und fragen allerhöchstens noch, ob er als Staatsmann oder als Dichter oder als Mensch am größten und bedeutendsten gewesen sei.

Oder war er ein knorriger, eisiger, sich selbst stilisierender eitler Mann, der über allem stand und über allen stand? Was ist das für ein Mensch, der so viel Todesangst und Todessehnsucht zugleich hat, dass er an keines Freundes oder Angehörigen Sterbelager oder Grabstätte kommt?

Ja, während Christiane die Geburt des ersten Kindes große, große Sorgen bereitet, entweicht Goethe nach Jena. Entzieht er sich im Einzelnen selbst seinen Nächsten, weil er der sich ans Ganze Hingebende ist?

Es sind nicht zwei Seelen, es sind viele Seelen, die in seiner Brust streiten und auf eine so vielgestaltige Weise Ausdruck gefunden haben. Hohe politische und poetische Ambitionen – als der Gesellschaftsgalan und der Naturbursche, der realitätsbezogene Tatmensch und der visionäre Seher, der Gefühlstrunkene und der Vernunftgesteuerte, der Machtbezogene und der ganz Zurückgezogene, der Gottessichere und der theologisch Unbestimmte, ein Kirchenvater aller Esoterik und ein im Christentum Verankerter, ein der Bibel verpflichteter Denker, der sich dem Denken anderer Menschen und Völker öffnet, aber der doch – will man Eckermann glauben – eine Vision von der eins werdenden Kirche hat. »Je tüchtiger aber wir Protestanten in edler Entwickelung voranschreiten, desto schneller werden die Katholiken folgen. Sobald sie sich von der immer weiter um sich greifenden großen Aufklärung der Zeit ergriffen fühlen, *müssen* sie nach, sie mögen sich stellen wie sie wollen, und es wird dahin kommen, daß endlich alles nur eins ist.«

Kann man einen Menschen als heidnisch abqualifizieren, der 1819 im »Besseren Verständnis« über die Bibel schreibt: »Und so dürfte Buch für Buch das Buch aller Bücher dartun, daß es uns deshalb gegeben sei, damit wir uns daran, wie an einer zweiten Welt, versuchen, uns daran verirren, aufklären und ausbilden mögen.«

Ist es dann ein Wunder, dass er grob reagiert, ja polemisch, sarkastisch, zornig und ins Gegenteil überspitzend, wenn ihm, diesem tief religiösen Menschen, das Christliche abgesprochen werden soll; als ob nicht das Religiöse weit höher stünde als das Christliche und als ob das Christliche nicht ein hoch beachtenswerter Teil des viel Größeren, Umfassenderen, Religiösen sei. Das Religiöse ist für ihn eine natürliche Regung, die eine Form sucht und braucht, die ihm angemessen ist. So bedingen Religiöses und Ästhetisches einander. »Es gibt nur zwei Religionen; die eine, die das Heilige, das in uns und um uns wohnt, ganz formlos, die andere, die es in der schönsten Form anerkennt und anbetet. Alles, was dazwischen liegt, ist Götzendienst.«

Goethe achtet das Christliche und die ihm begegnenden Christen, die überzeugend ihren Glauben darzustellen vermögen. Er erzählt in einer Weise von ihnen, dass man für ihre Lebens- und Denkwege geradezu eingenommen wird, ob Lavater, Herder oder Fräulein von Klettenberg. Er versetzt sich in Fragen der Bibelauslegung, des Sakramentsverständnisses, der persönlichen Gottesbeziehung und Christusverehrung mit Empathie und Sprachkraft hinein. Man mag hernach gar nicht glauben, dass Goethe selber kein Christ sei.

Immer wenn er gedrängt wird, in Alternativen zu denken, um auf Entweder-Oder-Fragen Antwort zu geben, wird er ärgerlich, setzt er sich geradezu trotzig ab oder problematisiert ein Denken in Alternativen überhaupt. Was bedeutet Christ und Nichtchrist? Wer befindet darüber? Er antwortet auf die zugespitzte Frage Lavaters, ob er nun Christ oder Atheist sei, er sei »dezidierter Nichtchrist«. Und dafür hat Goethe Gründe, viele Gründe, und er zeigt gleichzeitig so viele Gründe auf, warum er am Christlichen in besonderer Weise hängt. Die wichtigste durchgängig erörterte Frage in »Dichtung und Wahrheit« ist neben der Frage nach der künstlerischen Existenz, respektive nach der Existenz des Künstlers, die religiöse.

Immer wieder kehren seine Gedanken und Erinnerungen zurück zu frühen religiösen Erfahrungen und Begegnungen. Die biographisch entscheidenden Momente für seine Distanz vom Gott der Christen sehe ich nicht wie viele andere Interpreten in der Erschütterung, die das Erdbeben von Lissabon ausgelöst hat. Goethe merkte an, der gepredigte und angepriesene Gott, der Schöpfer und Erhalter des Himmels und der Erden habe sich dort »keineswegs väterlich bewiesen«. »Vergebens sucht das junge Gemüt, sich gegen diese Eindrücke herzustellen, welches überhaupt umso weniger möglich war, als die Weisen und Schriftgelehrten sich selbst über die Art, wie man solches Phänomen anzusehen habe, nicht vereinigen konnten.« Es war mehr: Der christliche Glaube vermochte ihm das Theodizeeproblem nicht hinreichend zu klären.

Seine innere Trennung vom Äußeren der Kirche hat aber noch tiefere Gründe: Die Kirche vermochte ihm jene innere Sicherheit und Gewissheit nicht zu geben, die Zutrauen zur Welt und Freiheit zugleich bedeuten könnte. Goethe macht dies in »Dichtung und Wahrheit« an den Sakramenten fest, zeigt unverhohlen seine Faszination für das Allumfassende der katholischen Kirche, berichtet von seinem vergeblichen Versuch, sich Absolution und somit Gewissensfreiheit in einem katholischen Beichtstuhl, kommend aus lutherisch-pietistischer Tradition, zu holen und entledigt sich selber von der Gewissensqual, ob er das Mahl wirklich würdig oder nicht unwürdig – also sich selber zum Gericht – genießen würde, dadurch, dass er sich gänzlich »von der kirchlichen Verbindung loszuwinden suchte«. »Düstere Skrupel« quälten ihn, und so ließ er – sobald er Leipzig erreicht hatte – »diese seltsame Gewissensangst mit Kirche und Altar völlig hinter sich«. Dies geschah zu dem gleichen Zeitpunkt, an dem der Glaube an »alle Autorität verschwinden« sollte. Er begann, an den größten und besten Individuen zu zweifeln, ja zu verzweifeln. Er konnte sich auf nichts und wollte sich auf nichts und niemanden mehr berufen und das freie und mündige Individuum in den Mittelpunkt stellen.

Später wurde dies als »Persönlichkeitskult« persifliert:

> Volk und Knecht und Überwinder,
> Sie gestehn, zu jeder Zeit:
> Höchstes Glück der Erdenkinder
> Sei nur die Persönlichkeit.
> (Suleika, West-östlicher Divan)

Wesentlichen Anteil an seiner inneren Entfremdung vom Christlichen hatte ein Religionsunterricht, der gemüt- und sinnenlos wurde. Die Katechismuswahrheiten, diese trockene lutherische Orthodoxie, stieß ihn ab und weg. Und gleichzeitig vermochte er – besser als mancher Theologe – z. B. zu erklären, weshalb die Sakramente das Höchste der Religion sind: »In dem Abendmahle sollen die irdischen Lippen ein göttliches Wesen verkörpert empfangen und unter der Form irdischer Nahrung einer himmlischen teilhaftig werden.« Er weiß, dass es immer eine heilige, große Handlung bleibt, »welche sich in der Wirklichkeit an die Stelle des Möglichen oder Unmöglichen, an die Stelle desjenigen setzt, was der Mensch weder erlangen noch entbehren kann. ... kein Christ kann es mit wahrer Freude, wozu es ausgegeben ist, genießen, wenn nicht der symbolische oder sakramentale Sinn in ihm genährt ist. Er muß gewohnt sein, die innere Religion des Herzens und die der äußeren Kirche als vollkommen eins anzusehen ...« (Das klingt wie eine theologische Vorlesung!) Zur wahren Freude ist das Abendmahl gegeben; das Symbolische muss erkannt werden, um dies zu begreifen, muss der Mensch es »gewohnt« sein. Konvention, Intuition und Gemüt müssen in dieser Überzeugung zusammenkommen und gemeinschaftsstiftend wirken, »die Gemeine zusammenhalten«. Ist das wirklich so weit von dem entfernt, was Martin Luther meinte mit seiner Formel »in, mit und unter Brot und Wein empfangen wir den Leib Christi. Der Glaube allein macht's.« Das innerste Zutraun und nicht das menschliche Werk entscheidet!

Goethe freilich hat bei aller Wertschätzung des Christlichen im Allgemeinen und im Besonderen, *dass* man glaubt, für das Maßgebliche gehalten. Er macht auf die grundlegende Unterscheidung von fides qua und fides quae aufmerksam, die Basis allen gegenseitigen Verstehens ist. »Beim Glauben, sagte ich [Goethe], komme alles darauf an, *daß* man glaube; *was* man glaube, sei völlig gleichgültig. Der Glaube sei ein großes Gefühl von Sicherheit für die Gegenwart und Zukunft, und diese Sicherheit entspringe aus dem Zutrauen auf ein übergroßes, übermächtiges und unerforschliches Wesen. Auf die Unerschütterlichkeit dieses Zutrauens komme alles an; wie wir uns aber dieses Wesen denken, dies hänge von unsern übrigen Fähigkeiten, ja von den Umständen ab und sei ganz gleichgültig. Der Glaube sei ein heiliges Gefäß, in welches ein jeder sein Gefühl, seinen Verstand, seine Einbildungskraft, so gut als er vermöge, zu opfern bereit stehe. Mit dem Wissen sei es gerade das Gegenteil; es komme gar nicht darauf an, *daß* man wisse, sondern *was* man wisse, *wie gut* und *wieviel* man wisse.«

Mit Gefühl meint hier Goethe das, was späterhin der Analytiker Erik Erikson das Urvertrauen nennt, das kindliche, übermächtige, unerschütterbare Zutrauen. Dies kommt der »Definition« von Glauben im Hebräerbrief nahe: »Es ist aber der Glaube eine gewisse Zuversicht des, das man hoffet, und ein Nichtzweifeln an dem, das man nicht sieht.«

Was einer glaubt, ist nach Goethe völlig gleichgültig, wobei das Wort gleichgültig im doppelten Sinn zu verstehen ist: es ist »ganz egal« oder alles »gleich gültig«. Goethe besteht darauf, dass verschiedene Glaubensinhalte und -richtungen gleiche Gültigkeit beanspruchen können. Welche Inhalte ein Mensch annehme, hänge eben von den Umständen ab und von der Zeit und dem Ort, an dem er aufwachse. Goethe will, dass einer seinen eigenen Glauben haben, finden und entwickeln müsse. Er beharrt also auf der Individualität des Glaubens, was nicht mit Privatisierung gleichzusetzen ist. Was in einem Glauben inhaltlich ausgeformt wird (fides quae) differenziert sich und ist gleich zu achten.

Er sieht diese unterschiedlichen Ausformungen gar innerhalb der Christen obwalten, nicht nur, wenn sie katholisch, reformiert, lutherisch oder pietistisch geprägt sind, sondern auch in Abhängigkeit davon, ob ein Mann oder eine Frau Christus bekenne. So meint Goethe, dass »Männer und Frauen einen verschiedenen Heiland bedürfen«. Fräulein von Klettenberg habe zu Christus ein Verhältnis wie zu einem Geliebten, Lavater behandle den seinigen als seinen Freund. Er aber, Goethe, könne weder dem einen noch dem anderen zustimmen, »denn Christus hatte auch seine eigene Gestalt nach meinem Sinne angenommen«. Ist solche Toleranz nun Indifferenz und Gleichgültigkeit und lässt gar keinen Streit um Wahrheiten aufkommen? Oder ist sie Ausdruck für ebenjenen innersten Respekt vor der Glaubensentscheidung eines jeden und einer jeden?

Außerdem erhebt Goethe den erkenntnistheoretischen Vorbehalt, dass über »die Wahrheit« im Einzelnen der Mensch nicht entscheiden kann und alles Reden von »Gott« nur menschliche Versuche sind, das Unsagbare sagbar zu machen.

Goethe hat alle konfessionelle Enge geradezu gehasst und das biblische Wort »In meines Vaters Haus sind viele Wohnungen« wörtlich genommen. Gleichzeitig hatte er einen klaren Sinn dafür, welche Aussagen in der Bibel »zentral« genannt zu werden verdienen wie das »höchstchristliche« Wort aus Johannes 8: »Wer sich ohne Sünde fühlt, der hebe den ersten Stein auf.« (Auch hier wieder bemerkenswert, wie Goethe Luthers Übersetzung verändert: Wo steht »Wer bei euch ohne Sünde *ist* …«, schreibt er »Wer sich ohne Sünde *fühlt* …«)

Wer das Themenfeld Religiöses, Christliches und Heidnisches bei Goethe besieht, mag schier verzweifeln. Er wird sich ständig fragen nach der gedanklichen Konsistenz dieses 82 Jahre währenden Lebens. Es ist beinahe unmöglich, Goethe in all seinen Phasen und Facetten gerecht zu werden. Vieles steht bei diesem literarischen Kosmopoliten und universalistischen Geist auch unverbunden nebeneinander, weil er vieles, wenn nicht alles in theologischen Fragen gelten ließ. Einer Intoleranz fiel er anheim: der Intoleranz gegenüber den Intoleranten. Goethe denkt integrativ, nicht alternativ. Das religiöse Gefühl ist bei ihm einerseits das der Ehrfurcht und des Staunens über die Vielgestaltigkeit und das Wunder der Natur, in denen sich das Göttliche manifestiert. Andererseits hat das Religiöse im Allgemeinen und die Religion im Einzelnen einen Zweck, nämlich die sittliche Natur des Menschen zu fördern – auf mannigfaltige Weise. Religion versus Religiosität bildet eine Art »Arznei«, wobei es eben nicht um den Inhalt geht, sondern um den Placeboeffekt des Glaubens. Seinem verehrten Freund Lavater, dem er in »Dichtung und Wahrheit« mehrfach sehr verständnisvoll und einfühlsam nachgeht, aber als den »Lehrer einer ausschließenden Religion« ablehnt, hält er entgegen: »In unseres Vaters Apotheke sind viele Rezepte.« (Brief vom 4. Oktober 1782) Er fährt fort: »Was sind die tausendfältigen Religionen als tausendfache Äußerungen dieser Heilungskraft?« Genau diese Gedanken aber können zur banalisierten, völlig vergleichgültigenden Haltung führen, die sich dem Ringen um die Wahrheit überhaupt nicht mehr stellt und der Melodie folgt: »Jeder hat eben seine eigene Religion und jeder glaubt etwas.« Die Vergleichgültigung einerseits und die religiöse Gefühligkeit andererseits führen dazu, dass die entscheidenden und unterscheidenden Kriterien nicht debattiert werden, die dem Humanum dienen. So wird Religion selbst für Manipulation, Verführung und Fanatismus ge- und missbraucht. Die »Vorsehungen« des Gefreiten aus Braunau sind dafür ebenso ein Beispiel wie die Massenexekutionen unter dem Ajatollah Khomeni oder die Ausfälle der Kulturrevolution – mit dem Schwenken der roten Maobüchlein, auch in Frankfurt am Main.

Goethe selbst hat diese Möglichkeit und diesen Konflikt lediglich unter dem Gesichtspunkt der Toleranz reflektiert. Er preist den Beitrag des Religiösen zum Humanum, nennt diesen Beitrag entscheidend und mahnt, dass die Menschwerdung Gottes in Jesus aus Nazareth nicht wieder durch die Vergöttlichung des Menschen konterkariert, ja aufgehoben werden dürfe. Wenn Gott nun einmal Mensch würde, so solle er auch Mensch bleiben.

Jesus fühlte rein und dachte
Nur den Einen Gott im Stillen;
Wer ihn selbst zum Gotte machte,
Kränkte seinen heilgen Willen.

Dies ist eine Vorform der im 20. Jahrhundert so genannten jesuanischen Theologie, die in Kontrast steht zu einem christologischen Bekenntnis.

Für Goethe stehen die »sittlichen Züge der Religionen« außer Frage, »welche auf den tiefsten Grund eines frommen Menschenbedürfnisses hinweisen«. Sie sind »immer höchst erfreulich, indem Aussichten aller Art öfters sich daher zu entwickeln pflegen«. Mit solchen Sätzen wird Goethe zum »Kirchenvater« eines Dialogs der Religionen im Interesse des Überlebens in der globalisierten Welt. Er möchte den Völkern ein sittlich verbindendes Element abspüren. Dies kontrastiert in eigentümlicher Weise mit seinen höchst kritischen Äußerungen über die Kirche, die den sprichwörtlich großen Magen habe, in dem sie ganze Länder verschlingen könne. Für uns Heutige jedenfalls darf die Religionskritik ebenso wenig unterbleiben, wie jede Arroganz unseres westlich-christlichen Lebenskreises gänzlich unangebracht wäre, besieht man seinen globalen, die Natur und Kulturen zerstörenden »Sieg«.

Goethe sah die Theologen seiner Zeit genötigt, sich zu den so genannten natürlichen Religionen hinzuneigen und sämtlichen positiven Religionen gleiche Rechte einzuräumen, wenn denn »das Licht der Natur uns in der Erkenntnis Gottes, der Verbesserung und Veredlung unserer selbst zu fördern hinreichend sei«. »Aus jenem Mäßigkeitsprinzip gab man sodann sämtlichen positiven Religionen gleiche Rechte, wodurch eine mit der anderen gleichgültig und unsicher wurde.« Die Wahrheitsbehauptung der einzelnen Religionen also ist demzufolge nur Ausdruck ihrer eigenen Angst, gleichgültig zu werden und genau die Sicherheit zu verlieren, die einer braucht, um den »Effekt der religiösen Grundhaltung« zu erreichen.

Die Kirche sucht festen Boden. Goethe resümierte, die Theologen seiner Zeit ließen »denn doch aber alles bestehen, und weil die Bibel so voller Gehalt ist, daß sie mehr als jedes andere Buch Stoff zum Nachdenken und Gelegenheit zu Betrachtungen über die menschlichen Dinge darbietet, so konnte sie durchaus nach wie vor bei allen Kanzelreden und sonstigen religiösen Verhandlungen zum Grunde gelegt werden.«

In unserem Kulturkreis wird die Bibel in ihrer ganzen Mannigfaltigkeit, mit allen Widersprüchen kritisch aufgenommen und ausgelegt. Goethe selbst bezieht überraschend Position: »Ich für meine Person hatte sie lieb und wert: denn fast ihr allein war ich meine sittliche Bindung schuldig, und die Begebenheiten, die Lehren, die Symbole, die Gleichnisse, alles hatte sich tief bei mir eingedrückt und war auf eine oder die andere Weise wirksam gewesen. Mir mißfielen daher die ungerechten, spöttlichen und verdrehenden Angriffe ...« Gott habe sich nach der Denkweise und Fassungskraft der Menschen gerichtet. Deshalb führe Amos als Kuhhirte eine andere Sprache als Jesaja, hinter dem man einen Prinzen vermutet.

Frühe Begegnungen mit dem Christlichen haben Goethe geprägt und blieben wirksam, so dass er in den letzten Gesprächen, die Eckermann aufgezeichnet hat, merkwürdigerweise nicht auf den Tod, sondern auf die Bibel zu sprechen kommt und über die Zukunft des Christentums sinniert: »Mag die geistige Kultur nun immer fortschreiten, mögen die Naturwissenschaften in immer breiterer Ausdehnung und Tiefe wachsen und der menschliche

Geist sich erweitern, wie er will – über die Hoheit und sittliche Kultur des Christentums, wie es in dem Evangelium schimmert und leuchtet, wird er nicht hinauskommen.«

Grundlegenden hermeneutischen Problemen stellt er sich und meint, die Fragen »echt oder unecht sind bei Dingen der Bibel gar wunderliche Fragen«. Die Echtheit einer biblischen Schrift werde durch die Frage entschieden, ob uns daraus »durchaus Wahres überliefert worden«. Und so hält er die Evangelien alle vier für durchaus echt, »denn es ist in ihnen der Abglanz einer Hoheit wirksam, die von der Person Christi ausging und die so göttlicher Art, wie nur je auf Erden das Göttliche erschienen ist«. Er fügt hinzu, dem erweise er durchaus eine anbetende Ehrfurcht, genauso wie er der Sonne eine anbetende Ehrfurcht erweise, weil er in allem »die zeugende Kraft Gottes« sehe, »wodurch allein wir leben, weben und sind, und alle Pflanzen und Tiere mit uns«.

Und da will man sagen, Goethe habe keinen Glauben? Jedenfalls keinen christlichen? Eckermann nimmt Goethe in Schutz und schreibt: »Er hatte aber bloß den ihrigen nicht, weil er ihm zu klein war.« Es ist der tiefste, allertiefste Erkenntnisvorbehalt, der in Sachen des Glaubens und des Aussprechens des unaussprechlichen Namens obwaltet, denn Goethe sei weit entfernt zu glauben, dass er das höchste Wesen erkenne, wie es ist, schreibt Eckermann. Der Mensch habe von Gott nur »annähernde Spuren und Ahndungen«.

Die Leute meinten, Gott habe sich seit jener alten Zeit »ganz in die Stille zurückgezogen« und der Mensch »wäre jetzt ganz auf eigene Füße gestellt und müsse sehen, wie er ohne Gott und sein tägliches unsichtbares Anhauchen zurechtkomme«. Gott sei jedoch wirksam wie am ersten Schöpfungstag, »nun fortwährend in höheren Naturen …, um die geringeren heranzuziehen«. Sollte Goethe mit »höheren Naturen« sich selbst meinen, dann ginge dies ins Blasphemische, ins Hypertrophe, ins Selbstvergottende. Dann wird Verehrung zur Verklärung. Aber er betrachtet sich als abhängig von »dem Gotte, der den Plan gehabt habe, eine Pflanzschule für eine Welt von Geistern zu gründen«.

Geprägt war Goethes Bild von einem Pfarrer durch die Begegnung mit Friederike Brions Vater, dem Pfarrer im idyllischen Fachwerkhaus in Sesenheim. Und Herder hatte den Freunden in Straßburg den Roman von Goldsmith nacherzählt, wo ein Pfarrer gleichzeitig Vater, Hausmann, Landmann und so vollkommen ein Glied der Gemeinde ist: »Ihm ist übergeben, die Menschen ins Leben zu führen, für ihre geistige Erziehung zu sorgen, sie bei allen Hauptepochen ihres Daseins zu segnen, sie zu belehren, zu kräftigen, zu trösten und, wenn der Trost für die Gegenwart nicht ausreicht, die Hoffnung einer glücklicheren Zukunft heranzurufen und zu verbürgen.« Und sodann gibt Goethe wieder, wie er sich diesen Pfarrer vorstellt: »Mit Gutmütigkeit, Versöhnlichkeit, Standhaftigkeit ... und über dies alles eine heitere Nachgiebigkeit und lächelnde Duldung eigener und fremder Fehler.« Was heißt es, ganz sittlich, »ja, im reinen Sinne christlich« zu sein? Eben keine sittliche Selbstüberhöhung, sondern eine aus Gnade kommende Duldung und heitere Nachgiebigkeit eigener und fremder Fehler zu leben. Zu »Fehlern« verkleinert und verkürzt Goethe ein Wort, das er meidet: »die Sünde«, das Grundgebrechen menschlicher Selbstentfremdung – als Ausdruck von Gottesferne.

Aus jener unverfälschten, reinen, stimmigen Beschreibung einer christlichen Existenz heraus kann Goethe mit großer Einfühlung und Toleranz über Christen schreiben, die ihm auf seinem Lebensweg auf eine glaubwürdige Weise begegnet sind, ohne dass er deren Glauben übernehmen kann und will. Selbst wenn er späterhin großen Abstand zu Freunden seiner Jugendzeit hat, so zeichnet er doch ein sympathisches Bild von ihnen – ob von Lavater, Herder, Jacobi oder Jung-Stilling. (Zumal zu Herder ergab sich eine tiefe gegenseitige Entfremdung.) Vom Theologiestudenten Theodor Langer, der sich in aufopferungsvoller Weise um den schwerkranken Goethe in Leipzig gekümmert hatte, sagte dieser, er sei ihm wohl sehr viel schuldig geworden. Die Freundschaft habe ihren Höhepunkt dadurch erreicht, dass sie die religiösen Gesinnungen und die Angelegenheiten des Herzens zum Gegenstand hatte. Ernst Theodor Langer war »bei seinem Glauben zugleich ein sehr verständiger Mann und hielt fest darauf, daß man die Empfindung nicht solle vorherrschen, sich nicht zur Schwärmerei soll verleiten lassen«. Hier schon wird Goethe zufolge eine Grundentscheidung getroffen – nämlich wieviel Anteil die Vernunft und wieviel die Empfindung bei religiösen Überzeugungen haben könne und dürfe. Er bekennt, er habe »nicht recht gewußt, sich ohne Gefühl und Enthusiasmus mit dem Neuen Testament zu beschäftigen«. Unmittelbar nach seiner Rückkehr nach Frankfurt schreibt er an Langer einen Brief, in dem eine so nie wiederkehrende konfessorisch christliche Aussage steht: »Der Heiland hat mich erhascht, er hat mich bei den Haaren … ich halte den Glauben an die göttliche Liebe, die unter dem Namen Jesus Christus eine kleine Zeit dahinzog, für den einzigen Grund meiner Seligkeit.« Solches Zeugnis ist sicher aus dem unmittelbaren Erlebnis von Lebensrettung in jungen Jahren erwachsen und mag ebenso verwundern wie die Anstreichung des Losungstextes am ersten Straßburger Tag in dem Losungsbüchlein, das seine Mutter ihm mitgegeben hatte: »Mache den Raum deiner Hütte weit und breite aus die Teppiche deiner Wohnung; spare nicht! Dehne deine Seile lang und stecke deine Nägel fest!« (Jesaja 54,2)

Um Weite ging es Goethe im weiteren Verlauf seines Lebens, um Vieldimensionalität. So schrieb er am 6. Januar 1813 an Jacobi: »Ich für mich kann bei den mannigfaltigen Richtungen meines Lebens nicht an einer Denkweise genug haben.« Die Lebensentscheidung anderer sah er stets mit Respekt. Und nur, wenn er angegriffen wurde, reagierte er mit Spott.

Allerdings meidet Goethe Verbindlichkeit. Schiller schreibt am 2. Februar 1789: »… er ist an nichts zu fassen … er besitzt das Talent, die Menschen zu fesseln und durch kleine und große Attentionen sich verbindlich zu machen; aber sich selbst weiß er immer freizubehalten.« Und am 1. November 1790 notiert er, dass es Goethe ganz »an der herzlichen Art, sich zu irgendetwas zu bekennen«, fehle.

Wenn ich unterstelle, Faust sei mit Goethe nahezu identisch, so wird sein Ausweichen gerade im Gespräch mit Gretchen überdeutlich. Er versteht und toleriert sie, aber er nimmt sie nicht wirklich ernst, geschweige denn, dass sie für ihn eine belangvolle Frage oder gar Antwort hätte. Nicht einmal ihre naiv-seherische Gabe bringt ihn zum Nachdenken; als sie – der Physiognomie dieses merkwürdig-unheimlichen Freundes Mephisto misstrauend – sagt, er habe »ein widrig Gesicht« und sie habe »ein heimlich Grauen«, erwidert er ausweichend: »Es muß auch solche Käuze geben.« Gerade darauf könnte der schäbige Einfluss des Mephisto auf Faust beruhen, dass er – wie Gretchen sagt – so spöttisch dreinsieht und »man sieht, daß er an nichts keinen Anteil nimmt«.

Goethes Antwort auf Gretchens insistierendes Fragen nach der Konkretheit und Verbindlichkeit des Glaubens quittiert er mit allgemeinen Erörterungen. Gott wird zur Beliebigkeitsfloskel für Glück, Herz, Liebe, Gefühl. Gefühl ist alles, Name Schall und Rauch. Jeder habe seine Sprache dafür und alles sei letztlich das Gleiche, nur mit anderen Worten ausgedrückt. Als Gretchen darauf antwortet: »Es steht aber immer doch schief darum; denn du hast kein Christentum«, wehrt er einfach mit einer arrogant-paternalistischen Geste ab und beendet das Gespräch: »Liebs Kind!«

Die Überzeugung christlicher Theologie, dass Gott den Menschen zu seinem Bilde, zu seinem Analogon gemacht hat und dieser Vorgang nicht umkehrbar ist, teilt Goethe nicht. Und dies schon sehr früh, als er Prometheus »Menschen nach seinem Bilde« formen lässt und später in den »Zahmen Xenien« (vom 21. Juni 1814) schreibt: »Wie einer ist, so ist sein Gott.« So wird man folgerichtig sagen dürfen, ja müssen: »Goethes Gott ist Goethe gleich.«

Bereits der Knabe Goethe kam auf den Gedanken, sich »dem großen Gotte der Natur, dem Schöpfer und Erhalter des Himmels und der Erden ... unmittelbar zu nähern«. Er hielt sich dabei an den ersten Glaubensartikel, berichtet der alte Goethe: »Der Gott, der mit der Natur in unmittelbarer Verbindung stehe, sie als sein Werk anerkenne und liebe, dieser schien ihm der eigentliche Gott, der ja wohl auch mit dem Menschen wie mit allem übrigen in ein genaueres Verhältnis treten könne, und für denselben ebenso wie für die Bewegung der Sterne, für Tages- und Jahreszeiten, für Pflanzen und Tiere Sorge tragen werde. Einige Stellen des Evangeliums besagten dies ausdrücklich. Eine Gestalt konnte der Knabe diesem Wesen nicht verleihen; er suchte ihn also in seinen Werken auf und wollte ihm auf gut alttestamentliche Weise einen Altar errichten.« In seinem Spätwerk findet er sich bei jenem merkwürdigen Naturaltar wieder, den er sich in dem väterlichen Hause gebaut hatte. Als sich die von ihm damals zur feierlichen Andacht angezündeten Räucherkerzen in das Musikpult einbrannten, habe er gespürt, »wie gefährlich es überhaupt sei, sich Gott auf dergleichen Wegen nähern zu wollen«. Diese Anschauungsweise Goethes hält sich durch; so schreibt er in der bewegenden Auseinandersetzung mit seinem einstigen Freund Jacobi im Mai 1812, seine »eigene reine, tiefe, angeborene und ausgeübte Anschauungsseite« habe ihn unverbrüchlich gelehrt, »Gott in der Natur, die Natur in Gott zu sehen«. Und er wirft Jacobi vor, er reiße die Ganzheit des Universums auseinander und würde so seine Gottesvorstellung auf einen partikularen Aspekt beschränken und fügt dann am 6. Januar 1813 hinzu: »Bedarf ich eines Gottes für meine Persönlichkeit als sittlicher Mensch, so ist dafür auch schon gesorgt.« Nicht, wie Jacobi meint, verbirgt die Natur Gott, sondern Gott verbirgt sich in der Natur und ist in deren Vielgestaltigkeit und Mannigfaltigkeit als ein bestaunenswertes und ehrfurchtgebietendes und unaussprechliches Sein zu verehren und mit Ehrfurcht, ganz und gar und nicht mit Furcht zu betrachten, zu bewundern, zu besingen.

Goethe ist ein Feind jeglicher religiöser Exkommunikation. Die entscheidende Frage ist ihm, bei wem welches Pflaster anschlägt, also die Frage nach dem Effekt des Glaubens *im* Einzelnen ist maßgebend, nicht die nach seiner »Wahrheit«. Es gibt eben viele Wahrheiten, und die erste Wahrheit ist für Goethe »die Wahrheit der fünf Sinne«.

Ich komme noch einmal auf die Bemerkung Goethes gegenüber Lavater zurück, er sei »zwar kein Widerchrist, kein Unchrist, sondern ein dezidierter Nichtchrist«. Er spielt damit auf jene Christen an, die andere Auffassungen aus dem Kanon des Glaubens ausschlössen. Goethe löst die Gottesfrage in die Frage nach Religion auf. Religiosität ist alles; die konkrete Gestalt der Religion ist etwas Je-Meiniges und Je-Weiliges.

Der Künstler wird der begnadete Nachzeichner des Göttlichen, des Erhabenen und des Erhebenden. Auf die Beschuldigungen, er habe keinen Glauben, meint Goethe, wie Eckermann berichtet: »Wollte er den seinigen (Glauben) aussprechen, so würden sie erstaunen, aber sie würden nicht fähig sein, ihn zu fassen.« Mit Goethes synkretistischer Religiosität lassen sich jedenfalls keine Religionskriege führen, schon gar nicht der Kampf gegen den Islam.

> Wenn *Islam* Gott ergeben heißt,
> In Islam leben und sterben wir alle.

Man wird Goethe nur gerecht werden können, wenn man einerseits die in seinem Denken liegende Weite und die damit einhergehende öffnende Toleranz sieht und würdigt, andererseits die damit verbundene Indifferenz und Unentschiedenheit benennt und schließlich berücksichtigt, wie weit und wie tief »Kindheitsmuster« reichen – und diese sind geprägt vom genuin Christlichen. Denn was rettet Faust von seiner Todessehnsucht?

Es ist jener Klang des Chorals, des Osterchorals: »Von Jugend auf gewöhnt, ruft er auch jetzt zurück mich in das Leben.« Und es ist die Erinnerung, die ihn am Leben erhält: »Mit kindlichem Gefühle, vom letzten ernsten Schritt zurück.« Auch wenn ihm der Glaube fehlt, hört er doch die Botschaft: »Christ ist erstanden.« Die Chöre singen ihren tröstlichen Gesang und lassen es Tag werden, Ostertag, Lichttag. So kehrt er ins Leben zurück, befreit wie alle, findet er sich beim Osterspaziergang.

Jeder sonnt sich heute so gern.
Sie feiern die Auferstehung des Herrn,
Denn sie sind selber auferstanden,
Aus niedriger Häuser dumpfen Gemächern
...
Aus der Straßen quetschender Enge,
Aus der Kirchen ehrwürdiger Nacht,
Sind sie alle an's Licht gebracht.

Sie alle sind ans Licht gebracht, das beengte Volk und der selbstquälerische Gelehrte.

Es war der »Rest von kindlichem Gefühle«, das ihn rettete. Die christliche Auferstehungshoffnung freilich teilt weder Faust noch Goethe. Und er bekennt von sich, dass das Drüben ihn wenig kümmern kann. Aus dieser Erde quellen seine Freuden.

Dann mag, was will und kann, geschehn,
Davon will ich nichts weiter hören,
Ob man auch künftig haßt und liebt,
Und ob es auch in jenen Sphären
Ein Oben oder Unten gibt.

Auch hier wieder: Das Glück des Hier und Jetzt – mit dem Abweis jeglicher perspektivischer Verantwortung.

Ist es nun die Eckermann'sche Brille, oder gehört dies zur Weite des Goethe'schen Denkens, wenn Eckermann aus seinem allerletzten Gespräch mit Goethe diese denkwürdigen Sätze notiert? »... sobald man die reine Lehre und Liebe Christi, wie sie ist, wird begriffen und in sich eingelebt haben, so wird man sich als Mensch groß und frei fühlen und auf ein bißchen so oder so im äußeren Kultus nicht mehr sonderlichen Wert legen.

Auch werden wir alle nach und nach aus einem Christentum des Wortes und Glaubens immer mehr zu einem Christentum der Gesinnung und Tat kommen.«

Da kehrt er wieder zurück zu Kindheitsmustern, zu den Wurzeln der Kultur, die ihm eingepflanzt sind und erwartet von der Zukunft, dass Lehre und Liebe Christi »begriffen« und sich bei den Menschen »eingelebt« haben werden, einer Lehre und einer Liebe, die den Menschen nicht klein, sondern groß macht, nicht unfrei, sondern frei. In die Mündigkeit sind wir entlassen, in die Freiheit des Denkens, die die Weite des Denkens einschließt.

Was man auch immer zur Unvereinbarkeit einzelner Urteile, was man zur Komplexität, Vielschichtigkeit und zum multiperspektivischem Denken auf Goethe in Bezug auf Glauben, Religion und Kirchen sagen mag, so bleibt uns Heutigen vieles zu bedenken. Da ist zuallererst Goethes Naturverständnis hervorzuheben. Unser instrumenteller Gebrauch von der Natur bringt mehr und mehr die Natur und uns selbst ans Ende. Wo aber aus dem Staunen und der Bewunderung die Ehrfurcht vor dem Wunder des Lebens erwächst, entsteht ein anderes, nichtinstrumentelles Verhältnis zum Leben, das geradezu zu einer Grundbedingung unseres Überlebens wird. Denn wir leben in der Natur, von der Natur und sind selber Natur. »Die Natur verbirgt Gott! Aber nicht jedem.« Wenn Goethe nicht Gott und Natur gleichsetzt, sondern Gott in der Natur sucht, die Spuren Gottes in der Schöpfung verehrt, dann wird der Schutz der Natur geradezu zu einem Gottesschutz. Ihre Vernichtung oder ihr argloser Gebrauch, ja ihr Verbrauch eine Gottesvernichtung und Gotteslästerung. Wo Natur verehrt wird, weil darin das Wunder überschießender Vielfalt zu bewundern und zu beschreiben ist, dort hat sie Eigen-Wert, nicht bloßen Gebrauchs-Wert, wird der Haben-Charakter dem Seins-Charakter gegenübergestellt, wie es in einem seiner schönsten (Liebes-)Gedichte heißt:

Gefunden

Ich ging im Walde
So für mich hin,
Und nichts zu suchen,
Das war mein Sinn.

Im Schatten sah ich
Ein Blümchen stehn,
Wie Sterne leuchtend,
Wie Äuglein schön.

Ich wollt es brechen,
Da sagt' es fein:
»Soll ich zum Welken
Gebrochen sein?«

Ich grub's mit allen
Den Würzlein aus,
Zum Garten trug ich's
Am hübschen Haus.

Und pflanzt es wieder
Am stillen Ort;
Nun zweigt es immer
Und blüht so fort.

Es ist die Absichtslosigkeit, es ist die Achtung der Einwurzelung und es ist das Kontingente, das letztlich nicht Berechenbare und nicht Vorhersehbare der glückenden Begegnung im Leben, des Glücks des Lebens. Es ist die Behutsamkeit im Umgang mit »dem anderen«, eine geradezu »ökologische Rücksicht«.

Schließlich kann die Frage nach dem Heidnischen oder Christlichen bei Goethe nicht beantwortet werden, ohne jenes berühmte Gedicht zu zitieren, dass doch die Einwohnungen Gottes in der als wunderbar erfahrenen Welt ins Bild bringt.

Wär nicht das Auge sonnenhaft
Die Sonne könnt es nie erblicken;
Läg nicht in uns des Gottes eigne Kraft,
Wie könnt uns Göttliches entzücken?

Welches Gottes? Der uns zur Begeisterung über den blühenden Apfelbaum mitten in den Schrecknissen jederzeit immer wieder und immer neu hinreißt: dankbar, staunend, ehrfurchtsvoll und uns zum Mit- und Nachschaffen ermunternd.

Im Nachlass fasst er seine schillernde »Theologie« trefflich so zusammen:

Wir sind

Naturforschend	Dichtend	Sittlich
Pantheisten	Polytheisten	Monotheisten

Wer aber ist das WIR? Pluralis Majestatis, die Kaste der Dichter oder »der Mensch« überhaupt?

An erster Stelle allerdings steht für Goethe die eigene Kraft, die zur Seligkeit führt. »Im Anfang war die Tat« – und am Ende gilt die Tat! Dies ist der Grund-Widerspruch, der biblische Gnadenreligion von aller neuzeitlichen Leistungsreligion unterscheidet. Daran hat Goethe einen nicht unerheblichen Anteil.

Jener gewissen protestantischen Zerknirschung über das nicht Gelungene stellt er entgegen: »Der Mensch soll danach streben, gut zu handeln und fröhlich zu sein« und soll abtun das »Ächzen und Krächzen«. Es ist das fröhliche Pathos des Tatmenschen, das bei Goethe dominiert.

Narre! wenn es brennt, so lösche,
Hat's gebrannt, bau wieder auf!

Jeder Mensch möge verkünden »was ihm heute wohlgelang«; nicht nur verliebt ins Gelingen zu sein, sondern das Anspornende des Gelingens zu sehen, gibt auch die Kraft, das Nichtgelungene erneut anzupacken. Das ist gewissermaßen die fröhliche Rechenschaft, die Goethe sich gibt. Und es ist die Lust des Dichters, das freie Volk auf freiem Grund zu sehen und das Seinige dazuzutun.

Goethe weiß jedoch, dass der Poet nicht die Rolle des Propheten spielen darf, denn so verliert er seine Integrität: wenn er Macht ausübt, wird die reine Lehre durchgesetzt und er bedient sich dabei der Mittel, die die Idee beschädigen. »Das Irdische wächst und breitet sich aus, das Göttliche tritt zurück und wird getrübt.« Hier variiert der praxiserfahrene Poet, was der Theologe Luther mit seiner Entgegensetzung von Christengemeinde und Bürgergemeinde, von weltlicher und geistlicher Macht, mit der Trennung der beiden Regimente meinte. Ob, und wenn ja, *wie* Moral zur Politik werden kann, also praktisch wirksam wird und sich selbst dabei nicht verliert, bleibt die Herausforderung schlechthin, solange wir uns überhaupt noch der moralischen Frage zu stellen bereit sind und nicht der alltägliche machiavellistische Zynismus vorherrschend wird.

Goethe weist auf die unausweichliche Verknüpfung von Streben und Irren bei allem menschlichen Tun hin. Das Streben nach dem Guten ist es, was ihn erlöst, die Bemühung, nicht das Ergebnis allein.

Die uneigennützige Wohltätigkeit ist es, ob gegen die Pest oder gegen den Sumpf.

Wenn wir uns in der europäischen Geschichte umsehen, wie die Ideen zur Wirklichkeit kamen, wie insbesondere das Christliche theokratisch durchgesetzt wurde, ob in Rom samt »Fürstbischoftümern«, ob im Florenz Savonarolas oder im Genf Calvins, im wiedertäuferischen Münster, so schneidet Goethe als Weimarer »Poetokrat« unter absolutistischen Bedingungen geradezu vorbildlich ab, selbst wenn auch er den Versuchungen der Macht samt Geheimpraktiken unterlag. Er sah immer, welche Gefahr darin liegt, eine Idee einer Institution anzuvertrauen und war sich über das »durchaus Scheißige dieser zeitlichen Herrlichkeit« bewusst.

Das waren sich in unserem Jahrhundert insbesondere die Exekutoren der sozialistischen Idee nie. So gesehen ist es ein makabrer Witz – weil eben ernstgemeint – wenn ausgerechnet Ulbricht dazu aufrief, in der DDR den dritten Teil des Faust zu schreiben. Unsere Aufräumarbeiten – geistige und ökonomische – dauern noch eine Weile an. Weimar liegt im Osten; Frankfurt im Westen. Ein kosmopolitischer Poetokrat weit und breit nicht in Sicht.

Scheitert Faust-Goethe? Goethe nimmt Faust letztlich in Schutz. Faust ist für ihn nicht ein moralischer Fall, sondern ein Fall menschlicher Existenz, gebrochen und doch aufgehoben.

Goethe selbst gelang es mitten in der alltäglichen Mühsal der Gestaltung dieses kleinen Fürstentums, Wichtiges von Wichtigem zu unterscheiden.

In seinem Anhang zum »West-östlichen Divan« reflektiert Goethe über Israel in der Wüste und insbesondere über die Schwierigkeiten des Mannes, der das Volk durch die Wüste führt: Mose. Und kommt dann zu folgendem Schlusse:

»Das eigentliche, einzige und tiefste Thema der Welt – und Menschengeschichte, dem alle übrigen untergeordnet sind, bleibt der Konflikt des Unglaubens und Glaubens. Alle Epochen, in welchen der Glaube herrscht, unter welcher Gestalt er auch wolle, sind glänzend, herzerhebend und fruchtbar für Mitwelt und Nachwelt. Alle Epochen dagegen, in welchen der Unglaube, in welcher Form es sei, einen kümmerlichen Sieg behauptet und wenn sie auch einen Augenblick mit einem Scheinglanze prahlen sollten, verschwinden vor der Nachwelt, weil sich niemand gern mit Erkenntnis des Unfruchtbaren abquälen mag.«

So achtet den Dichter, doch betet ihn nicht an!

Das Geheimnis der Welt in allen Kulturen wiederfinden
Zur kosmopolitischen Religiosität Hermann Hesses

Wer für einige Wochen täglich Hesse liest, den überkommt ein seltsam wohliges Gefühl: eine Stimmung des Einsseins mit der Welt, eine getröstete Melancholie, eine Heiterkeit, die die Wehmut nicht verleugnet, ein Wahrheitspathos, das nichts und niemanden zerstört, aber auch nicht belügt.

Da begegnet einem ein Mensch mit einer hochentwickelten Toleranz und einem Wahrheitsethos, das die Wahrheitssuche der anderen anerkennt, ein Mensch, der dem Weltgeheimnis als ein Staunender und Ehrfurchtsvoller gegenübersteht. Zugleich ist Hesse kein Postmoderner, dem alles gleich-gültig ist. Selbstverachtetende Weltverächter oder weltverachtende Selbstverächter, die nahezu alles unter Ideologieverdacht bringen, was nur nach klarer Position oder gar nach einer »Humanitätsutopie« aussieht, würden ihn wahrscheinlich als »Gutmenschen« apostrophieren und zum »Abschuss« freigeben.

Hesse fordert zu eigener Position heraus, aber er schreibt keine vor. Er hat ganz anders als Gottfried Benn die Einsamkeit durchdekliniert und die Vergänglichkeit auch. Allem vermochte er etwas Tröstliches abzugewinnen, weil er etwas Heiles in aller Zerrissenheit spürte, wusste, glaubte, hoffte. Wahrhaftige Erkenntnis ist immer die Sache von Wenigen, und vor allem erfassen Wenige den richtigen Zeitpunkt, an dem eine Wahrheit auszusprechen ist. Hesse war sich dessen früh bewusst und hat bis zum Ende durchlitten, was es bedeutet, »seine teuer erkaufte Freiheit und Verantwortlichkeit« nicht an »irgendein Programm, eine Schule, eine Richtung und Clique« abzugeben. Er gehörte zu den wenigen Deutschen, die sich dem national-chauvinistischen Rausch der August-Tage 1914 nicht anschlossen. Früh thematisierte er den inneren Zusammenhang von 1914 und 1933/1939 und beklagte die Zerstörung der ersten deutschen Demokratie von innen heraus. Versuche der Rechtfertigung nach 1918 sowie selbstgerechte Larmoyanz nach 1945 durchschaute er in aller Klarheit, aber ohne eine linke Bissigkeit. Wie großartig sein Brief an Luise Rinser, den er im April 1946 in der »National-Zeitung« in Basel veröffentlichen ließ als Antwort auf jene vielen deutschen Briefschreiber, die sich von ihm, der jenseits der politischen Fronten stand, Worte der Entlastung und eine Orientierung für die Zukunft erhofft hatten.

Nie hat Hesse das Christliche geleugnet. Immer hat er die Enge des Konfessionellen beklagt. Stets hat er das *Eine* in dem *Vielen* gesucht und gefunden. Gott ist größer als all unser Erkennen und Aussprechen. Das Geheimnis der Welt sucht (und findet!) in allen Kulturen Ausdrucksformen; ihm nahezukommen, hat er sich den Wahrheiten der anderen nicht nur nicht verschlossen, sondern produktiv geöffnet, ohne damit zu einer Patchwork-Religion zu kommen, die alles mit allem zusammennäht und das als Kunstwerk des Geistes auslegen würde.

Wenn man es in den Kategorien der christlichen Theologie ausdrücken wollte, so war Hesse ein Theologe des ersten Artikels, der Gott, dem Schöpfer, staunend, ehrfürchtig, begeistert »die Ehre zu geben« suchte. Er ist der Dichter der Tages- und Jahreszeiten, der Bäume und Büsche, der Blumen und Felder – nirgendwann bemüht, einer literarischen Mode zu folgen, recht »traditionell« freilich, wenn man bedenkt, welche andere Formensprache zeitgleich die Lyrik bei einem Georg Trakl oder Georg Heym angenommen hatte.

Hesse wagte es wohl als letzter deutscher Dichter (auf eine überzeugende Weise), die meisten seiner vielen Gedichte zu reimen. Wer seine schwergewichtigen Romane liest (die mir in einer eigentümlichen Weise fremd bleiben), entdeckt den humorvollen, ironischen und selbstironischen Hesse – Eigenschaften, die ihm kaum jemand zutraut.

Hesse war kein Phantast. Er wusste, dass die Entwicklung vom Gorilla zum Kulturwesen lang ist und langsam ihren Weg geht. Der Mensch ist und bleibt ein gefährdetes Wesen, bei dem immer wieder »zähnefletschende Atavismen zu Tage treten«. Und alles scheinbar für immer Erreichte wird wieder und wieder hinfällig. (Wer mag da nicht an das denken, was am 11. September und danach mit unserer westlichen »Wertewelt« geschehen ist, die sich nach der Überwindung des Kommunismus gar am »Ende der Geschichte« wähnte.)

Hesses Prinzip könnte man so umschreiben: in dubio pro spe, im Zweifel für die Hoffnung, dass es Fortschritte für die Menschheit gibt. Hesse setzte dabei immer auf die Einzelnen, auf Laotse, Jesus, Franz von Assisi, auf Goethe, Mozart und Dostojewski – eine »Minderheit von Wohlmeinenden«, von »Gläubigen der Zukunft«[1].

Immer wieder gab es in der Gehorsamswelt Menschen, die sich standhaft der Pflicht zum Morden im Dienste ihrer jeweiligen Vaterländer oder Ideen verweigert haben, die sich dem Hass nicht anschlossen, die sich haben dafür quälen und einsperren lassen. »Um diese Menschen und Taten schätzen zu können, um den Zweifel an der Entwicklung des Tieres zum Menschen zu überwinden, muß man im Glauben leben«, resümierte Hesse im Jahr 1919. Weiter heißt es: »Man muß Gedanken ebenso hoch werten können wie Flintenkugeln oder Geldstücke. Man muß Möglichkeiten lieben und in sich pflegen können, man muß in sich selbst Zukunftsahnung und Entwicklungsräume spüren und träumen können.« Das trifft genau das, was der Hebräerbrief mit den Worten ausdrückt: »Der Glaube ist eine gewisse Zuversicht des, was man nicht sieht.«

In seinen Gedichten reflektierte Hesse unablässig über die Möglichkeit des Guten *und* des Bösen, über das Tierische *und* das

Göttliche im Menschen. Er setzte auf die positiven Möglichkeiten, ohne die negativen zu verleugnen, konnte auch ungewöhnlich scharf werden: Er nannte diejenigen einfach Gorillas, die einen weiten Weg zum Menschen hin vor sich haben, die »Menschheitsgedanken für Humanitätsduselei, Zukunftsforderungen für Literatur, Menschheitserwägung für Geschwätz« halten.[2]

Freilich geht für Hesse Religion nicht in Moral auf. Eine Ethik, die nicht in einem Menschenbild wurzelt, wird beinahe zwangsläufig zur abstrakten oder bigotten Moral.

Hermann Hesse, zeitlebens weit davon entfernt, das Christliche absolut zu setzen, zeigte zugleich keine Scheu, es in sein Denken und in seine Literatur wie selbstverständlich zu integrieren.

Tief eingepflanzt hat sich ihm das Tötungsverbot, radikalisiert in der Bergpredigt. Es geht nicht nur um den Tod in den dummen Schlachten, in den dummen Straßenschießereien der Revolution oder durch die dummen Hinrichtungen, sondern auch darum, wie viel wir *im* Menschen töten, wenn wir das Leben nicht anerkennen; jede Härte, jede Gleichgültigkeit, jede Verachtung ist nichts anderes als töten! Überall, wo die Zukunftshoffnung (besonders in jungen Menschen) zertreten wird, wird getötet. »Wir töten auf Schritt und Tritt.«[3]

Die Geistigen, die Dichter, die Seher, die Narren und »Zukunftsmänner« sind diejenigen, die Hoffnungsbäume pflanzen und dabei wissen, dass viele der Träume sich als Irrtümer, als Irrwege und als fehlgeschlagene Versuche erweisen können. Und sie halten dennoch daran fest – im Vertrauen darauf, dass der Same ihrer Ideen aufgehen wird. Dies ist nicht nur eine Sache von herausgehobenen Menschen, sondern die Aufgabe eines jeden in seinem Leben, Tag für Tag, Schritt für Schritt weiterzukommen auf dem Wege vom Tier zum Menschen.

Als die europäischen Völker im nationalistischen Rausche 1914 begannen, aufeinander zu schlagen, veröffentlichte Hesse den Aufsatz »O Freunde, nicht diese Töne!« Der Titel ist eine berühmte Zeile aus der 9. Sinfonie Beethovens: Klarsichtig wie kaum ein anderer Intellektueller problematisierte Hesse, wie die Völker sich einander ihre Kultur abzusprechen beginnen und sie zu feindlicher Kultur erklären, wie einzelne Künstler und Gelehrte den Krieg in ihre Studierzimmer tragen und am Schreibtisch blutige Schlachtgesänge verfassen und damit den Hass zwischen den Völkern nur noch nähren, während andere – praktisch wirkungslos – dem mit Protesten entgegentreten.

Die Aufgabe der Dichter und Künstler sah er darin, nicht das Schlimme zu verschlimmern, das Hässliche und Beweinenswerte zu vermehren, sondern mitten im Krieg daran festzuhalten, dass dessen Überwindung »nach wie vor unser edelstes Ziel und die letzte Konsequenz abendländisch christlicher Gesittung« ist[4]. »Friede auf Erden!«, die Freundschaft unter den Menschen bleibe höchstes Ideal. Gerade dieser unselige Weltkrieg müsse es uns tiefer einbrennen, als wir je gefühlt hätten, dass »Liebe höher sei als Haß, Verständnis höher als Zorn, Friede edler als Krieg«[5].

In *diesem* Sinne sei Goethe ein schlechter Patriot. Er habe 1813 keine Nationallieder gedichtet, ihm sei die Freude am Deutschtum nicht das Höchste gewesen, die Freude am Menschentum habe für ihn darüber gestanden. Und genau daran, an jener friedvollen *Internationalität* mitten in *nationalen* Kriegen, hielt auch Hesse fest.

Hat nicht jeder Mensch die Fähigkeit und die Pflicht, rechtzeitig zu erkennen, worauf es ankommt, wenn er mit der Fortentwicklung seiner Individualität zugleich dem Menschentum dienen will? Der 77-jährige württembergische Landesbischof Wurm schrieb ihm nach Ende des Zweiten Weltkrieges, er habe Hesses Betrachtungen aus dem Ersten Weltkrieg gelesen und müsse ihnen als *Deutscher* und als *Christ* Wort für Wort beistimmen. Ehrlicherweise müsse er auch sagen: Wären ihm jene Schriften, als sie aktuell waren, vor Augen gekommen, so hätte er sie entrüstet weggelegt. Damals sei er wie jeder »anständige Deutsche« ein strammer Patriot und Nationalist gewesen.[6]

Es ist kaum zu ermessen, wie viele Menschen Hesse als eine Art »Institution der Überlebenshilfe« darin bestärkt hat, zu sich selbst zu finden, selbstbestimmte Individuen zu werden. So schrieb er 1932 einem jungen Mann, der fragte, ob er das Recht habe, sich um sich selber zu kümmern, statt um das Gemeinwohl und um das Vaterland: »Ihre Pflicht ist, ein Mensch zu werden, ein so brauchbarer, guter, seiner Fähigkeiten sicherer Mensch wie nur möglich. Ihre Pflicht ist, eine Persönlichkeit und ein Charakter zu werden, nichts anderes.«[7]

In vielen Variationen wiederholte er, jeder Mensch solle die ihm gegebenen Gaben mit der Einmaligkeit seiner Person ausgestalten. Jeder Mensch habe eine ihm zukommende Bestimmung, die er *in sich* finden und als ein Mitmensch nach außen leben solle. »Sagen Sie Ja zum Besten und Stärksten in Ihnen!«, schrieb er im Oktober 1953 an Zwantje Ehrentreich. »Eine Persönlichkeit, ein einmaliger, eigener Mensch zu werden ist nicht jedem bestimmt, der Weg dahin hat Gefahren und bringt Schmerzen, er bringt aber auch Glück und Tröstungen, die die anderen nicht kennen.«[8]

Hesse wusste etwas vom *Kairos*, von dem unvergleichlichen Moment, in dem jeder steht und den er zu bestehen hat. »Denn jeden von uns tritt das Leben in der Gestalt seiner Zeit an, jeder von uns steht vor Aufgaben und Problemen, die einmalig und vergänglich sind, für uns aber das ganze Leben bedeuten.«[9] Dabei habe jeder Mensch das ihm Zugewiesene auf seiner Stufe zu tun. Wenn er das Mitgegebene lebe und auslebe, habe er alles richtig getan; so werde er gerechtfertigt nicht wegen der Menge und Höhe seiner Leistungen, sondern durch Ausleben seiner Möglichkeiten, seiner Gaben. Das ist die Hesse'sche Auslegung der protestantischen Rechtfertigungstheologie. Und diese bezog Hesse ganz auf sich und seine schriftstellerische Vision. »Meine Dichtungen sind alle ohne Absichten, ohne Tendenzen entstanden. Wenn ich aber nachträglich nach einem gemeinsamen Sinn in ihnen suche, so finde ich allerdings einen solchen: vom ›Camenzind‹ bis zum ›Steppenwolf‹ und ›Josef Knecht‹ können sie alle als eine Verteidigung (zuweilen auch als Notschrei) der Persönlichkeit, des Individuums gedeutet werden. Der einzelne, einmalige Mensch mit seinen Erbschaften und Möglichkeiten, seinen Gaben und Neigungen ist ein zartes, gebrechliches Ding, er kann wohl einen Anwalt brauchen.«[10]

Einen Anwalt des Individuums, der Seele, des Gewissens![11] Hesse verstand sich als ein solcher Anwalt gegen die mächtigen Institutionen, die den Einzelnen zu verschlucken drohen. Um die Behauptung des Individuums ging es ihm, um Stärkung des Individuums gegen die Ansprüche der Kirchen, Staaten, Kollektive, Ideologien, der Kommunisten oder Faschisten, den Einzelnen in Gehorsamsleistungen zu zwingen. Daher auch seine große Skepsis gegenüber der deutsch-protestantischen Theologie, die an der Universität viel von »Freiheit«, »Persönlichkeit«, »Dynamik« etc. etc. redet und nachher – in der Praxis – aus dem Pfarrer und der Kirche ein liebedienerisches Werkzeug für den Staat, für den Kapitalismus, den Krieg etc. macht.[12]

Überhaupt sah er die Deutschen eher als »geborene Diener und Soldaten«[13]. Ganz in diesem Sinne ist auch sein 1931 entstandenes Gedicht »Absage« zu verstehen – als Antwort auf Anfragen, warum er sich nicht auf die Seite der Kommunisten stelle.

Auch Eure Führer sind Generäle,
Kommandieren, schreien und organisieren.
Wir aber, wir hassen das,
Wir trinken den Fusel nicht mehr,
Wir wollen Herz und Vernunft nicht verlieren,
Nicht unter roten noch weißen Fahnen marschieren.
Lieber wollen wir einsam als »Träumer« verderben
Oder unter Euren blutigen Bruderhänden sterben,
Als irgendein Partei- und Machtglück genießen
Und im Namen der Menschheit auf unsre Brüder schießen![14]

Zurück zu Hesses Verständnis von Gnade und Gnadengabe. Er schrieb 1949 an einen jungen Künstler: »Es kommt einzig darauf an, daß jedem von uns ein Erbe und eine Aufgabe mitgegeben ist, … Eigenschaften, gute und böse, angenehme und schwierige, Talente und Mängel, und all dies zusammen ist Er, und dies einmalige, das in deinem Fall J.K. heißt, hat er zu verwalten und zu Ende zu leben, reif werden zu lassen und schließlich mehr oder weniger vollkommen zurückzugeben.«[15] Es komme nicht auf die allgemeine Höhe der Leistung an, sondern »eben darauf, daß er sein Wesen, das ihm Mitgegebene, so völlig und rein wie möglich in seinem Leben und Tun zur Darstellung bringe.«[16]

Hesse imponierten nicht die Mächtigen und die Machtmenschen, sondern eben Buddha, Lao-tse, Jesus, Franz von Assisi. Einem jungen Mann, der so etwas wie Anlehnung und einen Führer suchte, wies er gerade auf Menschen hin, die zart und schwach sind, die trotz Krankheit und Schwäche prachtvoll mit dem Leben fertig werden, und er empfahl ihm sein eigenes und kein Dutzend-Leben zu führen.

Wo wagt es heute noch jemand wie Hesse zu erklären, was der Glaube ist, der ihn bestimmt: »Ich glaube, daß trotz des offensichtlichen Unsinns das Leben dennoch einen Sinn hat, ich ergebe mich darein, diesen letzten Sinn mit dem Verstand nicht erfassen zu können, bin aber bereit, ihm zu dienen, auch wenn ich mich dabei opfern muß. Die Stimme dieses Sinnes höre ich in mir selbst, in den Augenblicken, wo ich wirklich ganz und lebendig und wach bin. Was in diesen Augenblicken das Leben von mir verlangt, will ich versuchen zu verwirklichen, auch wenn es gegen die üblichen Moden und Gesetze geht. – Diesen Glauben kann man nicht befehlen und sich nicht zu ihm zwingen. Man kann ihn nur erleben. So wie der Christ die ›Gnade‹ nicht verdienen, erzwingen oder erlisten, sondern nur gläubig erleben kann.«[17]

Die Relativität des Glaubensausdrucks des Einzelnen ist biografisch bestimmt, lässt sich nicht an objektivierenden Kriterien messen. Hesse betonte, er wisse, dass es natürlich nur einen Gott, nur eine Wahrheit gebe; aber jedes Volk, jede Zeit und jeder Einzelne nehme diese Wahrheit auf die je eigene Art auf, und so entstünden immer neue Formen. Er selber halte einige Sprüche des Neuen Testaments für das Wahrste, Konzentrierteste, Lebendigste, was auf Erden erkannt und gesagt worden sei. Erst über den Umweg des indischen und chinesischen Denkens habe er seine Aversionen gegen das spezielle Christliche wieder verloren, das ihm durch die Zänkerei der Theologie und die Langeweile und gähnende Öde der Kirche zerstört worden war. Zur christlichen Anmaßung der Monopolisierung Gottes und zum spezifischen Alleinrechthabenwollen, das schon mit Paulus begonnen habe, ging er auf Distanz.[18] Für Hesse war es allerdings keine *Ausflucht* vor der Wahrheitsfrage, sondern *Vorsicht*, wenn er die eigene Erkenntnis nicht zur Wahrheit im Ganzen erklärte. Er selber halte die indische Weisheit nicht für *besser* als die christliche, aber er empfinde sie eben als ein wenig *spiritueller*, ein wenig toleranter, etwas weiter und freier. Zugleich sah er, dass der Inder Sundar Singh es genau umgekehrt erlebt hat, der durch den Liebesgedanken Jesu überwältigt worden war und sein Indertum als einengend empfunden hatte.[19]

Es war ihm sehr ernst mit dem, was er schrieb, sogar »heiliger und intensiver Ernst«. Obwohl er seine Glaubenserkenntnisse offen ausbreitete, blieben sie ihm etwas sehr Intimes. (In vielen seiner Briefe bat er ausdrücklich die Empfänger darum, diese Antwort ganz für sich persönlich zu behalten und nicht weiter zu verbreiten. Das ist vergleichbar mit dem – besonders bei Markus zu findenden – jesuanischen Schweigegebot!)

Ich persönlich habe den nächsten Zugang zu Hesse durch seine Gedichte. Ich empfinde seine Romane als artifiziell; auf mich überträgt sich die Spannung nicht, die andere darin finden. Seine

Gedichte aber üben einen langanhaltenden Zauber aus – obgleich ich dann zwischendurch, zur Erfrischung des Geistes, Brecht und Benn lesen muss. So hat es mich auf eine wunderbare Weise überrascht und erfreut, dass Hesse selbst seine Verse das Liebste waren, »und wenn das dumme Publikum auch meinen Romanen mehr nachläuft, ist mir jedes gute Gedicht doch viel lieber als drei Romane«[20]. Genauso geht es mir.

Seine Lyrik war ihm die Spiegelung der Welt im vereinzelten Ich, Antwort des Ich auf die Welt. Sie ist Klage, Besinnung und Spiel einer ganz und gar bewusst gewordenen Vereinsamung.

Seine Verse waren für ihn »Tanzschritte der Seele, Wunschbilder und Zauberformeln«. Aber mit einer Heilkraft zunächst für den, der sie schreibt. Denn sie »machen den Schmerz flüssig«. Hesse wusste zu genau, dass das bedruckte Papier etwas Äußerliches bleiben kann und Bücher erst dann ihr Ziel erreicht haben, wenn sie inwendig aufgenommen werden.

Alle Bücher dieser Welt
Bringen dir kein Glück,
Doch sie weisen dich geheim
In dich selbst zurück.

Dort ist alles, was du brauchst,
Sonne, Stern und Mond.
Denn das Licht, danach du frugst,
In dir selber wohnt.

Weisheit, die du lang gesucht
In den Bücherein,
Leuchtet jetzt aus jedem Blatt –
Denn nun ist sie dein.[21]

Genau auf diese Weise hat Hesse die Worte des Neuen Testaments in sein Innerstes aufgenommen, bis in ihm ein befreiender Raum entstand.

Ebenso in seinem programmatisch zu nennenden Gedicht »Weg nach innen«:

Wer den Weg nach innen fand,
Wer in glühndem Sichversenken
Je der Weisheit Kern geahnt,
Daß sein Sinn sich Gott und Welt
Nur als Bild und Gleichnis wähle:
Ihm wird jedes Tun und Denken
Zwiegespräch mit seiner eignen Seele,
Welche Welt und Gott enthält.[22]

Hesse entschwand nicht in eine konsequenzenlose Mystik, sondern vermochte zu zeigen, dass gerade dieser Weg nach innen Stabilität, Intensität und Klarheit für das Leben gibt. Gänzlich missverstanden – und er kann sich dagegen nicht mehr wehren – wird er, wo er als Träger von Botschaften oder gar zum Erzieher ge- und missbraucht wird. Dichter wollte er sein, ganz Dichter – so wie Kafka auch, über den er schrieb: »Er gibt uns Träume und Visionen seines einsamen, schweren Lebens, Gleichnisse für seine Erlebnisse, seine Nöte und Beglückungen, und diese Träume und Visionen einzig sind es, die wir bei ihm zu suchen und von ihm anzunehmen haben.« Zugleich konnte Hesse nicht davon absehen, dass sein gesamtes Werk Botschaft ist und als solche gelesen werden kann und muss.

Man kann das Werk Hesses als ein beständiges Kreisen um die Vergänglichkeit deuten, wie eine lange Auslegung des 90. Psalms. Alles Erreichte und Gewordene ist zum Absterben verurteilt und muss auch zum Absterben bereit sein. Es ist nur dazu verurteilt, wenn es die Fähigkeit zum weiteren Werden und Sichwandeln verliert. Und es gilt, sich der wirklichen Welt zu entziehen, wenn man ein »Eichmeister der geistigen Maße und Gewichte« bleiben will. In seinem großen Alterswerk »Das Glasperlenspiel« vereinigen sich die drei Prinzipien: Wissenschaft, Verehrung des Schönen und Meditation. Da verdichtet sich Hesses Lebensphilosophie, gipfelnd in der *Heiterkeit.* »Die höchste und schönste Haltung, die aus dem Spiel gewonnen werden kann, ist die Heiterkeit. Daher sollte ein rechter Glasperlenspieler von Heiterkeit durchtränkt sein wie eine reife Frucht von ihrem süßen Saft, er sollte vor allem die Heiterkeit der Musik in sich haben, die ja nichts anderes ist als Tapferkeit, als ein heiteres, lächelndes Schreiten und Tanzen mitten durch die Schrecken und Flammen der Welt, festliches Darbringen eines Opfers ... Diese Heiterkeit zu erreichen, ist mir, und vielen mit mir, das höchste und edelste aller Ziele. Sie ist weder Tändelei noch Selbstgefälligkeit, sie ist höchste Erkenntnis und Liebe, ist Bejahen aller Wirklichkeit, Wachsein am Rande aller Tiefen und Abgründe, sie ist eine Tugend der Heiligen und der Ritter, sie ist unzerstörbar und nimmt mit dem Alter und der Todesnähe nur immer zu. Sie ist das Geheimnis des Schönen und die eigentliche Substanz jeder Kunst ... Auch wenn ganze Völker und Sprachen die Tiefe der Welt zu ergründen suchen, in Mythen, in Kosmogonien, Religionen, ist das Letzte und Höchste, was sie erreichen können, diese Heiterkeit.«

Heiterkeit war für ihn auch ein Merkmal der Klassizität, die sich besonders in den Gebärden der klassischen Musik wiederfindet: Wissen um die Tragik des Menschentums, Bejahen des Menschengeschicks, Tapferkeit, Heiterkeit. Er befriedigt die tiefe Harmoniebedürftigkeit des Menschen, weiß das nicht Ausdrückbare auszudrücken und für alle innere Erfahrung ein Gleichnis zu finden. Es sind elementare Erfahrungen, die Hesse ins Bild bringt. Wenn der Magister Ludi Josef Knecht auf dem Klavier zu spielen beginnt, beschreibt der Dichter dies für jeden nachvollziehbar – ja hörbar! – so: »... behutsam, ganz leise ... wie Tropfen goldenen Lichtes fielen die Töne in die Stille, so leise, daß man dazwischen noch den Gesang des alten laufenden Brunnens im Hof hören konnte.«

Der Vorwurf, Hesse habe sich mit seiner Literatur abgehoben, sei aus der wirklichen Welt in Literatur geflüchtet, wird durch seine essayistischen und politischen Betrachtungen sowie Tausende von Briefen entkräftet, in denen er jeden als Person ernst genommen und versucht hat, dem Einzelnen eine Antwort zu geben – oft unbequem, manchmal belehrend, immer ehrlich. Aus den Artikeln, Erklärungen und Briefen spricht Hilfsbereitschaft, wahrhaftes Erkennen der eigenen Begrenzung, zugleich ein tiefes Gefühl der Mitverantwortlichkeit. Er, der seit seiner Kritik am Kriegsgeist im Herbst 1914 »für die Patrioten ein Schwein und für die Revolutionäre ein rückständiger Bürgerlicher« war, 1932/33 vor einer »Periode der absoluten Brutalität und Verfolgung des Geistes« und vor einem neuen Krieg gewarnt hatte, wurde 1945/46 von Deutschen wieder ausgelacht und diffamiert. Nachdem sein »Brief nach Deutschland« in der »National-Zeitung« erschienen war, in dem er offen die Verfehlungen der Deutschen und ihre unkritische Haltung nach 1945 ansprach, bekam Hesse nicht wenige Schmähbriefe, die ihn tief kränkten. Dem Dichter wurde sogar vorgeworfen, dass er durch sein Schweigen das Naziregime toleriert habe. Seine Frau Ninon sah in der Verleihung des Literaturnobelpreises im November 1946 an Hesse nicht nur die Krönung seines Werkes, sondern auch eine Anerkennung seiner oft angefochtenen pazifistischen und individualistischen Position im Krieg. Und wie bewertete der Geehrte den Preis? »Ich fühle mit Ihnen allen, vor allem durch den Gedanken … von der Über-Nationalität und Internationalität des Geistes und seiner Verpflichtung, nicht dem Kriege und der Zerstörung, sondern dem Frieden und der Versöhnung zu dienen.«

Das ganze Lebenswerk betrachtend, muss man sagen, dass Hesse zu den engagierten Schriftstellern Deutschlands gehörte und gehört und gerade nicht jenen fatalen Rückzug in die Innerlichkeit begleitet hat. Er stand nicht bei den »Klugen und Weisen«, sondern bei den Menschen, die ehrlich sind. So konnte er sich für diejenigen aussprechen, die für naivste Ideale sich hinzugeben bereit sind; *sie* waren ihm weit lieber als all jene, die klug über Gesinnung und Ideale zu reden verstehen, aber selber nichts zu tun fähig und bereit sind.

Gelegentlich hat sich Hesse ausdrücklich auf das Terrain speziell theologischen Denkens gewagt. 1932 verfasste er »Ein Stückchen Theologie«, einen theologischen Entwurf, von Theologen fast völlig ignoriert. Darin beschrieb er den Weg der Menschwerdung des Menschen und der Menschheit als einen dreistufigen Weg aus der *Unschuld* in die *Schuld* und aus der Schuld in die Verzweiflung oder in die *Erlösung*, wo der Mensch nämlich »nicht wieder hinter Moral und Kultur zurück ins Kinderparadies, sondern über sie hinaus in das Lebenkönnen kraft seines Glaubens« kommt.

Es sei immer dasselbe Spiel, erklärte er: Aus dem Leben im Status der Unschuld, im Paradies, in der Kindheit, im *verantwortungslosen Vorstadium* des Daseins kommt der Einzelmensch, kommt die Menschheit zum *Wissen* um Gut und Böse, in die Forderung der Kultur, der Moral, der Menschheitsideale, entdeckt die Entfremdung, die Gebrochenheit, die Verzweiflung und begreift schmerzlich, dass Gerechtigkeit und das Gute nicht erreichbar sind. Dies führt dann drittens entweder in Regression, *Nihilismus*, Diktatur des Wahren und Guten *oder* zu Gnade und Erlöstsein, Glaube und Versöhnung, zur Weisheit der Religionen, also zu einem gelassenen *Akzeptieren des Unvollkommenen* – ohne den Glauben an das Vollkommene zu verlieren.

Das Geläufigste der Bilder dafür fand er im Weg vom paradiesischen Adam zum erlösten Christen. Jeder Gläubige, der in der Tiefe etwas erlebt habe, kenne dieselben Erfahrungen, die er bei Paulus, Pascal, Luther oder Ignatius finden könne. Doch »die Mehrzahl wird ja nie Mensch, sie bleibt im Urzustand, im kindlichen Diesseits der Konflikte und der Entwicklungen; die

Mehrzahl lernt niemals vielleicht auch nur die ›zweite Stufe‹ kennen, sondern bleibt in der verantwortungslosen Tierwelt ihrer Triebe und Säuglingsträume stehen, und die Sage von einem Zustand jenseits ihrer Dämmerung, von einem Gut und Böse, von einer Verzweiflung an Gut und Böse, von einem Auftauchen aus der Not in Lichter der Gnade klingt ihnen lächerlich.«[23]

Zunächst holzschnittartig, dann aber hochdifferenziert, teilt Hesse die Menschheit ein in die Typen der *Vernünftigen* und der *Frommen*. Vernünftige glaubten prinzipiell an den Fortschritt und an seine technischen Fähigkeiten. Der »Vernünftige« glaube, dass die Erde dem Menschen zur Ausbeutung ausgeliefert sei. Sein gefürchteter Feind sei der Tod. Er flüchte vor dem Todesgedanken in Aktivität und setze dem Tode ein verdoppeltes Streben nach Gütern, nach Erkenntnissen, nach Gesetzen, nach rationaler Beherrschung der Welt entgegen. Und er fühle sich im Namen der Göttin Vernunft berechtigt zum Befehlen, zum Organisieren, zur Vergewaltigung der Mitmenschen, denen er nur Gutes aufzwingen zu müssen glaube – ob nun Hygiene, Moral, Demokratie oder was sonst. Der Vernünftige verliere sich leicht an Systeme, rationalisiere die Welt, tue ihr Gewalt an. Er sei der Erzieher par excellence, er fühle sich Natur und Kunst gegenüber stets unsicher.

Dagegen sei das Lebensgefühl des *Frommen* die Ehrfurcht. Der Fromme habe einen starken Natursinn und glaube an eine überrationale Weltordnung. Er glaube, dass der Mensch ein dienender Teil der Erde sei, er neige gelegentlich zu Hass und Eifer gegen die Vernünftigen – in Gestalt der Fundamentalisten aller Couleur. Er strebe nicht nach Macht und neige zum Quietismus. Hesse kann zuspitzend sagen: »Der Vernünftige ist daran schuld, daß es Todesstrafen, Gefängnisse, Kriege, Kanonen gibt. Der Fromme aber hat nichts dazu getan, dies alles unmöglich zu machen.« Da diese Typisierung rein psychologische Bedeutung habe, sei dem Frommen eben nicht Tüchtigkeit und dem Vernünftigen nicht Genialität abzusprechen. Das höchste geistige Erlebnis sah Hesse in der Versöhnung zwischen Vernunft und Ehrfurcht. Was »Psychologie des Frommen« bedeuten kann, fasst er in seinem Essay »Falterschönheit« (1935) in wunderschöne Bilder. Darin schreibt er, dass der Weg des Menschen zur Weisheit »der Weg des Staunens über die Natur und des ahnungsvollen Lauschens auf ihre Sprache sei«[24].

Des Menschen Verhältnis zur Natur bleibt immer das eines Kindes zur Mutter, und der Mensch ist Bruder alles dessen, was er bestaunt und als lebendige Welt erlebt: des Falters, des Käfers, der Wolke, des Flusses und Gebirges, indem er auf dem Weg des Erstaunens für einen Augenblick der Welt der Trennungen entlaufen kann und in die Welt der Einheit eintritt, wo ein Ding und Geschöpf zum anderen sagt: »Tat twam asi (›Das bist du‹).«[25]

Solches Denken hat bei Hesse eine gedankliche Kontinuität. 1916 teilte er Kriegsgefangenen seine Gedanken über inneren Reichtum mit. Ihnen versuchte er in eindrücklichen, einleuchtenden Bildern deutlich zu machen, wie der innerlich reiche Mensch in Zeiten der Entbehrung reich bleiben kann. Kultur verstand er – im Gegensatz zur Natur – als all das, was der Mensch über die Bedürfnisse der Stunde und des nackten Lebens hinaus an geistigen Werten gefunden und geschaffen hat, obenan die Künste und Philosophien. Auch das Volkslied des armen Mannes, die Freude des Wanderburschen an Wald und Wolken, die Liebe zum Vaterland und zu den Idealen der Partei – das alles ist für ihn Kultur, geistiger Besitz und Menschentum. »Wer innerlich teil an diesem Besitz hat, der gehört einer unzerstörbaren Gemeinschaft des Geistes an und besitzt etwas, das niemand ihm rauben kann. Wir können Geld, Gesundheit, Freiheit, Leben verlieren, aber nur zugleich mit dem Leben kann uns das genommen werden, was wir an geistigen Werten wirklich erworben haben und besitzen. In Zeiten der Not und des Leidens zeigt sich erst, was wirklich unser ist, was uns treu bleibt und nicht genommen werden kann.«

Hesse schrieb über die Armut des Reichen, der nicht innerlich reich ist, und über die Welt, in der alles käuflich erscheint, selbst das, was eigentlich nicht käuflich ist. Und er schloss: »Kein Mensch ist so arm, daß er nicht einmal am Tage zum Himmel aufblicken und sich eines guten, lebendigen Gedankens erinnern kann.«

Wie wichtig sind solche Einsprüche gegen unsere börsenabhängige Kultur heute! Wie wenige sind bereit, sie zu hören. Den inneren Reichtum im Menschen gilt es zu entfalten, denn am Äußeren könnten nicht nur wir selbst, sondern die ganze Welt zugrunde gehen. Dazu gehört das Aufnehmen der Schätze der Kultur, der geistige Reichtum. Dies aber hat zur Voraussetzung, die Fähigkeit zu sehen, zu spüren, zu empfinden – das, was Hesse einmal »rein ästhetischen Trieb« genannt hat. Ein Mensch kann glücklich und zufrieden sein beim Betrachten eines Holzschnittes, eines Baumes oder Felsens, eines Gartens oder einer einzelnen Blume. Die Schärfung des Sehens und die Entfaltung der inneren Welt werden heute geradezu zu Bedingungen für die Erhaltung der Welt. Das ist keinesfalls etwas Sinnenfernes; der ästhetische Trieb ist durchaus dem Sinnlichen verbunden: Auge, Ohr, Nase, Tastsinn, »das ist ein Paradies, nach dem die Feineren unter uns ein tiefes Heimweh haben«. Zum reinen, nicht zweckbezogenen Schauen kommen – wieder im Paradies sein! Der ästhetische Trieb laufe keineswegs auf ein Loskommen von uns selbst hinaus, sondern es gehe nur um ein Loskommen von unseren schlechten Instinkten und Gewohnheiten, bis wir eine Bestätigung des Besten in uns erfahren. Eine Figur von Michelangelo, eine Musik von Mozart, ein toskanischer Dom, ein griechischer Tempel – all dies sind »Bestätigung und Bestärkung unseres Verlangens nach einem Sinn, einer tiefen Einigkeit, einer Unsterblichkeit der menschlichen Kultur.«[26]

Was ist ganzes, erfülltes, beglückendes Leben?

> Atmen in vollkommener Gegenwart,
> Mitsingen im Chor der Sphären
> Mittanzen im Reigen der Welt
> Mitlachen im ewigen Lachen Gottes,
> das ist unsere Teilhabe am Glück.[27]

Und dennoch bleibt das Hauptwort nicht »Glück«, sondern »Alleinsein« – Blühen, Welken, Einswerden …

> Blühen war mein Ziel. Nun welk ich
> Und Welken ist mein Ziel, nichts anderes,
> …
> Gott lebt in mir, Gott stirbt in mir, Gott leidet
> In meiner Brust, das ist mir Ziel genug.
> Weg oder Irrweg, Blüte oder Frucht,
> Ist alles eins, sind alles Namen nur.[28]

II.
Wie Glaube berührt und verwandelt

»Geh aus, mein Herz, und suche Freud«
Die Lieder Paul Gerhardts

Das Nachdenken über meinen »Ort des Glaubens« führt mich zurück in meine Kindheit, in das altmärkische Pfarrhaus in Herzfelde, in ein einsames Gehöft, von einem kleinen Park umgeben, in die klirrende Kälte des Winters und in die üppige Flora des Gartens, der Wiesen, Feldraine und Straßengräben im Frühjahr, zu Lerchengesängen hoch am Sommerhimmel, zu dem Dreschgeräusch und dem Kartoffelkrautfeuerduft im Herbst.

Jeden Abend standen meine Eltern mit gefalteten Händen an den Betten von uns vier Geschwistern und sangen:

Breit aus die Flügel beide,
O Jesu, meine Freude,
Und nimm dein Küchlein ein!
Will Satan mich verschlingen,
So laß die Englein singen:
Dies Kind soll unverletzet sein.

Da lief wohl allabendlich eine Träne in mein Ohr. Die Rührung meines Vaters bei diesem Lied übertrug sich immer wieder auf mich. Hieß es nun »und nimm dies Küchlein ein« oder hieß es nur »nimm dein Küchlein ein«?

Darin war die ganze Angst aufgehoben, die Lebensangst, die sich in den Träumen, in den Schreckensträumen widerspiegelte, die Verletzlichkeit der äußeren Verhältnisse, das Bestehen eines harten, bisweilen auch bedrohlichen Alltags in der Nachkriegsostzone. Der »Ort des Glaubens« ist für mich das wohlige, das fröhliche Gefühl, dass über mir die Arme ausgebreitet sind:

segnend, schützend, einladend, auch zur Umarmung, nicht zur Umklammerung.

Späterhin schämte ich mich lange Zeit, dass dieser religiöse Kitsch mich so angerührt hatte – bis ich nach Jahrzehnten spürte, wie tief sich das eingegraben hat und warum mich das Paul Gerhardt'sche Krippenspiel-Hirtenlied »Ich steh an deiner Krippe hier« nachhaltig mit dem Geheimnis von Weihnachten verbunden hat – viel mehr als das familiäre Bescherungslied »Ihr Kinderlein kommet«. Das gilt bis heute. Gerhardts Lieder zeigen, dass Hingabe auch etwas mit glückhaftem Sich-weg-Geben, mit Von-sich-Absehen und Sich-Wegschenken zu tun hat.

O daß mein Sinn ein Abgrund wär
Und meine Seel ein weites Meer,
Daß ich dich möchte fassen.

Da bleibt ein Geheimnis, Unbegreifliches und Unfassbares – und die tiefe Sehnsucht der Seele nach der Unendlichkeit des Meeres. Da werden auch Heu und Stroh körperlich spürbar sowie »Rosen, Nelken, Rosmarin«, mit dem ich ihn, Jesus, »von oben her bestreuen« will.

Und mehr als alle späteren gesellschaftspolitischen Appelle hat mich eine Zeile wie diese geprägt:

Daß ich dich möge für und für
in, bei und an mir tragen.

Die ganze Summe der protestantischen Theologie, die Summe des Christusglaubens ist in die einfachste Zeile gefasst:

Ich komme, bring und schenke dir,
Was du mir selbst gegeben.

Der Beschenkte wird zum Beschenkenden, der Empfangende zum Handelnden, der Getröstete zum Tröstenden und der vom Licht Beschienene zum Leuchter, zum Armen-Leuchter auch.

Christusnähe als Nähe zu einem hilfsbedürftigen Kinde, das meine eigene existenzielle Bedürftigkeit geteilt hat und ganz um mich weiß, führt dann in den Imperativ. »Nehmt weg das Stroh« – eine Metapher für UNICEF, für die Sorge um Kinder in der Not, hier ganz nah und dort ganz fern.

Erst sehr viel später entdeckte ich das Maria-Gedicht des 24-jährigen Bert Brecht, in dem es heißt:

Von dem Loch im Dach, das den Frost einließ
bleibt nur
der Stern, der hineinsah.
Alles dies,
kam vom Gesicht ihres Sohnes, der leicht war,
Gesang liebte,
Arme zu sich lud
und die Gewohnheit hatte, unter Königen zu leben
und einen Stern über sich zu sehen zur Nachtzeit.

Solche Zeilen von Brecht? Ja, vom Autor des Dreigroschenopernsongs »Denn wovon lebt der Mensch« oder des Dreistrophengedichts von der »Freundlichkeit der Welt«, das mit der Zeile schließt:

Fast ein jeder hat die Welt geliebt,
wenn man ihm zwei Hände Erde gibt.

»Wie soll ich dich empfangen und wie begegn ich dir?« – diese Frage wird, seit ich mich erinnern kann, zu *der* Frage im Advent. Was tue ich dafür, dass Jesus in diese Welt einziehen kann, willkommen ist unter uns?

Und ich frage mich, was ich täglich unterlassen habe – zu anderer Trost und Freude –, und weiß doch heute, dass ich diese Zeile völlig missverstanden habe. Dennoch hat sie mich geleitet, mich bestimmt.

Paul Gerhardt macht mir kein schlechtes Gewissen, pflanzt mir kein defizitäres Selbstbewusstsein ein, sondern besingt das

Loskommen von »schweren Banden«, das Herauskommen aus dem Tal der Leiden an Leib und Seele, dankbar und staunend. Mit einem »grünenden Herzen« lern ich zu leben und darauf zu vertrauen, dass das Reich kommt, »da Fried und Freude lacht«. Diese Wortfigur vom »Reich, da Fried und Freude lacht« hat mir vor 35 Jahren mein verehrter Bischof Krusche auf der Ordinationsrüste erschlossen. Und er kommt bis heute immer wieder auf diese eine Zeile zurück.

Wer nicht mitbedenkt, dass Paul Gerhardt das Lied »Wie soll ich dich empfangen« am Ende des verheerenden Dreißigjährigen Krieges geschrieben hat, der wird diese Verse kaum erfassen können:

Nichts, nichts hat dich getrieben
Zu mir vom Himmelszelt
Als das geliebte Lieben,
Damit du alle Welt
In ihren tausend Plagen
Und großen Jammerlast,
Die kein Mund kann aussagen,
So fest umfangen hast.

Das schreib dir in dein Herze,
Du hochbetrübtes Heer,
Bei denen Gram und Schmerze
Sich häuft je mehr und mehr;
Seid unverzagt,
Ihr habet die Hilfe vor der Tür;
Der eure Herzen labet
Und tröstet, steht allhier.

Ich stelle sie mir vor: jene Menschen, die vor den Wüstungen standen, die einmal ihre Dörfer gewesen waren, die in die Abgründe des Menschlichen hineingesehen und wohl auch nach Gott geschrien haben und die dann mit Paul Gerhardt innig singen *sollten* und *singen* konnten:

Befiehl du deine Wege
Und was dein Herze kränkt
Der allertreusten Pflege des,
Der den Himmel lenkt.

Freilich bleibt mir Paul Gerhardts durchgängige Himmelssehnsucht verschlossen. Dazu leb ich doch zu gern und hab das Loslassen-Können noch vor mir – ich hoffe ein getrostes und sei es auch ein kreatürlich schweres.

Gerade Loblieder sind immer auch Texte gegen die Verzweiflung. Wie kann – fragte ich mich später als Theologiestudent, der das Tagebuch des Auschwitz-Kommandanten Höß las, Buchenwald und Majdanek besucht und Paul Celans »Todesfuge« verstört durchbuchstabierte, wie kann ich noch singen, unbeschwert gar:

Lobet den Herren
Alle, die ihn ehren!
Laßt uns mit Freuden seinem Namen singen …«

Dann spüre ich, dass dieses fünf Jahre nach dem Dreißigjährigen Krieg geschriebene Lied ein einziges Bittlied und ein Danklied ist für diejenigen, die überlebt hatten:

Daß unsre Sinnen wir noch brauchen können
und Händ und Füße, Zung und Lippen regen,
das haben wir zu danken seinem Segen.
Lobet den Herren.

Daß Feuerflammen uns nicht allzusammen
mit unsern Häusern unversehens gefressen,
das macht's, daß wir in seinem Schoß gesessen.
Lobet den Herren.

Treib unsern Willen, dein Wort zu erfüllen

…

Richt unsre Herzen, daß wir ja nicht scherzen.
Gib, daß wir heute, Herr, durch dein Geleite,
auf unsern Wegen unverhindert gehen.

Das Loblied wird zum Bittlied, das Bittlied zum Vertrauenslied. Was aber ist das eigentliche Geheimnis dieser Lieder, die mich und viele Menschen mit mir und in vielen früheren Generationen so angesprochen, in die Mitte des Glaubens geführt haben? Es ist die direkte Anrede. Stets steckt in diesen Liedern ein *Ich*, ein *Du* oder ein *Wir*.

Es sind keine gesungenen Rechtgläubigkeitskatechesen, sondern wir haben durch Erfahrung hindurchgegangene Glaubenslieder vor uns, die mich in diesen Glauben, in ein christusbezogenes Grundvertrauen hineinführen, die mich einerseits mit dem, was ich tun kann, bescheiden machen und mich andererseits aufrichten, das auch zu tun, was ich kann, und mich stärken, ja auch justieren, orientieren.

So wurde »Ich weiß, mein Gott, daß all mein Tun / Und Werk auf deinem Willen ruhn« mir zum wichtigsten Lied für das Bestehen im Alltag. Da kann ich um Verstand bitten, werde ich ermuntert zu prüfen, was mir gut ist, vergewissere mich, dass da einer zu mir tritt und mir das leicht macht, was mir zu schwer wird oder gar fast unmöglich deucht.

Manche Formulierungen Paul Gerhardts scheinen nicht mehr in unsere Zeit zu passen, aber gerade das Befremdliche daran regt mich an. Ich fände es unerträglich, wenn man diese Lieder je modernisieren würde. Wer spricht schon heute noch davon, dass einem etwas verliehen werden möge?

Verleihe mir das edle Licht,
das sich von deinem Angesicht
in fromme Seelen strecket
und da der rechten Weisheit Kraft
durch deine Kraft erwecket.

Natürlich sind das überholte Reime; aber sie tragen, weil der Geist trägt, der aus diesen Liedern kommt. Und was sind fromme Seelen? Es sind Seelen, die ganz aus Vertrauen leben. Das heißt fromm!

Mein Ort des Glaubens sind diese Lieder, sie begleiten mich, verbunden mit ihren nahegehenden Melodien, verbunden damit, dass ich sie mit anderen gesungen habe und wieder und wieder singe – aus ganzem Herzen, mit allen Sinnen, preisend das offengelegte Geheimnis, das Geheimnis des Unergründbaren, aber mir Zukommenden.

Ich zähle die Orte auf, an denen ich sie gesungen habe: das Kinderschlafzimmer 1949, die gotische St. Johanniskirche in Werben an der Elbe, tags und nachts, das Grab meines Bruders 1957, der Merseburger Dom 1971, der Cranachaltar in Wittenberg 1978, die Elbwiesen jeden Sommers. Und das Kirchenjahr Jahr für Jahr.

Jedes Jahr wird das Lied »Wie soll ich dich empfangen« mit der Melodie des anderen, des großen Karfreitagschorals von Paul Gerhardt »O Haupt voll Blut und Wunden« gesungen. In dem Ineinandergreifen dieser beiden Lieder zeigt sich das »Haus des Glaubens«. Das erlebe ich immer dann, wenn ich diesen Choral mit anderen singe oder von einem Chor (mit anderen zusammen) gesungen höre – im Weihnachtsoratorium.

Ich glaube, dass der Protestantismus in seiner von Luther geprägten Form auf Dauer nur bestehen wird, wenn die Aneignung der biblischen Zeugnisse durch den einzelnen mündigen Christen, das gemeinsame Nachdenken über die Wahrheit und Tragfähigkeit der biblischen Zeugnisse verbunden bleibt mit der naiven und nichtsdestotrotz tiefen, existenziell erprobten Liederlyrik Paul Gerhardts samt ihrer Jesus-Innigkeit, ihrem Weltbezug und ihrer Weltentsagung. Gerade die Entsagung kann davor bewahren, dass der Glaube in Fanatismus und tötende Orthodoxie oder Ideologie umschlägt.

Und was wäre die ganze Schöpfung, wenn sie nicht Ausdruck finden könnte in dem Lied, das die kleinen Kinder zusammen mit den ganz alten Frauen beglückt, vergnügt singen:

Geh aus, mein Herz, und suche Freud
In dieser lieben Sommerszeit
…
Die Bäume stehen voller Laub,
…
Die Lerche schwingt sich in die Luft,
…
Die Glucke führt ihr Völklein aus,
…
Die Bächlein rauschen in dem Sand
…
Die unverdroßne Bienenschar
fleugt hin und her, sucht hie und dar
…
Der Weizen wächset mit Gewalt,
Darüber jauchzet Jung und Alt
…

Ich selber kann und mag nicht ruhn;
Des großen Gottes großes Tun
Erweckt mir alle Sinnen;
Ich singe mit, wenn alles singt,
Und lasse, was dem Höchsten klingt,
Aus meinem Herzen rinnen.

Mitsingen mit allem, was singt, in den Schöpfungschor mit einstimmend … Und alles tun, was diese Schöpfung bewahrt.

Wir bedürfen ihrer, sie bedarf unserer. Leben ist ein großes Geschenk, »ausgewickelt« ist es eine große Aufgabe.

Singend lässt es sich bestehen.

»Und doch war das Leben so schön«
Musik als Erlösung bei Wolfgang Amadeus Mozart

Eric Emmanuel Schmitt hat fiktive Briefe an Mozart geschrieben. Er erzählt darin, wie ihn als 15-Jährigen massive Selbstmordabsichten plagten und wie er durch eine Arie aus »Figaros Hochzeit« gerettet wurde.

»Meine Lebensgeister kehrten zurück. Und auch das Staunen. Ja, Schönheit brandete auf in diesem Saal, alle Schönheit dieser Welt, man machte sie mir zum Geschenk, dort, vor meinen Augen.

Als die Sopranistin verstummte, trat eine Stille ein, die fast so bewegend war wie der Gesang, eine zweifellos Mozart'sche Stille…

Was dann kam, habe ich vergessen.

Ich weiß nur noch, dass ich von diesem Moment an geheilt war.

Adieu Verzweiflung! Adieu Niedergeschlagenheit! Ich wollte leben. Wenn es so herrliche Dinge gab auf der Welt, von solcher Fülle und Intensität, dann lockte mich das Dasein.

Mozart hatte mich gerettet: Man verlässt nicht so einfach eine Welt, auf der man so wunderbare Dinge hören kann, man bringt sich nicht so einfach um auf einer Erde, die solche und andere ähnliche Früchte hervorbringt.

Heilung durch Schönheit …«[1]

Und er denkt darüber nach, wie schwer es Mozart hatte, gerade weil er von *allen* geliebt wurde.

»Allerdings machst Du es Deinen Gegnern auch nicht sonderlich schwer. Denn was Dich auszeichnet, schadet Dir. Heiterkeit, Zugänglichkeit, Liebenswürdigkeit. Manche Komplimente werden zur Herabwürdigung; man kann alle Deine Tugenden gegen Dich verwenden. In dem charmanten Mozart den kleinen Mozart sehen, in der Verführung Demagogie, in der Einfachheit Vereinfachung, im Lichten Blendung, in der Leichtigkeit nichts als Oberflächlichkeit. Du drückst Dich so lebendig aus, dass selbst ein Schülergemüt Deiner Tiefe gegenüber nicht taub bleiben kann, Deinem geistigen Ernst, Deinem feinen Empfinden für den Tod.«[2]

Das zufällige Hören des *Ave, Verum Corpus* hat Schmitt von der Falschheit seiner Weihnachtshektik befreit. Er wusste plötzlich wieder, warum er Weihnachten feiert: »Dieser Friedensgesang offenbarte mir eine Welt, in deren Mittelpunkt nicht ich stand, sondern der Mensch. Er war Ausdruck der Achtung des Menschen für den Menschen, trug unserer Verwundbarkeit Rechnung und unserer Endlichkeit.«[3]

Mozarts Violinkonzert Nr. 3 in G-Dur, das Adagio, das und nur das hat ihm geholfen, irgendwie mit dem Tod der geliebten Frau umzugehen. Was man Trauerarbeit nennt – das schafft hier ein Adagio:

»Ich bin verwirrt, durcheinander. Was ist los? Schon wird es mir klar.

Was ich da höre, ist kein Instrument, es ist das Erbeben einer Seele. Die Stimme eines Kindes übertönt allen Lärm und alles Getöse der Welt. Sie ist es. Die Frau, die ich geliebt habe, ist mit ihrem zarten Gesicht und ihren leuchtenden Augen mit einem Mal wieder gegenwärtig. Sie sieht mich liebvoll an. So finden wir einander wieder.

Der Gesang der Violine, innig und offen wie ihr schönstes Lächeln, dehnt sich weiter aus, erhebt sich, steigt auf höher und höher…

Dank Deiner kehrt die Erinnerung zurück. Ich, der ich nicht mehr an sie denken konnte, erreiche sie wieder durch die Musik. Deine Violine gibt mir ihre Anwesenheit, ihr Licht zurück.

Durch die Personen in Deinem Orchester führst Du mich

zurück auf meine innere Bühne. Hinter Deinen Marionetten erscheinen meine Personen. Dank der Metaphern, die Du mir anbietest, kann ich meine Geschichte erneut denken und verknüpfen.

Danke, ich bin nicht mehr gespalten. Du hast mich mit mir versöhnt.«[4]

In Prag hatten sich nach Mozarts Tod spontan 4000 Menschen versammelt, um ihrem Idol die letzte Ehre zu erweisen. In Wien war niemand den Sargträgern gefolgt, die den Leinensack in ein Armengrab warfen. (Sie erinnern sich sicher an die dramatische Szene in Milos Formans Film »Amadeus«, der unser Mozart-Bild wesentlich bestimmt hat.) Als Mozarts Frau Constanze den Friedhof 17 Jahre später zum ersten Mal besuchte, wusste keiner mehr, wo er begraben worden war. Bis heute konnte seine »letzte Ruhestätte« nicht identifiziert werden. Der Grabstein im Ehrenbürgerhain des Wiener Zentralfriedhofs schmückt ein Scheingrab.

Hermann Hesse konstatierte: »Je mehr man Mozart liebt, je mehr man sich mit Mozart beschäftigt, desto rätselhafter wird seine Persönlichkeit.« Für die PR-Strategen unserer Zeit ist dagegen alles klar: Den Marktwert der Marke Mozart bezifferten sie 2006, 250 Jahre nach der Geburt des Komponisten, mit 5,4 Milliarden US-Dollar. Berichten österreichischer Medien zufolge war er weltweit sogar bekannter als Jesus Christus, Volkswagen oder Mercedes Benz.

1781 lobte Joseph Haydn gegenüber Leopold Mozart: »Ihr Sohn ist der größte Komponist, den ich von Person und dem Namen nach kenne, er hat Geschmack, und über das die größte Kompositionswissenschaft.«

Man muss sich ihn vorstellen, diesen 1,50 m großen Wolfgang Amade, mit etwas zu großem Kopf und etwas breit geratener Nase, mit narbigem Gesicht, mit einer Unberechenbarkeit zwischen großer Konzentration, gesammeltem Spiel und den

Ausbrüchen eines ewig Pubertierenden, der ferkelt, furzt und Zoten reißt, nächtelang in Spielhöllen alles verspielt.

Mozart hat die Abgründe und Seligkeiten der Liebe und der Leidenschaft durchlebt. Nur deshalb konnte er wohl das »Lacrimosa« in seinem markerschütternden »Requiem« komponieren. An Constanze, »seinem liebsten, besten Weibchen« – hing er bis zuletzt, auch wenn er viele andere Affären und Liebschaften hatte, er, der so schnell Entflammbare, und sie, die sich mit anderen vergnügte, mit Mozarts Schüler Süßmayr ausgedehnte Kuren unternahm und auch in den Stunden seines Todes abwesend war. Im Sommer 1791 bekannte Mozart ihr völlig verzweifelt: »Ich kann dir meine Empfindung nicht erklären, es ist eine gewisse Leere – die mir halt wehe tut – ein gewisses Sehnen, welches nie ... aufhört.« »Außer der Musik war und blieb er fast immer ein Kind«, sagte später seine Schwester, das Nannerl.

Wolfgang war ein liebenswürdiges und auffallend liebebedürftiges Kind, das schon mit drei Jahren auf den Klavierhocker kletterte, mit vier den ersten Unterricht erhielt, das sehr schnell lernte und mit fünf seine erste eigene Komposition in die Tasten haute. Als er sechs Jahre alt war, ging der Vater mit ihm und der Schwester auf eine Tournee durch ganz Europa. Später hat sich Mozart von ihm befreit und sich selber vermarktet. Nach seinem Tode übernahm diesés »Geschäft« geschickt Constanze.

»La vita era pur si bella« – und doch war das Leben so schön –, so steht es in der Notiz über dem unvollendeten »Requiem«, seinem »Totengesang«, den Mozart nicht unvollendet lassen wollte, wie er im September 1791 an Da Ponte schrieb. In diesem Brief, dessen Echtheit nicht verbürgt ist, heißt es weiter: »... meine Laufbahn begann so verheißungsvoll, aber man kann nun einmal sein Schicksal nicht lenken. Keiner weiß, wie viele Tage ihm zugemessen sind. Man muß sich in den Willen der Vorsehung fügen.«

Getröstet, in einem tiefen Sinne einverstanden, ging er, der uns eine unendlich tröstliche Musik hinterlassen hat mit seiner unverwechselbaren und unübertreffbaren Haltung und Anmut. Da ist dieses kleine Wort *doch* ... »Und doch war das Leben so schön.« Darin ist alles versteckt, was für dieses Wunderkind Schmerz am Leben und Schmerz im Leben war. Da wirkt etwa dieser finstere Juli 1778 in Paris nach, wo Mozarts Mutter, mit der er in einem jämmerlichen Quartier wohnte, an Typhus erkrankte und starb. Mühsam verdingte er sich, immer wieder die befehlende, starke Hand des Vaters über sich, der ihn nie loslassen, nie erwachsen werden lassen wollte.

Er hat gelebt zu einer Zeit, in der die Welt nicht wirklich wusste, wen sie da bei sich hatte. Mozart hat von der »in ihrer Totalität guten Schöpfung etwas gewußt«, schrieb Karl Barth. Dies sei eine Musik, »die Speise und Trank wird, voll Trost und Mahnung, nie sentimentale, aber immer rührende, freie und befreiende, weil weise, starke und souveräne Musik. Er hat den Einklang der Schöpfung gehört, zu der auch das Dunkle gehört, in welchem aber das Dunkel keine Finsternis ist, auch der Mangel, der doch kein Fehler ist, auch die Traurigkeit, die doch nicht zur Verzweiflung werden kann, auch das Düstere, das doch nicht zur Tragik entartet, die unendliche Wehmut, die doch nicht unter dem Zwang steht, sich selbst absolut setzen zu müssen – aber eben darum auch die Heiterkeit, aber auch ihre Grenzen, das Licht, das darum so strahlt, weil es aus dem Schatten hervorbricht ... Das Leben, das das Sterben nicht fürchtet, aber sehr wohl kennt. Et lux perpetua lucet eis. (Und das immerwährende Licht leuchtet(!) ihnen.)« Schöner und tiefer lässt es sich wahrlich nicht sagen.

»Wenn man niedergeschlagen ist, kann ein Mozartstreichquartett der wirkungsvollste Trost sein«, schreibt Joachim Kaiser. Auch dieser wortgewandte Musikkritiker erklärt, er könne für die Beschreibung von Mozarts Musik und das, was sie in einem zum Klingen bringt, nicht die richtigen Worte finden.

Wer über Mozart spricht, sollte sich darüber im Klaren sein, dass sich wohl nicht in Worte fassen lässt, was er uns mit seiner göttlichen, unverwechselbaren Musik »sagt«. Aber alles, was Mozart durchlebt und durchlitten hat, erreicht durch seine Musik auf eine begnadende Weise die Seele des Hörenden. Sie durchbricht alles, was uns hart, bitter, stumpf machen will. Sie hat etwas Lösendes und Erlösendes zugleich oder: im Lösenden etwas Erlösendes. Ohne dass er eine »Botschaft« oder gar ein »Programm« hatte als allein den Drang, Musik zu spielen, bewirkt sein Spiel Gelöstheit, Freiheit, Heiterkeit, Glückseligkeit. Anmut und Würde. Lustvolles Einverstandensein.

Jede Überhöhung ist nur Ausdruck von Bewunderung, die unbeholfen Worte sucht, ob wir nun sagen das Wunderkind, der Unvergleichliche, der Göttliche, »das vielleicht größte Genie der bekannten Menschheitsgeschichte« (Hildesheimer). Den vielen Klischees möchte man instinktiv nicht folgen, obwohl in ihnen viel Wahres steckt, gleichzeitig vermag man nicht auszudrücken, was man ausdrücken möchte, will man doch wiedergeben, wie einem ist, wenn man seine Musik hört.

Mozart hat in meiner Jugend einen großen Einfluss auf mich gehabt: Er eröffnete mir den ersten Zugang zu klassischer Musik. Das verschwieg ich meinen Klassenkameraden, um nicht verlacht zu werden. Sie akzeptierten nur Schlager als Musik, und ich hatte schon genug Probleme, weil ich Kleist und keine Krimis las. Immer wieder spielte ich jene beiden kleinen Scheiben auf meinem durch Kartoffelnsammeln zusammengesparten Kofferplattenspieler: den Gefangenenchor aus »Nabucco« und die »Kleine Nachtmusik«. Ein Zauber ergriff mich. Im eher schwermütigen Norden hat sich der Siebzehnjährige erst an Beethoven berauscht, um dann eher zufällig über das Spätwerk Mozarts wieder Zugang zu finden. Besonders das d-moll Klavierkonzert, gespielt von Swjatoslaw Richter, traf mich. Darin fand ich mich wieder. Die schroffe These und Antithese spiegelte die Dramatik meiner seelischen Kämpfe wider. Unversöhnter Dualismus von Klavier und Orchester, die erst allmählich zueinanderfinden, bis das Spielerische obsiegt. Am Schluss lichtet sich das d-moll zum d-dur, und das Finalrondo klingt geradezu jubelnd aus. Viel später erst erklärte man mir, dass dies die Synthese des Apollinischen mit dem Dionysischen sei und dass oberflächliche Hörer bei Mozart nur das Apollinische wahrnähmen.

Intuitiv habe ich mich besonders angesprochen gefühlt, tief getroffen und aus Tiefen geführt gesehen, wenn ich die Sinfonie in g-moll, Nr. 40 (KV 550) hörte, ohne den existenziell-biografischen Hintergrund zu kennen. Diese Musik ging und geht mich direkt an, sie entspricht den Lagen einer zerrissenen Seele, die sich nach Heilung sehnt und wunderbare Befreiung erlebt. Nun weiß ich, in welcher inneren Notlage Mozart die Sinfonie komponiert hat. Ähnliches gilt vom c-moll Klavierkonzert (KV 491). Werden die Stücke durch mein jetziges Wissen eines Geheimnisses entblößt? Keineswegs. Es zeigt mir nur, wie das Universale sich aus dem bloß Subjektiven erhebt.

Gerade in Werken, die zu Mozarts Zeit nicht verstanden wurden und seine Popularität herabzusetzen drohten, finden sich kühne Passagen. So überraschen die »Haydn-Quartette«, ein »Meilenstein der Gattungsgeschichte«, immer wieder durch ihre spannungsreiche Dramatik und Harmonik.

Die Weite und die Schönheit der naturbelassenen Elbauenlandschaft haben mich geprägt. Als ich siebzehn war, wurde die Mauer gebaut. Bleiern legte sich der SED-Staat über die Gemüter. Optimismus, nicht nur künstlerischer sozialistischer Realismus, wurde angeordnet, alles Traurige, Schwermütige ideologisch verdächtig. Zu entspannter und entspannender Leichtigkeit war ein Gemeinwesen, das durch eine Mauer abgeschottet werden musste, nicht in der Lage; da hörte man den zweiten Satz jenes d-moll Klavierkonzertes mit Swjatoslaw Richter ganz anders. Das machte vergessen und half ertragen. Musik wurde Zufluchts- und Entfaltungsort für Freiheit. Ersatzwelt oder wahre Welt?

Intensität trat anstelle von Ablenkung, weil die Fülle der

Möglichkeiten versperrt war, aber nicht die Tiefe des Erlebens und Empfindens, die existenzielle Suche nach Glück. Mozart schenkte beides, auf so wunderbar absichtslose Weise, mitten in der Propagandawelt, wo alle Kunst politisch instrumentalisiert wurde.

Musik ist Freiheit, sie ermöglicht ein Sichaufschwingen aus dem Beschwerenden. Mozarts Musik vermag zu überschreiten, was ist, weil sie über das Bedrängende und Bedrückende hinausführt. Eine Musik, die auch aus Einsamkeit in der Masse löst, wo alle meinen, man solle alles nicht so ernst nehmen, wo vordergründige Leichtigkeit und Mitmachen, Sichanpassen und Einpassen dominierend werden.

Musik wurde für mich neben Literatur zu einem Refugium im Mauerstaat. Seit 1962 ging ich wöchentlich in Konzerte. Das war in der DDR spott-billig: Kunst sollte ja Grundnahrungsmittel für alle sein, und Grundnahrungsmittel wurden staatlich gestützt. Im Klubhaus der Gewerkschaften »Hermann Duncker« in Halle an der Saale traf sich ein Volk, das weder groß- oder gutbürgerlich, noch besonders proletisch oder kleinbürgerlich war. Dasselbe Volk traf sich dann wieder zum Requiem in der Marktkirche, zur »Missa brevis« in c-dur in Schleiermachers Ulrichskirche oder zur »Entführung aus dem Serail« im Großen Theater.

Ich meine, dass man stets die religiöse Dimension, speziell die katholische Sozialisation Mozarts, im Blick behalten sollte. Er hat schließlich über sechzig kirchenmusikalische Werke komponiert! Die im Sommer 1791 abgeschlossene Fronleichnams-Motette »Ave verum corpus« zeigt, wie Musik selber Gottesdienst werden kann. Und es heißt, er sei am 5. Dezember 1791 mitten über der Komposition des letzten Satzes vom »Requiem« gestorben, des »Lacrimosa dies illa«.

Geradezu exorzistische Kraft schrieb Martin Luther der Musik zu: »Musica ist das beste Labsal, einem betrübten Menschen dadurch das Herze wieder zufrieden, erquickt und erfrischt wird ... Sie ist eine Zuchtmeisterin, so die Leute gelinder und sanftmütiger, sittsamer und vernünftiger machet ... Der Musica ist der Satan sehr feind, damit man viel Anfechtungen und böse Gedanken vertreibet. Der Teufel erharret ihr nicht ... Sie verjagt den Geist der Traurigkeit, wie man am Könige Saul siehet.« Wessen Musik ist erheiternder, aufmunternder und in ihrer ganzen Leichtigkeit kraftvoller, den Teufel und die trüben Gedanken zu vertreiben als die Mozarts? Hätte Luther schon Mozart hören können, wäre er vielleicht nicht so verbittert und voller Judenhass von dannen gegangen.

Im Revolutionsjahr 1789 – zwei Jahre vor seinem Tod – besuchte Mozart Leipzig. Dort hat er dem Thomaskantor Johann Friedrich Doles vorgehalten: »Ihr fühlt gar nicht, was das will: Agnus Dei, qui tollis peccata mundi, Dona nobis pacem und dergleichen.« Dann kam er auf seine religiöse Erfahrung zu sprechen: »Wenn man von frühester Kindheit, wie ich, in das mystische Heiligtum unserer Religion eingeführt ist; wenn man da, als man noch nicht wußte, wo man mit seinen dunklen, aber drängenden Gefühlen hin solle, in voller Inbrunst des Herzens seinen Gottesdienst abwartete, ohne eigentlich zu wissen, was man wollte; und leichter und erhoben daraus wegging, ohne eigentlich zu wissen, was man gehabt habe; wenn man die glücklich pries, die unter dem rührenden Agnus Dei hinknieten und das Abendmahl empfingen und beim Empfang die Musik in sanfter Freude aus dem Herzen der Knieenden sprach: Benedictus qui venit etc., dann ist's anders.« Und dies scheint für Mozart prägend gewesen zu sein, denn er sagte später: »Wenn man nun die tausendmal gehörten Worte nochmals vornimmt, sie in Musik zu setzen, so kommt das alles wieder und steht vor Einem, und bewegt Einem die Seele.«

Also, ein inniges, verinnerlichtes Kindheitserleben greift die alten, vertrauten Worte voller Kraft und Geheimnis auf, macht sie zu Musik »und bewegt Einem die Seele«. So und nur so ist das

Mozart'sche »Requiem« recht zu verstehen und zu bewerten. Mozarts Musik ist im Innersten Gnade als erlöste Tiefe, eine Leichtigkeit ohne Seichtigkeit – Leben als erhöhendes Hören, als ob man schon »im Himmel« wäre.

Und Himmel ist Aufhebung der Widersprüche durch Darstellung derselben. Dazu gehört wohl als anthropologische Grundlage, dass uns in Mozarts Opern der kritische Spiegel vorgehalten wird, aber keiner denunziert wird. Auch denjenigen wird ihre Würde belassen, die sich schwer vergangen haben. Im Finale der »Entführung aus dem Serail« kommen Töne auf, wie sie ganz dem Geist des Evangeliums entsprechen, wo Kinder erhoben und herausgehoben werden wegen ihrer Arglosigkeit. Solche Naivität braucht es zur Erlösung:

Nichts ist so häßlich wie die Rache,
Hingegen menschlich gütig sein,
Und ohne Eigennutz verzeihen,
Ist nur der großen Seelen Sache.
Wer dieses nicht erkennen kann,
Den seh' man mit Verachtung an.

Solche wunderbar-naive Unbefangenheit führte ihn zu großer Klarheit. Es bleibt Mozarts Geheimnis – eines seiner Geheimnisse –, *wie* er es eigentlich vermocht hat, so zu sein und so zu bleiben, trotz allem, was es ihm schwer machte, und trotz allen, die es ihm schwer machten. Zu den Wundern seiner Selbstentfaltung gehört, dass er im eigentlichen Sinne nie hat Kind sein dürfen. Und dass gerade bei ihm das im besten Sinne »Kindhafte« Musik wird.

In dieser Musik kannst du die Brücke schlagen zwischen Kindseindürfen und Erwachsenseinmüssen. Eine schöne Kunst des Spielens, ein schönes Spiel, das Spielerische des Schönen, das Auf und Ab der Stimmungen, das Sichtrennen und Sicheinkriegen, sich leicht Voneinanderlösen und ebenso leicht wieder Zusammenkommen. Das erhebt, erfreut, ermutigt, erquickt. Es ergötzt. Gibt es ein treffenderes Wort als jenes heute ungebräuchlich gewordene Wort »ergötzen, sich ergötzen«? Das ist weit mehr als sich erfreuen, kommt doch das Wort ergötzen von irgetzen = »vergessen machen«, Kummer vergessen machen, aufheben, indem das Kummervolle durchgespielt wird – ohne alles dramatische Pathos, mit dem man bei anderen Komponisten durch alle Untiefen geführt wird.

Das spielerische In- und Miteinander von Form und Inhalt in Mozarts Musik auch und gerade in seinen »wortlosen« Werken, bringt gelöstes Da-Sein hervor. Die fides qua ist ihrem Wesen nach universal, die fides quae konfessionell. Beide brauchen einander, wenn die Wahrheitsfrage sich nicht in Gefühl oder Beliebigkeit erledigen soll. Doch Erfahrungen des Glaubens, geronnen in dogmatische Systeme, bringen in ihrer Form das Gegenteil von dem hervor, was sie proklamieren: Freiheit und Befreitsein, Erlösung und Gelöstsein, Wahrheit in Liebe, Liebe in Wahrheit. All das evoziert Mozart. So stellte es sich Karl Barth vor: Wenn die Engel sich unter den Augen des Allerhöchsten versammeln, spielen sie Bach. Wenn sie unter sich spielen sollen: Mozart.

Mozart wusste, was er nicht ist, und wusste sehr genau, was er ist: ein Genie, das allen überlegen blieb. Er nahm seine Berufung an. Er hat das ihm von Gott gegebene Talent eingesetzt, ausgeübt und in der ihm gegebenen Lebenszeit ausgefüllt. Was mancher vielleicht banal finden mag, ist auch einfach berührend, wie die folgenden Zeilen vom 8. November 1777: »Allerliebster Papa, ich kann nicht poetisch schreiben; ich bin kein Dichter. Ich kann die Redensarten nicht so künstlich einteilen, daß sie Licht und Schatten geben; ich bin kein Maler. Ich kann sogar durch Deuten und Pantomime meine Gesinnung und meine Gedanken nicht ausfüllen; ich bin kein Tänzer. Ich kann es aber durch Töne; ich bin ein Musikus.«

Seine Musik ist bis in die Feinstrukturen hinein dialogische Musik. Das klassisch Strenge wird befolgt und erfährt eine unverwechselbare Leichtigkeit, bis der Zuhörer meint, die nächste Tonfolge müsse geradezu so kommen, wie sie kommt. Doch weiß fast jeder passionierte Zuhörer, dass sie ihm nicht einfallen würde...

Und dann durchbricht Mozart das zu Erwartende mit einer neuen Idee; ein Wechselgespräch entwickelt sich so phantasievoll, dass man das Gefühl hat, es würden Tonbälle einander zugeworfen, aufgefangen, zurückgegeben, aber nicht, ohne eine »Wurfvariante« hinzuzufügen.

Mozart beherrscht die Gesetze der Form so gut, dass er sie »spielend« überschreiten kann. Dadurch macht er sie als Grenze hörbar. Vielleicht liegt das nicht ausdeutbare, unverwechselbare Geheimnis seiner Musik darin, dass eine wortlose Botschaft hörbar wird. Ist es übertrieben zu behaupten, in Mozarts Musik verwirkliche sich das, was Jürgen Habermas als herrschaftsfreien Dialog versteht? »Nichts Autoritatives, nichts Einengendes, nichts Niederdrückendes, sondern Ermutigendes, Ermunterndes, Befreiendes«. Mit einem Wort: positive Energie Freisetzendes, etwas sehr Wahres. Aber solche »Wahrheit« lastet nicht schwer und stürzt nicht in Untiefen. Die aus Mozarts Musik in die Tiefen des eigenen Selbst strömende Heiterkeit macht auch das Schwere leicht. Sie ist eben nicht deutsch-grüblerisch, sondern südländisch-besonnt. Die Töne evozieren ein Hinüberschreiten, ja ein tänzelndes Darüberhinauskommen. Seine Musik umschifft nicht das Dunkel, sie führt hindurch, wirft ihr Licht auf das Dunkle. Eine Musik, der man das Licht abspürt. Mozart erfüllt das, was Plato von einer Musik erwartet, die die menschliche Stimme bildet und formt durch »jene Regelmäßigkeit und Unregelmäßigkeit in den Bewegungen, die man Rhythmus und Harmonie nennt«. Und wer die wirkliche Schönheit des Gesanges oder des Tanzes erkennt, an dem können wir auch sehen, wer richtig erzogen ist und wer nicht, meint Plato weiter und setzt dagegen jene andere Musik, die den Menschen vergewaltigt und an niedere Instinkte appelliert.

Was würde aus der Menschheit, wenn die dumpfe, die Sinne betörende, instinkthaft-berauschende Musik dominierte, überholt nur noch von der Verblödung durch geld- und machtanbeterische Medien?

Große Musik wird zerrüttet durch Zerbröselung in säuselnde Segmentierung von klassischen Ohrwürmerpotpourris als Unterlegung für den anspruchsvoll gedachten Kunden, dabei ist dieser doch nur der pekunär Reichere. Er soll gute Laune bekommen, gute Kauflaune. Sogar nächtens ertönt quadrophone, sauberste CD-Qualität auf den langen Gängen und in den Fahrstühlen eines Versicherungsriesen in Boston…

Musik als Teil unserer sittlichen Bildung und Erziehung? Musikalische Bildung kann zugleich zwanglos *ethische* Bildung sein. Sie legt einfach »Grund« in der Seele, vermittelt Heilsein und Wahrsein in uns, weil die Gegensätze, Ängste, Schmerzen, Zweifel Ausdruck finden, in Form gebracht sind, Struktur bekommen. So wird ihnen ihre Schwere genommen.

Das Konkurrenzprinzip, das im Machtkampf des Stärkeren gegen den Schwächeren so zerstörerisch werden kann, wird zum Sichmessen auf Augenhöhe, zum Verzicht auf Verdrängungsabsichten. Musik zielt auf gegenseitig garantierte Entfaltungsmöglichkeit, auf Entfaltungsanreiz. Konkurrenz kann auch so ausgehen, wie in dem selten zur Aufführung kommenden Konzert für zwei Klaviere: indem sie weitergeht und die Konkurrenten einander inspirieren. Und dieses Wechselspiel findet einen Abschluss, ohne dass der Zuhörer sagen könnte oder sagen wollte: »Nun ist es aber genug. Mehr will ich nicht hören.« Nein, das Ende enthält etwas Eröffnendes für den, dessen Gehörgang bis in die Seele reicht. Mozart öffnet diesen Weg ins Innere auf Mozartweise, in Mozartweisen. Seiner Musik wird gar Heilwirksamkeit zugeschrieben, eine ganz eigene. »Das Heil« haben wir nur als Heilwerden. Und Heilsein ist ein Ganzwerden. Und das Ganzwerden ist ein ganzheitlicher Vorgang, der Sinnliches, Seelisches und Geistiges umfasst, ja integriert, wo das Eine auf das Andere heilend einwirkt und Beschädigungen ausgleicht, indem das Eine für das Andere eintritt. Mozart schrieb an den Vater 1782, seine Klavierkonzerte seien »das Mittelding zwischen zu schwer und zu leicht – sind sehr brillant – angenehm in die Ohren – natürlich, ohne in das Leere zu fallen – hie und da können auch Kenner allein – Satisfaktion erhalten – doch so – daß die Nichtkenner damit zufrieden sein müssen, ohne zu wissen, warum«.

Eine Wirkung in sich spüren. Genauso wie bei dem Klarinettenkonzert A-Dur (KV 622), eine Musik, die einen umfängt, ganz durchdringt und auffängt, bis sie von innen her widerklingt. Solche Musik wird als das von innen her Beglückende, ganz Erfüllende, vom Ohr Aufgenommene, aber von der Seele Empfangene erlebt. Man braucht keine Begriffe dafür zu suchen – es ist das, wofür kein Wort mehr gefunden wird, aber eben auch keines gefunden werden muss. Musik sagt sich selbst, ohne das Vehikel irgendeines begrenzenden Begriffs. Die Subjekt-Objekt-Spaltung ist für Momente der Ewigkeit aufgehoben.

Es gibt – finde ich – eine Lebenslinie im Umgang mit den »letzten Fragen« bei Mozart. Da ist alle Albernheit abgetan. Da begegnet uns ein tiefernster und tiefgründig theologisch argumentierender Christ. 1778 schrieb er – in der Nacht des Todes seiner Mutter – aus Paris an den Vater einen einfühlsamen-seelsorgerischen Brief. Sie war bereits tot, aber das teilte er Vater und Schwester nicht mit. Er wollte beide erst auf den möglichen Verlust vorbereiten. Dies tat er mit einer beeindruckenden Einfühlung. Er erzählte von seinem Hin- und Hergerissensein zwischen Furcht und Hoffnung und davon, dass das Sich-ganz-Ergeben in den Willen Gottes das Mittel sei, um ruhig zu werden. Ein anderes Mittel gäbe es nicht. Er fuhr fort: »Denn ich glaube – und dies lasse ich mir nicht ausreden, daß kein Doktor, kein Mensch, kein Unglück, kein Zufall einem Menschen das Leben geben noch nehmen kann, sondern Gott allein.«

Sodann schrieb er dem Abbè Josef Bullinger in Salzburg einen

Brief mit der Bitte, dem Vater den Tod der Ehefrau und Mutter schonend beizubringen. Es sollte also kein Schriftstück, sondern ein Mensch kommen – für solch eine Nachricht.

Mozart wusste, womit er den Vater aufmuntern konnte: mit dem Erfolg seiner Musik. So fügte er noch etwas über seine neue Sinfonie hinzu, die die Musiker bei der Probe »zweimal nacheinander heruntergehudelt und heruntergekratzet haben«. Er habe »Gott um Gnade gebeten, daß es gut gehen möchte, indem alles zu seiner größten Ehre und glory ist«. Die Aufführung wurde ein glänzender Erfolg, wusste er zu berichten, denn »das Forte hören und die Hände zu klatschen war eins«.

Und er schloss, nachdem er auf seine materiellen Sorgen und die Schwierigkeit, gute Poeme für seine Opera zu finden, eingegangen war, mit folgenden Sätzen: »Nun leben Sie recht wohl – haben Sie Sorge auf Ihre Gesundheit. Verlassen Sie sich auf Gott. Da müssen Sie ja Trost finden. Meine liebe Mutter ist in Händen des Allmächtigen. Will er sie uns noch schenken, wie ich es wünsche, so werden wir ihm für diese Gnade danken, will er sie aber zu sich nehmen, so nutzt all unser Ängsten, Sorgen und Verzweifeln nicht – geben wir uns lieber standhaft in seinen göttlichen Willen, mit gänzlicher Überzeugung, daß es zu unserem Nutzen sein wird, weil er nichts ohne Ursache tut. Leben Sie also recht wohl, liebster Papa, erhalten Sie mir Ihre Gesundheit.«

Man bedenke: Die Hand der Mutter war gerade erkaltet, er war mit seinem Schmerz ganz allein. Und tröstete den Vater, ihn mit der Todeswahrheit verschonend, aber in aller Deutlichkeit und Behutsamkeit darauf vorbereitend. Wer das Vater-Sohn-Verhältnis *nur* als gestört nachzeichnen wollte, irrt.

(Wie nahe ist solches Sich-Ergeben in den Willen Gottes, der ruhig machen kann, jenem Brief, den Martin Luther an seine sich um dessen Leben unablässig sorgende Frau Käthe wenige Tage vor seinem Tod schrieb: »Ich sorge, wenn du nicht aufhörst zu sorgen, es könnte uns die Erde verschlingen und alle Elemente verfolgen ... wirf dein Anliegen auf den Herrn, der sorgt für dich. Wir sind gottlob, frisch und gesund, ohne daß uns die Arbeit Unlust macht. Hiermit Gott befohlen. Gerne wollten wir erlöst sein und heimfahren, wenn Gott es wollte. Amen. Amen.«)

Mozarts Pariser Briefe vom Juli 1778 kreisen unablässig um die Frage des Sich-Ergebens in den Willen Gottes und das beständige Memento mori, das dazu führt, das eigene Talent unermüdlich zur Geltung zu bringen. Gleichzeitig wusste Mozart sehr genau, dass man die Trauer nicht unterdrücken, sondern sie auch ausweinen soll. »Weinen Sie, weinen Sie sich recht aus – trösten Sie sich aber endlich.« Und er würde sich glücklich schätzen, wenn er hören werde, »daß mein lieber Vater und meine liebe Schwester sich mit Gelassenheit und Standhaftigkeit gänzlich in den Willen des Herrn geben«. Im Brief vom April 1787 an den todkranken Vater charakterisiert er den Tod als den »wahren Endzweck unsers Lebens«. Der Tod hat nicht nur nichts Schreckendes mehr für ihn, sondern »recht viel Beruhigendes und Tröstendes! Und ich danke meinem Gott, daß er mir das Glück gegönnt hat, mir die Gelegenheit zu verschaffen, ihn als den Schlüssel zu unserer wahren Glückseligkeit kennenzulernen. Ich lege mich nie zu Bette, ohne zu bedenken, daß ich vielleicht – so jung als ich bin – den andern Tag nicht mehr sein werde – und es wird doch kein Mensch von allen, die mich kennen, sagen können, daß ich im Umgang mürrisch oder traurig wäre – und für diese Glückseligkeit danke ich alle Tage meinem Schöpfer und wünsche sie von ganzem Herzen jedem meiner Mitmenschen.« So tief war er in der Frömmigkeit verwurzelt. Solche Glaubenszuversicht prägt auch jenen Brief an Da Ponte vom September 1791, aus dem ich bereits zitiert habe: »Ich arbeite weiter, weil mich das Komponieren weniger anstrengt als das Ausruhen ... Ich spüre es, ich habe es im Gefühl, daß mir die Stunde schlägt. Es geht ans Sterben. Ich bin am Ende, noch ehe ich mich meines Talentes habe erfreuen dürfen. Doch das Leben war so schön.«

Ist das Flucht ins Schöpferische? Im Übrigen religiöse Kompensation der Angst, Opium für die verletzte Seele? Oder bloße vulgarisierte Adaption einer Schrift von Moses Mendelssohn, gemischt mit freimaurerischem Gedankengut? Es ist der für Mozart uneigentliche Ausdruck für das, was er in seiner Musik zur Sprache bringt: Jene gelöste Heiterkeit, jene Tiefe, die auch die Abgründe erleuchtet. Keine Wehleidigkeit, keine Sentimentalität, kein Selbstmitleid, sondern Souveränität und Würde eines Mannes, der das Grundgefühl hat, das *alles* Religiöse bestimmt, dass die Welt uns letztendlich gut ist. Ein Singen über dem Abgrund, weil es das ewige Erbarmen gibt. Wer vermag die Dunkelheit, die innere Zerrissenheit, »eine gewisse Leere«, materielle und existenzielle Angst, die Eskapaden und die Gründe für hektische Aktivität seiner letzten Lebensmonate ermessen?

Der Schriftsteller Albrecht Goes schrieb: »Diese Musik ist eine Gefährtin, die mit uns alt werden kann und doch nicht altert.« Alles verbirgt sich in diesem so banal klingenden Satz aus dem im September 1791 an den Librettisten Da Ponte geschriebenen Brief: »Und doch war das Leben so schön.« La vita era pur si bella.

»Vertrauen, dieses schwerste ABC«
Ein Brief an Hilde Domin

Wenn es einen Menschen gibt, den ich im Innersten verehre und auf eine merkwürdige, einmalige Weise liebe und bei dem ich zugleich zögere, ob ich das so sagen darf, dann sind Sie es, liebe, hoch verehrte Hilde Domin, Sie, »nur eine Rose als Stütze« bietend.

Fast vier Jahrzehnte lebe ich mit und von Ihren Gedichten – sie wieder und wieder lesend. Ich schrieb mit Schreibmaschine ab, was mir Anfang der 60er Jahre ein Freund aus Hamburg mit Hand abgeschrieben hatte: die »Lieder zur Ermutigung«, »Die fünf Ausreiselieder« – mit sechs Durchschlägen. So konnte ich ein kleines Heft zusammenstellen für Menschen, die mir nahestanden: für meine Schwester Renate, für meinen Freund Christof und …

Immer wieder gingen und gehen mir Zeilen daraus durch den Sinn und helfen mir zum Sinn in allem Unsinn, zur Hoffnung in allem Hoffnungslosen.

> Man muß fortgehen können
> und doch sein wie ein Baum:
> als bliebe die Wurzel am Boden,
> als zöge die Landschaft und wir ständen fest.[1]

Eine Karte mit einem Gedicht, von Ihnen handgeschrieben, steht auf meinem Regal.

> Wer es könnte
>
> Wer es könnte
> die Welt
> hochwerfen
> daß der Wind
> hindurchfährt.[2]

Ihren Gedichten spüre ich ab, dass sie zuerst ein Trost für Sie selbst sind und so zu einem Trost, zu einer Stütze, zu einer Ermutigung für andere werden.

Du fliehst und streust
die verwirrten Namen der Dinge
hinter dich.

Vertrauen, dieses schwerste
A B C.[3]

Es ist, als wäre es erst gestern gewesen: 1965 ist mir ein Wort herausgerutscht, ein unglückliches Wort, das einen Menschen, den ich sehr liebte, tief verstört hatte. Und ich wusste nicht, was geschehen war. *Ein* unglückliches Wort. Das Schweigen zwischen uns war nicht zu durchbrechen. Ich weiß gar nicht mehr, was ich gesagt hatte, ich weiß nur immer noch von dieser schmerzlichen Ausweglosigkeit in unserem Verhältnis. Wie ein Zauberstab wirkte da das Gedicht »Unaufhaltsam«. Ich gab es Jutta. Schweigend. In einem verschlossenen Brief, auf der Treppe der Mensa in Halle an der Saale. Wie eine Geheimbotschaft. Schnell verschwindend. Kein Wort sagend.

Und das Schweigen war gebrochen. Am nächsten Tag schon. Wir konnten reden und uns (er)klären.

Seither weiß ich, was Worte an-, aber auch ausrichten können.

Wo das Wort vorbeifliegt
verdorren die Gräser,
werden die Blätter gelb,
fällt Schnee.
Ein Vogel käme dir wieder.
Nicht ein Wort,
das eben noch ungesagte,
in deinen Mund.
…

Am Ende ist das Wort,
immer
am Ende
das Wort.[4]

Bei Ihnen, liebe Hilde Domin, habe ich gelernt, dass es Auswege gibt für den, der nicht auf Sackgassen fixiert bleibt. ABER sagen und DENNOCH sagen. Die Hoffnung nicht aufgeben, denn das ist doch auch wahr:

Worte sind Vögel
mit ihnen
davonfliegen.[5]

Und wie bedürftig sind gerade die, die offene Augen behalten für die Brüche und die Gebrechen in der Welt. Wie bedürfen sie der Ermutigung.

Unsere Kissen sind naß
von den Tränen
verstörter Träume.

Aber wieder steigt
aus unseren leeren
hilflosen Händen
die Taube auf.[6]

Als Ihr Mann 1988 starb, schrieb ich Ihnen nach Heidelberg einen Brief. Ich wusste ja aus Ihrer Autobiografie, wie nah sie einander waren und wie schwer es für Sie sein würde, ihn zu verlieren. Und Sie schrieben zurück: »Er starb zu Hause, in meinen Armen. Nicht im Krankenhaus. Die letzte Stunde war, was man Gnade nennen muß: das ganz Seltene. Dennoch. – Abel ist auch mir eine Hauptsache: daß ich es schreiben konnte.«

Sie legten einen Zettel in den Brief hinein, mit der Ankündigung, dass Sie den Verlag gebeten hätten, mir Ihre Gedichte zu schicken. So wunderbar naiv, als ob es einfach ginge, Bücher vom Westen in den Osten zu schicken. Siehe da: Das Päckchen vom Verlag kam an!

Heute, da wieder Krieg ist und die Drohung im Raume steht, dass er lang anhaltend und schrecklich werden könnte, ungreifbar der Feind, weltweit, und wir uns gewöhnen ans Unvermeidliche, da bleibt wichtig, was Sie am Schluss Ihrer Vorlesungen sagten:

»Das A und O ist für mich der immer mögliche Neuanfang: die zweite Chance. Daß sie jedem Menschen gegönnt sei. Darum geht es in ›Abel steh auf‹: Ein Gedicht, das mein letztes Wort ist, nicht nur heute.«

Abel steh auf
es muß neu gespielt werden
täglich muß es neu gespielt werden
täglich muß die Antwort noch vor uns sein
die Antwort muß ja sein können
wenn du nicht aufstehst Abel
wie soll die Antwort
diese einzig wichtige Antwort
sich je verändern
wir können alle Kirchen schließen
und alle Gesetzbücher abschaffen
in allen Sprachen der Erde
wenn du nur aufstehst
und es rückgängig machst
die erste falsche Antwort
auf die einzige Frage
auf die es ankommt
steh auf
damit Kain sagt
damit er es sagen kann
Ich bin dein Hüter

Bruder
wie sollte ich nicht dein Hüter sein
Täglich steh auf
damit wir es vor uns haben
dies Ja ich bin hier
ich
dein Bruder

Damit die Kinder Abels
sich nicht fürchten
weil Kain nicht Kain wird
Ich schreibe dies
ich ein Kind Abels
und fürchte mich täglich
vor der Antwort
die Luft in meiner Lunge wird weniger
wie ich auf die Antwort warte

Abel steh auf
damit es anders anfängt
zwischen uns allen[7]

Wahrlich mehr als ein Gedicht. Menschheitstrauma und Menschheitstraum in einem: Soll ich meines Bruders Hüter sein? So fragt der Mörder zurück, als er gefragt wird, wo denn sein Bruder sei. Eine andere Antwort, eine andere Einstellung, ein anderes Verhalten, eine Spielunterbrechung – und ein neues Spiel könnte beginnen. Dies ist ein Gedicht gegen die Endgültigkeit. Die Trauer um Abel wird zur Sorge um Kain und zum Anruf an Abel. Dieser Anruf verlangt Un-Mögliches. Aufstehen aus dem Tod, Aufstand machen gegen den Tod, sich aufmachen gegen das Töten. Auf das Opfer kommt es an, nicht Opfer zu bleiben. Und auf den Täter, vor seiner Tat innezuhalten und zu sagen: »Ja, ich bin meines Bruders Hüter.«

Hilde Domin schrieb mir vor zehn Jahren: »Ich zögere immer, wenn ich (mein Gedicht) lese, bei ›Ich, ein Kind Abels‹ und sage danach dann schüchtern, daß jeder, auch der Verfolgte, Verfolger werden kann, und daß wir diese Entscheidung täglich vor uns haben. Jeder. – Und doch, gerade stelle ich fest, die Überlebenden der Verfolgung sind eigentlich (und auch ohne diese Einschränkung) Menschen der Liebe, der Mitmenschlichkeit, keine Hasser. Diese aktive Liebe, das ist eine Art Trost.« Das sagt sie, ein Kind Abels. Gerade noch entronnen, für 22 Jahre im Exil lebend, bis sie dann, aus Santo Domingo 1954 nach Deutschland zurückkehrte.

Es *muss* neu gespielt werden. Es *kann* neu gespielt werden. Das Spiel ist nicht aus, verehrter Jean-Paul Sartre. Es geschieht nicht immer das Gleiche unter der Sonne, verehrtester Prediger Salomo (wie recht du doch hast und wie sehr wir dagegen angehen sollten, dass du nicht recht behältst!).

Im Wirklichen bleibt etwas Mögliches. Im Ende ein Anfang. Im Schweigen ein Wort. In der Traurigkeit ein Lächeln. Im Verlust ein Gewinn. Im Abschied ein Beginnen.

Abel, der Tote, möge das Unmögliche tun: wieder aufstehen, rückgängig machen, was geschehen ist, damit Kain nicht festgenagelt bleibt auf seine Tat. Die Hoffnung nicht aufgeben, um wegen der Hoffnung selber tätig zu werden. Kain und Abel – das ist unsere Geschichte. Wie schnell der Verfolgte zum Verfolger werden kann! Ein Opfer wird zum Täter.

Opfer ist, wer der Gewalt anderer ausgeliefert ist und Hilfe braucht. Doch das Opfer ist nicht schon deshalb besser, weil es ein Opfer war.

Kain und Abel – das ist das erste Bruderpaar auf Erden. Und das erste, was der eine dem anderen antut, ist ein Mord, ein Brudermord.

Schlüsselgeschichte für menschliche Tragik und schuldhafte Verstrickung schlechthin. Die Differenz der Lebensentscheidung entfremdet sie. Ihre Produktionsweise prägt ihre Lebensweise. Der eine ein Nomade, der andere ein Ackerbauer, der zum Städtebauer wird. Der eine folgt der Natur, der andere beherrscht sie. Der eine setzt sich fest und grenzt sich ab. Der andere ist unterwegs und respektiert keine Grenzen. Der eine verfinstert sich. Der andere ahnt nichts. Der eine wird von Arglist beherrscht. Der andere bleibt arglos. Vertrauen wird missbraucht. Der Mord ist schon geschehen, bevor Abel getötet ist: Kain verfinstert seinen Blick, senkt den Kopf, sieht den Bruder nicht mehr an, räumt ihn kurzerhand aus dem Wege. In den Gehörgang seines Restgewissens wird er gefragt: Wo ist dein Bruder Abel? Und er? Er weist jede Verantwortung dafür ab, wo denn Abel geblieben sei. Er stellt die zynische Gegenfrage: »Soll ich meines Bruders Hüter sein?« Er soll doch selber sehen, wo er bleibt oder geblieben ist. Das ist der erste, das ist letzter Zynismus! Das Blut schreit. Die Erde schreit. Es gibt keinen Rückweg. Aber da sagt sie, diese kleine große Frau, sie, ein Kind Abels, in den Knochen die Furcht, auf der Zunge die Hoffnung und ein Widerstehen mit dem kleinen großen *Dennoch*:

Abel steh auf
es muß neu gespielt werden.

Abel steh auf, sagt sie, als ob das leicht wäre!

Es muss neu gespielt werden, damit das Spiel neu beginnen kann – das Spiel des Lebens. Nicht damals – heute. Nicht manchmal – täglich. *Wir* sind nicht festgenagelt. Wo das Opfer dem Täter ermöglicht, nicht mehr Täter zu sein, lässt es ihm eine Wahl – obwohl bereits alles verloren ist. Das Spiel beginnt neu. Kain kann neu spielen, indem er eine andere Frage stellt und eine andere Antwort gibt: »Ja, ich bin meines Bruders Hüter!« Ja, wir sind füreinander verantwortlich. Ja, mein Menschsein ist ein Mit-Menschsein. Sorge wird zur Fürsorge, Gefühl zum Mitgefühl. Die Ethik ist nicht mehr Grenzziehung gegen das Negative, sondern Position, eine aktive Vorsorge und Fürsorge. Da heißt die Frage nicht mehr, was ist verboten, sondern: Wo kann und soll ich dem anderen ein Helfer sein? Nicht nur nicht töten, sondern dafür sorgen, dass der andere und die anderen leben können.

Dazu gehört es, dass wir so leben, dass Hilde Domin nicht wieder Angst haben muss in unserem Land.

Im Herbst 1992, nach den rechtsradikalen Übergriffen und Gräberschändungen, schrieb sie mir, vom Grab ihres Mannes kommend, auf dessen Grabstein auch ihr eigener Name schon steht, noch ohne Datum: »Die Toten lesen keine Zeitung mehr und ahnen nicht, welch eine Wende die Wende genommen hat. So viele nehmen es leicht. Wie es ja auch die meisten 1932 leicht genommen haben. Wer 80 wird, der hat peinlich genaue Erinnerungen. Man kann das *Dennoch* gar nicht stark genug sagen: Vor allem uns selbst, die wir die Zuversicht ausstrahlen müssen, deren manche ja kaum bedürfen.«

Liebe Hilde Domin, dieser letzter Halbsatz hat mich bestürzt. Es gibt Menschen, die haben eine Zuversicht, die sie dazu bringt, ganz und gar mit sich und ihrem Tun »einverstanden« zu sein. Sie haben eine Lust daran, anderen Angst zu machen. Woher kommt nur immer wieder Ihr Mut, liebe Hilde Domin?

Sich selber zitierend, schreiben Sie: »*Dennoch*. Eben lese ich in einem Interview, das ich irgendwann gegeben habe, daß, wer an Gott glaubt, nicht *Dennoch* sagen braucht, weil ja Gott uns schützt. Wir beide sagen: *Dennoch*. Wir beide sehen alles am ähnlichsten.«

Ja, ich kann Ihnen im Innersten zustimmen. Gott ist ein anderes Wort für *Dennoch*. Und *Dennoch* ein anderes Wort für Gott. Das Unglaubliche kann wahr werden:

> Ich setzte den Fuß in die Luft,
> und sie trug.[8]

Nicht müde werden
sondern dem Wunder
leise
wie einem Vogel
die Hand hinhalten.[9]

Die am 27. Juli 1909 geborene Dichterin Hilde Domin starb am 22. Februar 2002 in Heidelberg.

»Wieviel Erde braucht der Mensch?«
Tolstoi als radikaler Jesus-Nachfolger

Leo Tolstoi wollte lebenslang nicht hinnehmen, dass es Hunger und Krieg gibt. Er ging an die Wurzeln, argumentierte radikal, damit *in* Menschen und *unter* Menschen Friede und Gerechtigkeit wachsen möge. Das »Reich Gottes und seine Gerechtigkeit« ist ihm ein Ferment gegen diese Welt voll Leid und Not.

»Weisheit ist zu wissen, daß man weiß,
und zu wissen, daß man nicht weiß, was man nicht weiß«,
sagen die Chinesen. Ich (Leo Tolstoi) fügte dem hinzu: ›Noch größere Weisheit ist zu wissen, was man wissen muß und was man nicht zu wissen braucht und was man zuerst wissen muß und was später‹.«

Leo Tolstoi gehört zu den *Großen der Menschheit*. So wie Albert Schweitzer, Martin Luther King, Mutter Teresa, Dietrich Bonhoeffer, Erzbischof Romero und Dag Hammarskjöld verstand er sich als ein Christus-Zeuge.

Sie alle haben durch ihr Lebensbeispiel Menschen geprägt. Alle haben ihr Tun begründet, so dass uns nicht bloß ihr *Tun* überliefert ist, sondern auch ihr *Sagen*.

Sie alle wagten es, die Bibel zwar nicht ganz wörtlich, aber doch sehr ernst zu nehmen und sich dem zu stellen, was daran so schwer wie sinnvoll, so klar beschrieben wie schwer zu verwirklichen ist. Die Bibel erscheint so einleuchtend, wie sie durch menschliches Tun verdunkelt und verraten worden ist.

Albert Schweitzer ging in den Urwald, obwohl er in Europa eine großartige wissenschaftliche und literarische Karriere hätte machen können, wandte sich Armen und Kranken im Kongo zu, blieb zugleich bis an sein Ende einer, der in größere politische Zusammenhänge, z.B. im Kampf gegen die Atombombe, eingriff.

Martin Luther King wählte den Weg der aktiven Gewaltlosigkeit und bezahlte dafür mit dem Leben. Ebenso Dietrich Bonhoeffer, der den gewaltsamen Weg gegen den nicht mehr ohne Gewalt zu beseitigenden Diktator wagte.

Erzbischof Romero kämpfte für das Recht der Landlosen in Südamerika, und Mutter Theresa setzte sich für die Armen in Indien ein.

Dag Hammarskjöld war ein tiefreligiöser, ja mystischer Mensch, wurde Generalsekretär der Vereinten Nationen und starb in den Fronten des Kalten Krieges im fernen Afrika. Oder wurde auch er ermordet?

Wir leben von den prägenden Beispielen von Menschen, die es mit dem Glauben ernst meinten. Sie stellten sich gegen die Realisten, die stets das Lied der Macht und des Machbaren gesungen haben und weiter singen.

Solche Menschen bleiben gut und wichtig, nicht bloß als Stichwortgeber für Traktate. Sie wirken weiter als aufrüttelnde Mutmacher, als Zeugen Jesu Christi, die es verdienen, dass man sich vertieft mit ihnen beschäftigt

Wer allerdings seine Vorbilder idealisiert, wird nur enttäuscht werden; sie sind Menschen, große Menschen, die auch sehr menschliche Schwächen haben, die Irrtümern erliegen, zu Fehleinschätzungen kommen. Idole sollte man nicht überfordern.

Leo Tolstoi wurde 1901 exkommuniziert. Er sah die russisch-orthodoxe Kirche nicht mehr als eine *Kirche* an, wie er sie in den Schriften des Neuen Testaments beschrieben sah. Er suchte radikal den Weg *von unten* und *von innen*. Der sozial *Engagierte* ist zugleich ein *Mystiker*, der religiös Fromme ein Weltfrommer.

Ich nenne dafür drei Beispiele:

Was ist Wohlstand?

»Was soll man unter Wohlstand verstehen: Die Verbesserung der Verkehrswege, die Verbreitung des Buchdrucks, die Gasbeleuchtung der Straßen, die Vermehrung der Armenhäuser, usw. – oder aber die natürlichen Reichtümer wie Wald, Wild, Fische, eine kräftige physische Entwicklung, die Reinheit der Sitten usw.?

Das wahre Wohl der Menschheit – das geistige und moralische – schließt Wohlergehen in sich ein, und dieses höchste Ziel kann nur durch religiöse und moralische Vervollkommnung jeder einzelnen Persönlichkeit erreicht werden, da die Völker und die ganze Menschheit aus einzelnen Persönlichkeiten bestehen.« (1905)

Zwei elementare Fragen stellt Tolstoi: Ist der eigentliche Reichtum das, was der Mensch durch die technische Umformung erreichen oder was er an natürlichem Gleichgewicht zu erhalten versteht? Also, mit der Natur, nicht gegen sie leben! In welchem Verhältnis steht materielles Wohlergehen zur inneren Vervollkommnung bzw. zur Entdeckung des Reichtums, den der Mensch selber in sich hat?

»Der Hauptirrtum all derer, die gegen das bestehende Übel ankämpfen, ist, daß sie den Kampf von außen führen wollen. Nicht von außen wird die Welt umgestaltet, sondern von innen. Und daher muß alle Energie auf die Arbeit im Inneren gerichtet werden.«

Wir stehen heute am Ende einer Wohlstandswelt, in der ökologisch die Grundlagen unseres Lebens infrage gestellt sind – durch forcierte und irreversible Ausbeutung der Ressourcen. Zugleich wächst mit dem Reichtum einerseits die Armut andererseits bedrohlich an. Eine neue Ökonomie und eine neue Bescheidenheit sind überlebenswichtig.

Wie wird die Welt geändert?

»Eine politische Änderung der sozialen Ordnung kann es

nicht geben. Es gibt nur *eine* Änderung: die sittliche, innerliche des Menschen. Doch auf welchem Wege wird diese Änderung vor sich gehen?

Für alle kann das keiner wissen, für uns selbst wissen wir es alle.

Aber in unserer Welt ist jeder darum besorgt, diese Änderung für alle anderen zu erwirken, nur nicht für sich selbst.« Wer die Welt *in sich* nicht ändert und pflegt, agiert an der Änderung der Welt vorbei. Dann kümmert man sich – im Ganzen ziemlich erfolglos – jeweils um die anderen und zu wenig um sich selbst.

»Alles Gute, alles Wirkliche, jede wahre Tat des Menschen geschieht nur durch Anstrengung. Mache keine Anstrengung, lasse Dich vom Strom treiben – und Du lebst nicht mehr«. Tolstoi konnte hier noch ethisch-individualistisch argumentieren. Angesichts der totalen Ökonomisierung aller Lebensbezüge weltweit geht es auch um neue politisch-ökonomische Strategien, vor allem um Nachhaltigkeit allen Tuns. Aber die Wandlung muss in der Tat auch weiter durch Einzelne und im Einzelnen getragen werden.

Was ist Aufgabe des Staates?

»Vor allem muß man sich bemühen, die von der Regierung ständig aufrechterhaltene Täuschung zu zerstören, alles, was sie tue, geschehe im Interesse der Ordnung, zum Wohle der Untertanen.«

Das Problem lässt sich nach Tolstoi nicht dadurch lösen, dass andere die Herrschaft einfach übernehmen, indem sie die alte Regierung (mit Gewalt) davonjagen. »Nur die Revolution ist segensreich, die Altes allein dadurch zerstört, daß sie bereits Neues errichtet hat. Die Wunden nicht flicken, nicht ausschneiden, sondern durch lebendes Zellgewebe verdrängen.«

Solche Sätze stempeln Tolstoi zum Utopisten. Er aber entgegnet, dass wir solches Denken schlechterdings zur Utopie erklären, um uns der Wahrheit der Sätze Jesu nicht aussetzen zu müssen.

Indem man Jesu ursprüngliche Botschaft für unrealistisch erklärt, verweigert man ihr die Anerkennung. Man versagt sich der inneren Vervollkommnung. Man beteiligt sich an den Plattitüden der Macht, und man ist verantwortlich für die Folgen – als Nutznießer oder Opfer. Oder als beides.

Die Faszination, die Macht auf Machtträger oder auch auf die Völker ausübt, die ihre Machthaber wählen, wieder bestätigen oder sich unterwerfen, ist ungebrochen. Das reicht von Musharraf bis Kim Il Jong, von Bush bis Putin, von Mugabe bis Kabila, von Lukaschenko bis Assad.

*

Auf seine Exkommunikation antwortet Lew Tolstoi mit einem offenen Brief. Darin löst er sich von nahezu allen Dogmen der Kirche, vor allem vom »religiösen Hokuspokus«, wie er es nennt. Für ihn ist es eine Art Befreiung. »Ich behaupte nicht« – schreibt er –, »mein Glaube sei unzweifelhaft und für alle Zeiten der einzig wahre, jedoch sehe ich keinen anderen, der einfacher und klarer wäre und allen Bedürfnissen meines Verstandes und meines Herzens besser entspräche.« Tolstoi folgt Christus und seiner Botschaft, aber er glaubt nicht *an* ihn als einen wunderbar geborenen Gottesmenschen.

»Gott, den Geist hingegen, Gott, die Liebe, den *einen* Gott, welcher der Beginn von allem ist, leugne ich keineswegs, sondern erkenne ganz im Gegenteil außer Gott nichts wirklich Existierendes an und sehe den ganzen Sinn des Lebens nur in der Erfüllung des Willens Gottes, wie er in der christlichen Lehre dargelegt ist.« Es handelt sich also bei Tolstoi um ein konsequentes Nachfolgechristentum. Ihm steht vor allem Christus vor Augen, der die Ochsen, Schafe und Händler aus dem Tempel jagte. Und dann fasste er seinen Glauben zusammen:

»Ich glaube an Gott, den ich als Geist, als Liebe, als Beginn von allem verstehe.

Ich glaube, daß er in mir ist und ich in ihm.

Ich glaube, daß das wahre Glück des Menschen in der Erfüllung des Willens Gottes liegt und es sein Wille ist, daß die Menschen einander lieben und daher mit anderen umgehen, wie *sie* wollen, daß man mit ihnen umgehe, – denn es heißt ja im Evangelium, hierin bestünden ›das ganze Gesetz und die Propheten‹.

Ich glaube daher« – fährt Tolstoi fort –, »daß der Sinn des Lebens für jeden einzelnen Menschen nur darin bestehen kann, die Liebe in sich zu mehren; daß diese Vermehrung der Liebe dem einzelnen Menschen in diesem Leben zu immer größerem Glück verhilft, daß sie nach dem Tode umso mehr Glück gewährt, je mehr der Mensch von Liebe erfüllt war, und daß sie gleichzeitig und vor allem anderen dazu beiträgt, in der Welt das Reich Gottes zu errichten.

Das heißt, eine Lebensordnung, bei der Zwist, Betrug und die jetzt herrschende Gewalt abgelöst werden durch freie Übereinkunft, Wahrheit und brüderliche Liebe der Menschen untereinander.

Ich glaube, daß es für die Mehrung der Liebe nur ein einziges Mittel gibt: das Gebet – vor allem das einsame Gebet, bei dem wir den Sinn unseres Lebens und unsere Abhängigkeit allein von Gottes Willen in unserem Bewußtsein erneuern und festigen.«

Tolstoi will dies niemand anderem vorschreiben, sondern sagt, dies seien seine Glaubensvorstellungen, in denen er versucht, den Geboten der Lehre Christi zu folgen, darin Glück und Sinn zugleich zu sehen. Dies alles würde allen Bedürfnissen seines Verstandes und seines Herzens entsprechen. Denken und Fühlen kommen ganz zusammen.

Natürlich gibt es einen tiefen Unterschied zum verfassten Christentum.

Es gibt unter Christen unterschiedliche Antworten – ob z. B.

Jesus auf eine wundersame Weise in die Welt und auf eine ebenso wundersame Weise von dieser Welt gegangen sei und ob er auf eine noch wundersamere Weise am Ende der Zeiten über diese Welt das Gericht halten würde.

Oder: Ob Jesu Leben und seine Lehre uns lediglich – und das radikal – in eine Nachfolge rufen, in der wir als Menschen einander Mitmenschen werden und allem absagen, was Gewalt, Tod, Zwietracht, Leid bringt.

Anders gesagt: Immer stand zwischen Christen zur Debatte, ob es das Wichtigste sei, *an* Jesus zu glauben oder *wie* Jesus zu glauben. Die einen sagen, auf den rechten Glauben käme es an und auf das Vertrauen, dass Jesus uns alles vergeben kann, dass wir aber in der nicht erlösten Welt nicht wie Erlöste leben können. Andererseits gibt es Christen, die es ganz auf sich und ihre Kraft ankommen lassen, um selber Jesus nachzuleben. In solcher imitatio Christi haben sich Menschen immer wieder in besonderer Weise versucht – nicht so sehr nach *Orthodoxie* fragend, sondern mehr nach *Orthopraxie,* also nicht so sehr nach dem »recht Glauben«, sondern nach dem »recht Handeln«.

Ein Glaube, der sich bloß auf Handeln orientieren würde, wäre kein Glaube. Er reduzierte sich auf bloße Moral.

Glauben im christlichen Sinne ist immer auch ein tiefinneres Vertrauen, dass Gott mit unseren guten Taten wie mit unseren Fehlleistungen fertigzuwerden vermag. Gott ist – nach Dietrich Bonhoeffer – einer, der dem, der über seinem Handeln zum Sünder wird, Trost und Vergebung zuspricht.

Orthodoxie ohne Orthopraxie wird leer, aber Orthopraxie ohne Orthodoxie wird gnadenlos, sich selbst und anderen gegenüber.

Der »Gott der Gnade« ist der Gott des Rufes an uns. Und der »Gott des Rufes« ist der Gott der Gnade. Und doch bleibt Tolstoi wie viele andere, die die Nachfolge Jesu in den Mittelpunkt allen Denkens und Tuns gestellt haben, ein Stachel im Fleisch *der* Kirchen, die sich endlos um *Rechtgläubigkeit* streiten. Gott wurde Mensch, damit Menschen *mehr* zu Menschen würden, zu Menschen, wie Gott sie gemeint hat.

Worum es letztlich geht: Die innere Welt im Geiste Jesu Christi herausbilden und die äußere Welt im Geiste Christi verändern – gegen alle Widerstände, gegen die von innen und gegen die von außen.

Ein ermutigender Freund hilft, die Ohnmacht zu überwinden
Dorothee Sölle lehrt beten und widerstehen

Was Dorothee Sölle schrieb, blieb immer persönlich und politisch; es spendete Trost, gab Hoffnung und spornte an. 1975 verließen viele Menschen resigniert oder gar verzweifelt die DDR. Andere suchten kühl kalkulierend eine westliche Karriere und wirtschaftliche Prosperität. Wer der DDR den Rücken zukehrte, verließ nicht nur einen Mauerstaat, sondern ließ auch uns zurück, ließ uns allein mit dieser geistlosen Machtriege. Die Dagebliebenen lasen mit Genugtuung ihre »Überwindung der Ohnmacht«[1], und ich bezog ihren Text auf unsere Situation:

> Wir haben den längeren Atem
> Wir sind unterwegs in größerer Hoffnung
> Zu uns gehören die Empfindsamen und Unruhigen
> Und die nicht verbittern in traurigen Erfahrungen
> Und die hierbleiben
> nicht weggehen
> wohin die Sonne untergeht
> noch wegtreten nach innen
> die aber erleben wollen
> die menschliche Gemeinschaft
> wo aufstrahlt das Licht
> bei uns hat schon mal einer
> alle geladen zum Fest.

Ich gehöre zu denen, für die Dorothee Sölle in mehr als drei Jahrzehnten eine Kirchenlehrerin geworden ist, die klarsichtig und warmherzig auf die Erschütterungen unserer Zeit reagierte und mich nie ohne Hoffnung zurückließ – unter einer Bedingung: dass ich mich selber auf das Erhoffte zubewege, mich nicht mit meiner Ohnmacht abfinde, sondern mich immer auf das ausrichte, was »noch nicht erschienen ist«. Ihr ging es darum, im Wirklichen immer das Mögliche zu suchen und zu entdecken, statt sich mit dem Faktischen zu begnügen und sich ihm zu unterwerfen. Dorothee Sölle fragte lebenslang nach dem »Darüberhinaus« und meinte das, was wir traditionell mit dem schwer begreifbaren Wort Transzendenz ausdrücken. Sie war und blieb eine christliche Sozialistin – aus Liebe zur Schönheit, die sie mit Ernesto Cardenal, dem nicaraguanischen Dichter, Priester und Revolutionär teilt. Liebe zur Schönheit hat sie zur Poesie geführt, zu Gott, zum Evangelium geführt und zum Sozialismus. In der Liebe zur Schönheit wurzelt alles. Von daher rührt alle Kraft zur scharfen Kritik an unwürdigen Verhältnissen, Gewalt, Unterdrückung und Lüge. Von daher kommt die Kraft, sich seine Ohnmacht einzugestehen *und* sie zu überwinden. Sozialismus war für die westliche Linke das emanzipatorische Weltprojekt schlechthin, wo soziale Gerechtigkeit, Gleichberechtigung, Frieden und Solidarität die Eckpunkte menschlichen Zusammenlebens sind.

Unvergesslich bleibt mir das »Politische Nachtgebet«, vor allem in der Zeit, als die Kirchen entdeckten, in welche Sackgassen reiche Industriestaaten die weiter verarmende Dritte Welt treiben, wie dies mit der Rüstung und denen zusammenhängt, die daran verdienen. Wir teilten den Traum von 1968, den Traum der Pariser Studenten, den Traum des Rudi Dutschke und die Träume des Josef Smrkovský und Alexander Dubček. Das Kölner »Politische Nachtgebet« gab seine Zurückhaltung gegenüber der Sowjetunion auf, erkennend, was Panzer niedergewalzt hatten. Die Prager Friedenskonferenz spaltete sich über dieser Frage. Die christliche Linke, die sich in der »Jungen Kirche« sammelte, hielt sich mit ihrer Kritik an der DDR auffallend zurück. Der Mauerstaat war für viele Linke ein Tabu. Wegen des westlich-ideologischen Antikommunismus vermieden sie Kritik am real existierenden Sozialismus in der DDR. Sie konzentrierten sich stattdessen auf die sozialistischen Emanzipationsbewegungen in Südamerika und hatten kein geschärftes Auge für die innere Zerrüttung der sozialistischen Idee durch das so genannte sozialistische Weltsystem. Wer Gegner des sozialistischen Staates der Arbeiter und Bauern unter Führung der SED war, galt für sie bald als Antikommunist.

Für uns im Osten war Sozialismus eine Terra intra muros – ein Land hinter Mauern. Für die westliche Linke war Sozialismus eine Terra incognita, ein noch unbekanntes Land. Den Erfüllungsgehilfen des real existierenden Sozialismus waren alle Sozialisten suspekt, die sich nicht in das Korsett der marxistisch-leninistischen Ideologie einpassten und die sich nicht auf die Parteilinie als den einzig richtigen Weg zum gesellschaftlichen Fortschritt einließen. Deshalb blieben ihre Texte in der DDR ungedruckt. Und genau deshalb war uns Dorothee Sölles Stimme so wichtig, als im Prager Frühling 1968 Freiheit und Sozialismus, Menschenrechte und soziale Gerechtigkeit als gleichrangig gelten sollten und als russische Panzer den »Sozialismus mit menschlichem Antlitz« überrollten. Im gleichen Jahr wurde Martin Luther King erschossen, und »die Freiheit Berlins wurde in Vietnam verteidigt«. Die Utopie musste sich immer wieder ihren Ort suchen, und die Ohnmacht drohte in Passivität oder Zynismus umzuschlagen. Da lehrte Dorothee Sölle uns, unablässig an der Hoffnung festzuhalten – mit Gedichten, Reden, Gebeten, Aufsätzen. Wie oft habe ich ihr Credo zitiert aus Blättern, die in der DDR nur hektographiert in Umlauf waren: »Ich glaube nicht an das Recht des Stärkeren, an die Sprache der Waffen, an die Macht der Mächtigen. Doch ich will glauben an das Recht des Menschen, an die offene Hand, an die Gewaltlosigkeit. Ich glaube nicht, daß Krieg unvermeidlich ist und Frieden unerreichbar. Doch ich will glauben an die kleine Tat, an die Macht der Güte, an den Frieden auf Erden.«

Ihr ganzes Leben war ein »Argument für die Überwindung der Ohnmacht«. Wer eine menschlichere Zukunft will, braucht die Gewissheit, in innerster Verbindung mit Menschen zu stehen, die nie aufgegeben haben, auch wenn sie aufgegeben wurden. Jesus aus Nazareth war ihr zuallererst der Menschenbruder mit dem Mut, sanft zu sein. Nicht ob er einem König oder einem Gott ähnlich ist, sondern ob er mir ein ermutigender Freund sein kann, wird entscheidend.

> Vergleiche ihn ruhig mit anderen größen
> sokrates
> rosa luxemburg
> gandhi
> er hält das aus
> besser ist allerdings
> du vergleichst ihn
> mit dir[2]

Ein solches »Vorbild« war etwas anderes als die Idole der kommunistischen Ideologie. Warum? Weil Jesus kein Moralapostel, sondern ein Mutmacher ist. Das spürten die jungen Leute in meiner Studentengemeinde in Merseburg an der roten Hochschule »Carl Schorlemmer«, wenn sie »zur Mitarbeit« (also zum Spitzeln) angeworben werden sollten.

Martin Luthers Ansicht, dass einer dem andern ein Christus werde, war Dorothee Sölle so wichtig wie das Versenken in das Leben und Leiden Jesu. An Christus zu glauben, hieß für sie an der Menschwerdung Gottes teilzuhaben. Gott wird immer *mehr* Mensch – und er wird immer *wieder* Mensch. Sie lehrte uns beten, frei von allem Formelhaften, befreit von allem Magischen. Beten ist kein Alibi und auch keine Ersatzhandlung. Wir beten, wenn wir die Fragen Gottes gehört haben. Und mit Dorothee Sölle fragen wir zurück, weil wir verstehen, dass es das Beten ist, das im Spiel der Fragen »Wo bist du? – Wo ist dein Bruder? – Warum hast du uns verlassen? – Wann kommst du wieder?« und im Spiel der Liebe die Welt zusammenhält. Wer so betet, hört auf, die eigene Ohnmacht zu verklären und »auf den Fetisch eines alles vermögenden allmächtigen Papas, der alles in Ordnung bringen wird, zu starren«. Wir können Verantwortung für diese Welt übernehmen, weil Gottes Sache unsere Sache wird und weil wir zu Mitarbeitern Gottes an seiner Welt werden.

Wenn geistige Selbstunterwerfung, parteipolitische Linientreue und unbedingter Gehorsam gefordert wurden, junge Leute sich mit dem sozialistischen Fahneneid quälten, »den militärischen Vorgesetzten unbedingten Gehorsam zu leisten, die Befehle mit aller Entschlossenheit zu erfüllen« (Anlage zu § 19 Wehrdienstgesetz), erinnerten wir uns an eine verhängnisvolle deutsche Tradition des Gehorsams, einschließlich ihrer christlichen Verbrämung. Waren Widerspruch und Widerstand nun nicht nur erlaubt, sondern geradezu geboten? Dorothee Sölles Überlegungen zu einer künftigen christlichen Ethik faszinierten mich.

1968 schmuggelte mir mein Freund Konrad aus Göttingen ihr Büchlein »Phantasie und Gehorsam« in die DDR. Es war erschütternd nachzulesen, wohin bloßer Gehorsam führt. Sie zeigte dies beispielhaft an der Lebensbeschreibung des Auschwitz-Kommandanten Rudolf Höß, der von sich bekannte, dass er »von Jugend auf zu unbedingtem Gehorsam, zu peinlichster Ordnung und Sauberkeit erzogen« worden sei. Das vierte Gebot, also nach göttlichem Willen habe man seinen Eltern zu gehorchen, konnte jahrhundertelang missbraucht werden – eine Doktrin der Unterwerfung erschütterte das Selbstbewusstsein des Einzelnen. Mit Sölle lernte ich mich zu befreien von der politischen Instrumentalisierung des Antifaschismus und seiner Verbrechen, erkannte die Schuld, die durch Tun und Unterlassen bis in die eigene Familie reichte und die Mitschuld einer protestantisch-lutherischen Obrigkeitstradition. Ich entdeckte das Subversive des Glaubens, seinen Widerspruch zur Ideologisierung.

Der aufrechte Gang, selbstbestimmtes Leben, solidarisches Verhalten, Urteilsfähigkeit machen den freien Menschen aus, machen einen Christen aus. Die Freiheit, zu der uns Christus geführt hat, ist eine im Innersten erlebte Erfahrung; sie bewährt sich, wenn wir uns nicht wieder in ein knechtisches Joch zwingen lassen (vgl. Galater 5,1). Ohne innere Erfahrung verkommt alles Reden von Freiheit zur politischen Parole. Dorothee Sölle versuchte, das scheinbar Unmögliche zusammenzubringen: »Das Ausmaß an Weg nach Innen, das wir zur Selbsterfahrung brauchen und den Rückweg in die Sozialität einer endlich bewohnbar werdenden Erde, Innerlichkeit und Engagement fallen den meisten auseinander. Die Sensiblen sind selten solidarisch und die Solidarischen bringen zu wenig Sensibilität auf.«[3]

Mich hat elektrisiert, wie Dorothee Sölle das Glück zu einer theologischen Kategorie machte. Ihr Plädoyer für das Glück entfaltet sie anhand der »unwürdigen Greisin« von Bert Brecht. Da nimmt sich eine alte Frau ihr Recht auf Glück. Glücklich ist ein Mensch, der aus eigener Kraft lernt loszulassen, statt weiter in dem Zwang zu leben, alles zu bekommen. Unter den bisweilen kümmerlichen äußeren Verhältnissen der DDR war dies eine Selbstbesinnung auf das Glück, das einem niemand nehmen kann. Dorothee Sölle schrieb: »Das Subjektsein des freigewordenen Menschen ist so stark, daß Teilverzichte möglich sind. Von Christus zu lernen: je glücklicher einer ist, umso leichter kann er loslassen. Seine Hände krampfen sich nicht um das ihm zugefallene Stück Leben. Da er die ganze Seligkeit sein nennt, ist er nicht aufs Festhalten erpicht. Seine Hände können sich öffnen.«

Wer an der Veränderung der Welt arbeitet, tut es aus Liebe zum Leben. Dazu gehören beglückende Erlebnisse und tödliche

Gefahren. Die Katharsis, die innere Läuterung und Reinigung, dient der Überwindung unserer destruktiven Kräfte – im Stillewerden, Betrachten, Fasten, Beten. Wo der Mensch in sich stabil und reich wird, wächst die Kraft, im Alltag zu bestehen. Gerade die »Mystik«, als eigene Erfahrung innerer Einheit und Übereinstimmung mit der Welt, setzte ein Lebenselixier frei, das Hildegard von Bingen (1099–1179) »viriditas«, also die »Grünkraft« nennt, die sich als Lebensenergie verteilt. Dazu gehört unabdingbar das Schweigen, das mehr Gebet sein kann, als es das Wort je könnte. Es gibt drei Grade des Zur-Ruhe-Kommens: das Schweigen des Mundes, das Schweigen des Geistes und das Schweigen des Willens. »Im Stillesein und Hoffen wird eure Stärke sein« (Jesaja 30,15) wurde zum Lebensmotto eines Mannes, der aus der Kraft des Wortes eine ganze Welt aufwirbelte: Martin Luther.

Auf einer unserer Synoden hatte Bischof Krusche den Satz geprägt: »Beten ersetzt nicht das Tun. Aber Beten ist ein Tun, das durch kein anderes Tun ersetzt werden kann.« Beten verändert also den Handelnden und inspiriert das Handeln im Geiste Jesu. Dorothee Sölle – bisweilen etikettiert als eine feministische religiöse Propagandistin – ist für mich immer zuerst eine große Beterin. Gerade in ihren Gebeten finde ich viel Ermutigendes. Die Abgründe sind nicht beiseite gelassen, aber der Himmel bleibt nicht verschlossen. So ist Gebet nie eine liturgische Verrichtung, sondern der wache Blick auf die Wunder dieser Welt und auf die Leidenden dieser Erde. Über Jesus schrieb sie:

> Er wird verurteilt
> für seine sache: den himmel
> darum sagt er
> sieh hin, die erde

Sie glaubte nicht an die erdentrückende Himmelfahrt; sie sah Jesus kommen, immer wieder.

Da verläßt er den heiteren himmel
kommt
wieder
...
Da bleibt er dann
da spricht er die aufpasser frei
läßt die gefolterten vergessen
den haß macht er müde
die übermüdeten bringt er zum atmen
die zitternden zum schlafen
die träumenden zum handeln
die handelnden zum träumen[4]

Dorothee Sölle verknüpfte überzeugend christliche Spiritualität mit politischer Aktivität, Vernunft und Gefühl, geschärften Verstand mit poetischer Tiefe. Bei ihr fand ich, wonach ich in Theologie und Kirche lange vergeblich gesucht hatte: Sie half auf unverwechselbare Weise, die Substanz der Bibel in aktuellen politischen Konflikten wiederzuerkennen: die soziale Protestbewegung, die aus Ehrfurcht kommende ökologische Verantwortung für diese wunderbare Schöpfung, die friedensethischen Impulse. Sie nahm die missbrauchten Wörter wieder in den Mund, als ob sie unverbraucht wären. Sie hatte den Vorteil, dass sie nicht jeden Tag die offizielle Lesart der sozialistischen Idee im Staat Ulbrichts und Honeckers anhören musste. Die Worte Revolution, Frieden, Unterdrückung und Befreiung bekamen bei ihr ihren Sinn und Wert zurück. Von ihr erfuhren wir, was Entfremdung und Ausbeutung, Rassismus und Neokolonialismus in der Welt anrichteten. Das relativierte das, was wir in der DDR auszuhalten hatten, ohne die Repressionen zu rechtfertigen.

Dichtung ist auf der Suche nach der kommenden Zeit – wie auch die alten Psalmen, die einen Bogen von der Verzweiflung zur Hoffnung schlagen. »Atheist sein heißt: resignieren«, schrieb Sölle pointiert. Immer, wenn ich verzweifle – ob an der Arroganz einer Großmacht, die die UNO samt Völkerrecht aushebelt oder die den Johannesburger Erdgipfel ignoriert, oder an einer angeblich unsteuerbaren Globalisierung, die die Armen immer ärmer, die Reichen immer reicher macht und die Erde immer mehr ausplündert – erinnere ich mich daran. Gerade in der Bedrohung sollten wir nicht aufhören, das Loblied der Schöpfung zu singen und den Armen, den Vergessenen, den Ausgeplünderten Stimme zu geben. Sölle hat uns unermüdlich angestachelt, gegen das von ihr so genannte TINA-Syndrom (»there is no alternative«) aufzubegehren. Wer keine Alternative sucht und sieht, hat schon verloren!

Diese kleine, so große Frau behält etwas Mitreißendes, etwas Aufrichtendes, etwas Ermutigendes, sie, die so behutsam und kämpferisch war, so vernunftgeleitet wie gefühlsstark. Ihre »Mutanfälle« brauchen auch wir, wenn Gleichgültigkeit, Resignation oder Wutausbrüche drohen. Einen Mut, der ansteckt. Wir sind angewiesen auf Menschen, die uns guttun und uns Kraft geben, Gutes zu tun, damit die Träumenden zum Handeln und die Handelnden zum Träumen kommen.

In dem Buch »Das Recht, ein anderer zu werden« bezeichnete sie die Wandlung als Grundrecht des Menschen. Das wurde mir besonders wichtig nach dem Ende der DDR. Dieses Recht ist auch ehemaligen Kommunisten zuzubilligen. »Die christliche Tradition sieht den Menschen als schuldfähig an, ja sie erkennt seine Würde darin, daß er schuldig werden kann. Weil er schuldig werden kann, ist er ein Mensch, und nur solange er schuldig werden kann, ist er in vollem Sinne des Wortes ein erwachsener Mensch«, schrieb sie. Das in einer »Abrechnungszeit« durchzuhalten war und ist nicht leicht, zumal einige dreist rechtfertigen oder lächelnd verniedlichen, was war. Das Menschenrecht auf Irrtum hat mich dazu gebracht, den Inquisitor in mir auszutreiben, die gnadenlose Rechthaberei anderer aber zu erkennen.

Viele ehemalige Gegner des real existierenden Sozialismus handeln heute so wie diejenigen, gegen die sie damals aufbegehrten, ohne zu merken, dass die DDR mit ihnen mehr angerichtet hat, als man irgendeinem System und seinen Kleingeistern gestatten sollte.

III.

Die Zweifel der Suchenden: Begleiter aus der Krise

»Ich habe keinen Gott. Aber Gott hat mich.« Ernst Barlachs Suche nach dem Letzten im Vorletzten

Tiefgründiger, bescheidener, tröstlicher, theologisch angemessener lässt sich gar nicht sagen, was es heißt, »Gott zu glauben«, nicht *an* ihn, sondern *ihm* – als es Barlach hier ausdrückt. Gott kann man nicht haben, aber wir können im Bannkreis Gottes leben, in einem Bannkreis, der Freiheit lässt und Freiheit gibt. In dieser Formulierung Barlachs ist alles besitzergreifende zurückgelassen, was stets zu gemäßigtem oder schroff-intolerantem bis gewalttätigem Fundamentalismus führt.

Es gibt für mich keine einzige Skulptur Barlachs, die nicht »religiös« ist, also der Wahrheit nicht auf den Grund zu kommen sucht, ohne das Geheimnis zu verletzen. Barlach macht das Geheimnis sichtbar. »Das Christliche« hat er auf eine umfassende Weise elementarisiert, nicht dogmatisiert: die Freude zu leben, den Schrei der Leidenden, den aufrechten Gang, die Zuwendung zueinander, die meditative Versenkung, den Zweifel, die »Existenz der leeren Hände« (ganz so, wie Luthers letzter überlieferter Satz: »Wir sind Bettler, das ist wahr.«), das Erschrecken unter dem offenen Himmel, das Singen und das Lachen, den heiligen Zorn, die Erhabenheit und die Strenge, die Trauer und die Betrauerung, den Tanz, die Einsamkeit und die Liebe – und das alles nicht ohne norddeutsche Schwermut. Alles, was Barlach »religiös« geschaffen hat, lässt sich durchaus »biblisch« verorten.

Das Religiöse hat Barlach auf geniale Weise erweitert und nicht historisch verengt. Dieses Religiöse bei Barlach war dem engagierten Agnostiker Brecht suspekt. Dieser hatte ein anderes Alphabet fürs Menschliche: Er wollte kein Geheimnis lassen, sondern aufdecken, aufklären, wollte eingreifen, nichts einfach geschehen lassen. Barlach wollte zeigen, dass der Mensch letztlich immer ein Empfangender ist, der etwas geschehen lässt, aber dann auch dem, was ihm geschieht, auf seine Weise aktiv begegnet. Barlach ist bei aller Mystik stets ein hochpolitischer Mensch und Künstler gewesen. Und er hat die Konsequenzen zu tragen gehabt.

In den »Güstrower Fragmenten« (von Mitte März 1913) unter dem Titel »Geborgenheit« schreibt er eine Erfahrung auf, die nach Platons Höhlengleichnis klingt. »Ich werde manchmal von einem Glockengeläute genarrt, das über die Felder herankommt, wo auf Meilen hin keine Glocken hängen, und muß erkennen, daß es das Geläute vom Stadtturm ist, das von der großen Scheune von Voß mit breiten Wänden aufgefangen und zurückgeworfen wird, also gewissermaßen aus falscher Richtung kommt. So, will es mir bedünken, geht es mir mit dem Erkennen der letzten Werte im Menschen, sie sind das Geläute, das nicht von ihnen, sondern durch sie geht und kommt aus der Unendlichkeit. Augenscheinlich gemachte Weltseele, fange ich an zu spüren, sind sie, am individuellen Leib- und Menschentum ruchbar und hörbar gemacht, die also damit dem Unmerklichen seine besondere Art von Bemerkbarkeit schaffen, die von ihrer Körperlichkeit dem Körperlosen abgeben und ihm zum Leben im Licht verhelfen, die also Spiegel sind, in denen sich die vorbeisausenden Strahlen fangen, daß sie meinen Augen bemerklich werden. ... Jeder spiegelt doch ein Strählchen zurück, und ihnen wird von anderen Unendliches zugespiegelt und von ihnen verschluckt und verwoben zu etwas Greif- und Schaubaren.«

Das Zugespielte, Eingesaugte, Greif- und Schaubare, also Versinnbildlichte – es ist doch »nur« ein Spiegel. Wie schreibt der Apostel Paulus? »Wir sehen jetzt durch einen Spiegel in einem dunklen Wort.« Barlach aber bleibt nicht bei solchem mystischen Erlebnis und dessen Reflexion – er führt es stets ins Soziale. Er erdet das Religiöse in einem provozierenden jesuanischen Sinne.

»Jeder Mensch – die Hure wie die Betschwester! – will sich erfüllen, will nicht leerstehen, nicht stillhalten, sondern außer sich, über sich hinauskommen.« Das Hurchen geht auf ihre Art über sich hinaus, »in vollem Hang und Drang, wie er bei ihr beschaffen ist«. Aber sie kommt nicht weit: »Sensationen und Amüsements füllen die transzendente Begier nicht aus.« Warum soll sie sich nicht – fragt Barlach weiter – vom Diesseits-Ekel ab- und der Jenseits-Seligkeit zuwenden, »zur Hoffnung einer wirklichen Erfüllung werden?« Hatte nicht »die große Sünderin« (eine Hure, die Jesus die Füße mit ihren Tränen benetzt und mit ihren Haaren getrocknet hatte) Gnade gefunden, weil sie »viel Liebe gezeigt hatte«? (Lukas 7, 36–50)

Barlachs Frage ist wie ein Reflex auf die Sonja bei Dostojewski (dessen weibliche Heiligenfigur, die sich aus Liebe zur Hure macht). Sie lässt sich heute auf unsere Kick-Kultur beziehen, die keine Befriedigung bieten kann. »Sensationen und Amüsements« füllen die transzendente Begier nicht aus. Und so kommen heute »Reli-Trips«, esoterische oder scientologische Surrogate auf. Junge Leute berichten der Zeitung »vom Prickeln im Bauch« bei der Vorstellung in Köln, den Heiligen Vater zu sehen. Da verwischt sich etwas, wenn das Motto des (in Wahrheit katholischen) »Weltjugendtags« heißt: »Wir kommen, um *ihn* anzubeten.« *Wen* bitte anzubeten? Doch wohl nicht den, der im Papa-Mobil daherkommt!

Eine wunderbare Warnung an uns Theologen, die wir so zungenfertig das Wort »Gott« berufsmäßig gebrauchen, enthält Barlachs Brief an seinen Vetter Karl: »Ich habe mir in der Zeit seit der Jugendliebe bis heute einen ganzen guten Heuhaufen zusammengeschwärmt und geliebt. Aber – es ist mir etwas unheimlich, von ›Liebe‹ zu reden. Es ist wie mit dem Wort Gott. Nimmt man den Begriff so hoch, so weit, so tief er es verlangt, so bringt man die Lippen nicht voneinander, nimmt man es häufig auf die Zunge, so macht man daraus ein Backpflaumenmus.« Jenes Zittern auf den Lippen darf nicht verschwinden, wo wir das Wort Gott aussprechen. Wer nach dem Gottesbild Ernst Barlachs fragt, muss unterscheiden zwischen seinen Selbstzeugnissen, seinen literarischen Figuren und seinem bildnerischen Schaffen. Nicht alles *ist* Barlach – aber *in* allem ist Barlach.

Wie ernst er die Frage nach seiner Kirchenzugehörigkeit nahm, lässt sich in seinem Brief an Pfarrer Schwartzkopff vom 3. Dezember 1932 ablesen – ein theologisch höchst bedeutsamer, doch von den Theologen wenig beachteter Brief. Barlach legt darin dar, warum er sich als Künstler nicht einer Gemeinschaft ein- und unterordnen kann und warum er sich nicht einem Glaubensbekenntnis unterwerfen kann, wohl aber ein tiefgläubiger Mensch ist, bei dem Glaube »Wohltat, Glück und Gnade« ist. Er sucht nach dem, »was hinter den Worten, Formulierungen und zeitgemäßen Geltungen der christlichen Gemeinschaft als Ewiges und hingebend Verehrtes steht.« Er sucht nach der größeren, nach der umfassenden Wahrheit, die sich nicht beschreiben lässt. Worin liegt die besondere künstlerische Herausforderung und Künstlersprache Barlachs?

Dem Unsagbaren Gestalt geben, das Wortlose ins Wort holen, das Wesen in die Erscheinung – daran hat sich Ernst Barlach ein Leben lang versucht, letztlich immer leidend am Ungenügen des Vorhabens und doch unermüdlich, verzweifelt und gelöst, mit der Schreibfeder, mit dem Kohlestift, mit dem Stemmeisen, mit dem Steinmeißel. Von einer Kunstform in die andere wechselnd, will er dem Form geben, was hinter den Dingen steckt, was in den Dingen verborgen ist! »Die äußere Darstellung eines inneren Vorgangs« nennt er Kunst. Zeichnungen gestaltet er mehrfach plastisch. Der Prozess dauert manchmal Jahre. Zeichnungen bringen ihn wieder zum begleitenden und erläuternden Wort. Er illustriert Dichtung. In vielen Illustrationen tauchen plastische Gestalten wieder auf. Sein Arbeitsprinzip ist schon angezeigt, als Barlach neunzehn Jahre alt ist: »Mir kann die Plastik nicht ganz genügen, deshalb zeichne ich, und weil mir auch das nicht genügt, schreibe ich.« Barlachs künstlerisches »Muss« ist verbunden mit der Unerbittlichkeit der Selbst-Kritik an dem, was er schafft.

Zwischen tiefer Verzweiflung und ebenso tiefem Vertrauen hin und her gerissen formt Barlach seine so unverwechselbaren wie unvergesslichen Gestalten; ein Stil, der ihn immer und überall wiedererkennbar macht, in allen seinen Phasen – vom Jugendstil hin zum Expressionismus. Immer verknappter wird das, was er in allen seinen künstlerischen Ausdrucksformen sagen will, weil er dem Wesentlichen nahezukommen sucht. Vielleicht könnte man ihn gar als *den* Existenzialisten unter den bildenden Künstlern ansehen, der »die Existentiale« Form werden lässt, der seinen Gestalten eine merkwürdig entrückte Sinnlichkeit gibt, ja zurück-gibt: Das »in die Welt Hineingeworfensein«, letztlich ein Einzelner bleibend, liebend, strebend, fragend, sterbend, dauernd und vergehend, fragend nach woher, wohin, wozu?

Welches Weihnachtsbild bringt reduzierter all das ins Bild, was Weihnachten bedeutet, als seine Plastik »Ruhe auf der Flucht«?, wo der Mantel, der aufgespannte über der Mutter, zum schützenden Dach wird. Die nährende Brust liegt frei, ausgeliefert und beschützt zugleich. Ein junges Paar auf der Flucht findet unterwegs einen Ruhepunkt, in Angst und Lebensgefahr, in Hunger und Kälte. Gemeint sind auch Asylsuchende, Liebende, Gefährdete und Behütete, Maria, Joseph und das Kind. Barlach beschränkt sich nicht auf die Weihnachtsgeschichte, sondern verallgemeinert.

Den ganzen Stolz eines Menschen mit aufrechtem Gang zeigt der »Wanderer im Wind«. Und die ganze Kraft im Schritt, dem Gegenwind trotzend. Sturm und Mensch bewähren sich aneinander. Das Unentrinnbare, das Schicksalhafte, das Eingeschnürte begegnet in der Skulptur »Mann im Stock«. Zudem »Singende Frauen«, »Lachende Alte«, »Singender Mann«, »Singender Mönch«, »Der Flötenspieler«. Andererseits »Die Verlassenen«, »Das frierende Mädchen«, »Das schlimme Jahr«: der sozial-politische Kontrast ist unübersehbar. »Der Träumer«, »Der

Schwebende«, »Der Lesende« – sie sind herausgehoben aus dem Alltäglichen. Da findet sich der Betrachter wieder, da ist er mittendrin. Da wird etwas zur Darstellung gebracht, was jeder kennt und empfindet, was jeden glücklich macht und doch im Innersten erschüttert.

Auffällig ist die schlichte Sprache der Hände, ja die »Existenz der offenen Hände«. Der »Lehrende Christus« wirkt wie ein Buddha, die offenen Hände auf die Knie gelegt. Der Gebende ist der Empfangende, der Lehrende der Lernende, der ganz Konzentrierte der ganz Geöffnete. Die Hände des schwebenden »Gottvater« laden ein. Die unnachahmlich sanft geformten und vor der Brust verschränkten Hände am »Schwebenden Engel« dagegen stehen für innere Einkehr. Wie viel Ausdruck legt Barlach hinein in die stützende Hand des Auferstandenen für Thomas und die schwer auf den Schultern Jesu liegenden Hände des ungläubigen Jüngers, der nur die Wahrheit glaubt, die er ertasten kann. Die ringenden Hände des »Zweiflers« und die Stille verströmenden Hände der »Sitzenden Alten«.

Überall offenbart sich der Gestus ekstatischer Stille, zwischen Begeisterung und Trauer. In karger Gestaltung zeigt sich doch pralle Lebensfülle. Das Wesen zu erkennen, zwingt dazu, sich auf das Wesentliche zu konzentrieren, aus den Erscheinungen das Hervorscheinende sichtbar zu machen und zu sehen.

Der Einzelne ist unverwechselbar, aber eben nicht als ein Individueller, sondern als Typus. So wiederholen sich seine Gesichter in verschiedensten Grundgesten. Der in das Tuch eingehüllte Mensch mit seinen übergeworfenen Gewändern wird zum Sinnbild des Geheimnisses, das sich nicht entbirgt, sondern verhüllt bleibt, immer nur eines sichtbar macht. Die Verhüllung ist Programm für Ernst Barlach, der weiß, dass es »die Wahrheit« nur im Plural gibt. Nur Wahrheiten kann er ins Bild oder ins Wort bringen, nie »die« Wahrheit. Das Barlach'sche Werk erscheint mir als *ein* Thema mit Variationen: als ein Versuch, Gestalt werden zu lassen, was kaum darstellbar ist.

Merkwürdige Wiederholungen, wie die »Mutter Erde« in Muschelkalk (1921) wiederkehrt im »Lehrenden Christus« (1931). Aber der »Lehrende Christus« blickt in die Weite und lässt seine geöffneten Hände sehen. Das eine ist ein Gestus der Einladung für andere, das andere ist ganz Empfangen, ein Leben bergender und ein Leben schenkender Schoß. Hier liegt die Religiosität, und zwar im Ganzen, nicht im Einzelnen, nicht erst in der ausdrücklichen Aufnahme christlicher Ikonografie, nicht erst in der Pieta, die mit dem toten Christus – mit Stahlhelm! – ein Kreuz bildet, nicht erst mit »Jesus in Gethsemane« oder mit der »Versuchung Jesu«. Das Christliche zeigt sich ihm als das ganz und gar Menschliche. Das Religiöse ist das nur fragmentarisch gelüftete Geheimnis des Seins.

Barlach bringt nichts anderes ins Wort und in die Gestalt als das, was Jesus mit dem Satz meinte: »Wer Ohren hat zu hören, der höre. Wer Augen hat zu sehen, der sehe.« Barlach wird hier geradezu radikal. Wer im Verborgenen das zu Entdeckende nicht hört, sieht, empfindet, erlauscht, der wird es durch keine Ausdeutung bekommen! Die Mahnung gilt noch heute, leben wir doch in einer Zeit, in der immer mehr Menschen nicht verstehen wollen, sondern sich nur alles zeigen lassen. Das nennt man dann eine gute Einschaltquote.

Barlach schreibt: »Heilig, heilig ist der Gott Zebaoth, und alle Lande sind seiner Ehre voll. Wer's hört, der hat's, aber wer ausdeutet, der begreift es nur, hat einen Plunder von musikalischem oder sonstigem Fachwissen in Händen.« Wenn das stimmt, dann könnten viele Lehrer und Katecheten entlassen werden. Es kommt darauf an, dass die, die das »Heilige« deuten, es so interpretieren, dass anderen nicht das eigene Sehen, Empfinden, Betrachten, Deuten erspart bleibt, sondern dass sie in Kunstwerken sich selbst erkennen. Es gilt, die Seh- und die Hörfähigkeit des Menschen zu schärfen, um der vermeintlichen Eindeutigkeit einer scheinbar vernünftigen Erklärung zu entrinnen. Barlach wird zu einem Meister des Entbergens des Erhabenen, der Geheimnisse des Lebens selbst, ohne Geheimnisse wirklich lüften zu wollen oder gar zu lüften. Alles sind für ihn *Näherungen*, ein Schrei nach Nähe aus der Einsamkeit – und alles ist ein Vertiefen des Alleinseins.

Was steckt hinter Barlachs Glaube? Ein tiefes Vertrauen in allem (Selbst-)Zweifel, ein Glaube, der sich nicht ins Korsett einer Lehre, eines Systems, eines Dogmengebäudes bringen lässt. Aber er spricht denen, die ein solches Haus brauchen, nicht ab, dass daran etwas sein könnte. Nur er selbst kann und will sich nicht in eine Gemeinschaft einfügen und sich schon gar nicht Glaubenssätzen unterwerfen. Dennoch sind Barlachs Gedanken die im Tiefsten begriffene »Rechtfertigung des Sünders allein aus dem Glauben«.

Schon 1916 – ausgerechnet an einem Pfingstmontag – notiert er: »Ich für meinen Teil glaube, es genügt, Ehrfurcht und Dankbarkeit zu haben … Ich habe die Ahnung von etwas, in dem mein Wesen sich gesund, zufrieden, glücklich, herrlich baden kann, sobald es dem *Wesen über* mir so gefällt. Es muß wohl Gründe geben, aber jedenfalls ist Dankbarkeit und Ehrfurcht ein tröstlicher Zustand.« Und einige Sätze weiter vorn heißt es: »Das ganze Verlangen nach dem Geist, der Sinn des Gottwollens und Gottsuchens, hat (aber) einen Sinn, den (grob gesagt): selbst Gott zu werden, nämlich Gott zu begreifen, zu fühlen wie er, seine Erhabenheit zu teilen, ihn zu ›schauen‹, und wäre es nur das eine, den Sinn der Welt, des Menschdaseins richtig zu lernen: Wozu dient die Welt, was soll das Ganze?«

Barlach stellt die großen Fragen, bleibt aber unsicher. Er reflektiert ständig sein Ungenügen, zumal im Worthaften, fühlt seine Kräfte schwinden und weiß doch auch, dass er noch nicht alles gegeben hat, was in ihm steckt und was durch ihn Gestalt gewinnen muss, was er an Gestalt herauszuholen hat aus dem, was geschieht. Barlach arbeitet solange am Sichtbaren, bis das Unsichtbare sichtbar wird. Beinahe alles hat einen »historischen Ort«, hat Zeit-Bezug, ohne *einem* Zeitpunkt verhaftet zu sein.

Barlachs Werk ist im Ganzen und im Einzelnen ein Angebot, den Reichtum der Geheimnisse des Lebens und das Geheimnis der Reichtümer des Lebens zu entdecken. Zu seinem Vetter Karl spricht er von »Vertiefung, Verfeinerung, Veredelung, Erkenntnis«, die aus der Kunst kommen. »Alles ist wahr, was aus innerem Erleben keimt.« Er deutet das Treiben in uns als Gottestreiben – als »Mühen, Sehnen, Kämpfen, Hoffen, Erbauen, Jauchzen, Wüten«.

»Das Wirkliche und Wahrhaftige« nannte Franz Fühmann den von ihm herausgegebenen großartigen Bildband, der 1970 in der DDR erschien und die so fruchtbare wie furchtbare Not des Künstlers in seinen schriftlichen Zeugnissen, in seinem bildnerischen Schaffen und in seiner Plastik nachzeichnet. Es wird deutlich, wie ruhelos dieser Künstler geblieben ist, der sich aus Berlin gerade nach Güstrow und dann an den Heidberg zurückgezogen hatte, um in Ruhe arbeiten zu können.

Er muss mit ansehen, wie sein »Schwebender Engel« geschleift und eingeschmolzen wird. Der deutsch-nationale Klein-Bürger will nicht an Schmach erinnert werden, auch heute nicht. Aber unsere Demokratie braucht redliche Erinnerung, sie braucht dringend Erinnerung an das, was Barlach wollte. Wir brauchen Erinnerung an deutsch-nationalistischen Massenwahn und an seine Massengräber. Es ist zu warnen vor hysterischer Übertreibung, aber es ist auch zu warnen vor abwiegelnder Verharmlosung und dem Versenken des Geschehenen in die Vergangenheit. Wer ließ die Verbrechen in deutschem Namen zu oder konnte sie nicht mehr verhindern – angesichts der Begeisterungsstürme samt den in den Himmel gereckten Händen, die Barlach »die römischen Hände« nannte? Wer Auschwitz zu verantworten hat, kann so schnell kein »normales Volk« werden, auch nicht sechs Jahrzehnte danach. Auch wenn es der Seele guttut, nicht immer wieder erinnert zu werden an etwas, was man nicht persönlich zu verantworten hat, ist jeder Aufruf bedenklich, der dazu ermuntert, endlich wegschauen zu dürfen, zu wollen oder zu sollen.

Schon Barlachs Ringen um Mahnmale macht deutlich, wie schwer es ist, angemessen zu erinnern, Trauer auszudrücken und zukünftigen Widerstand wachzurufen, ohne das Gedenken zu instrumentalisieren. Was an Barlach seinerzeit anstößig wirkte, ist inzwischen als Kulturgut eingemeindet, zur Kalenderblattmeditation geworden.

Als Barlach sein Anwesen verkaufen will, weiß er den Ort nicht, wohin er gehen soll. Er weiß nur, dass Frau Böhmer »mit ihm diesen Weg ins Ungewisse geht«. Er ringt mit der Verbitterung. Er antwortet immer noch auf die an ihn gerichteten Briefe und Bitten um Klarstellungen, auch Briefe an den nicht lockerlassenden Vikar aus dem Widerstandskreis um Dietrich Bonhoeffer, Wolf-Dieter Zimmermann, dem er schon 1932 geschrieben hatte: »Meine Gestalten sind gut, wenn sie echt sind.« »Zum Werden«, schreibt er, »hilft einzig bereit sein – in ehrlicher Unerschrockenheit und mit dem Willen, keinerlei Dogmatik über sich Gewalt zu lassen.« Und er beneidet ein wenig die Menschen, die in ihrem sicheren Glauben glücklich werden; ihm aber sei es nicht gegeben, weil »das Werden in mir schrankenlos (ist), solange ich Vertrauen habe, daß es mich hebt«.

Die Worte aber, die Menschen finden, sind bestenfalls eine Krücke »für die, denen das Humpeln genügt«. Später dann, 1937, spricht er von »satanischer Orthodoxie, die sich einige zurechtmachen«, also eine satanische Rechtgläubigkeit, die »zum Fehlfühlen und Fehlempfinden häßlich beflissen zu Tage tritt«.

Barlach wird immer einsamer, abwehrender und fühlt sich am Ende seiner Kräfte. Kurz vor seinem Tode muss er auf einer Güstrower Straße ein Gespräch mit anhören, in dem davon die Rede ist, er sei bereits im Konzentrationslager.

Im September 1937 wehrt er den Besuchswunsch von Wolf-Dieter Zimmermann ab und bemerkt mit bitteren Worten: »Sie hätten ›mein jetziges Schaffen‹ gern persönlich kennengelernt? Es ist dafür gesorgt, daß da nichts kennenzulernen ist und wird weiter gesorgt werden.« Als Imperativ für sich selbst vermerkt er: »Dabei soll man und muß man sich vor Verbitterung und derlei unproduktiven Einstellungen bewahren.« Am Tag vor seiner Bestattung, am 27. Oktober 1938, zeichnet Käthe Kollwitz ihn auf dem Totenbett. Mit zierlichem Körper, großem Kopf, riesigem Ohr, tiefgefurchter Stirn, versunken im Kissen und den großen Händen, die ganz in Frieden ruhen.

Wiederzuerkennen ist Barlachs Gesicht in der Plastik, die in der Ausstellung »Entartete Kunst« gezeigt wurde: im »Wiedersehen«, in der Begegnung zwischen Jesus und Thomas. Es ist Barlach, der Jesus, den Auferstandenen, anschaut, dessen Hände schwer auf der Schulter des Hochaufgerichteten liegen und der – an ihm vorbei – in die Weite sieht, während Thomas ihn wie einen Unnahbaren anfleht. Und dennoch: Jesu Hand stützt den, der gebückt auf ihn zukommt und zu fragen scheint: »Bist Du's?« Diese Plastik geht mir nicht mehr aus dem Sinn, seit ich sie mit 14 Jahren 1958 bei meinem ersten Besuch in Güstrow sah. Mich beeindruckt dieses tiefe Erfassen. Barlach kommt unter die Oberfläche der Dinge, ahnt hinter den Worten die Wahrheit und weiß doch, dass das Letzte unsagbar bleibt.

Welcher Künstler im christlichen Traditionsumfeld hat so tief und so klar begriffen, dass man Gott nicht haben kann, dass die Wahrheit hinter den Wahrheiten verborgen bleibt. Und wer hat uns so klar den Missbrauch dieses Wahrheitsbegriffes vor Augen geführt: wie ein Gott, den man »hat«, zum Plunder wird, zum Instrument, zur Keule, zum Vaterlandskriegsgott, zum Totschlaginstrument, natürlich »im Namen des Lebens«, für die eigene Nation oder Konfession.

Und wer hat trotz aller Verzweiflung mehr verstanden, was es heißt, dass Gott *uns »hat«*. Das Wissen vom Nichtwissenkönnen wird das höchste Wissen. Es wird zum »Glück vom Wissen des unbesprechbaren Geheimnisses«. Und dieses Geheimnis anschaulich zu machen, war und ist die Kunst, die Botschaft des Suchers und Künders Barlach. Dies ist das Paradox seines Lebens: seine verhüllende Offenbarung im Wort, im Bild, in der

Gestalt. Was sterblich an ihm war, ist begraben. Was wir von ihm in seinem Werk sehen, hilft uns leben. Das Wirkliche und Wahrhaftige werden wir uns aus dem, was wir vor uns sehen, heraussuchen müssen. Wenn wir das können, macht es uns reich.

Seine Sehnsucht nach Einfachheit und Klarheit hat eine Spur von Erfüllung gefunden. Geben ist Gnade; sich selbst geben die größte. Begreifen wir doch: Niemand ist verpflichtet, mehr zu sein, als ihm gegeben ist. Das ist im Tiefsten begriffenes protestantisches Ethos, mehr noch, ein Glaube, der Großes hervorbringt und doch weiß: alles ist Gnade.

Künstlerisch und auch theologisch will Barlach das Umfassende im Einzelnen anschaulich machen. Seine Welt-Schau ist im klassischen Sinne mystisch, denn »schließlich sind Schöpfer und Geschöpfe eins. Des Geschöpfs Minderwertigkeit macht den Schöpfer leiden.« (Brief vom 20. Mai 1916 an den Vetter Karl) In seinen Erläuterungen zu den »Wandlungen Gottes« notiert er: »Ich empfinde seit je und immer mehr die Einheit von Schöpfer und Geschaffenem, das Gewordene ist die andere Gestalt des Schöpfers, seine Phasen, sein Spiegelbild; der Augenblick ist ein verwandeltes Stück Ewigkeit.«

Zentrales Thema der Kunst Barlachs ist nicht das Spezialgefühl oder das Ego des Künstlers, sondern das, »was der Mensch gelitten hat und leiden kann«. In diesem Sinne bietet Kunst durch Aufnahme dessen, was ein Mensch erträgt und im Anschauen nochmals durchleben kann, eine Hilfe, das Beschwerende zu verarbeiten. Seine Figuren sind intensiv Lauschende, entspannt-konzentriert, fernab eines Wahns bedeutungslosen Vielerleis und wollüstiger Ablenkung vom Wesentlichen. Der Gestus der Hingabe begegnet uns im »Fries der Lauschenden«, beginnend mit dem »Empfindsamen« und endend mit der »Erwartenden«. Auch hier zeigt sich wieder der so verknappte wie symbolisch weitgefasste Umgang mit den Händen: Der Begnadete hält sich den Kopf und beinahe ein Auge zu – nicht fassend, was auf ihn zukommt. Der »Glaubende« hält geradezu verzückt seine leeren, offenen, sich ergebenden oder segnenden Hände hin, den Kopf geneigt, nach oben schauend. Sollte auch in diesem Kopf die Gestalt Barlachs wiedererkennbar werden, so wie bei Thomas auch?

Barlach lehrt die Kultur des Hinsehens, des Mitleides und des Mitleidens, der aktiven Barmherzigkeit: »Bettler, Beter mit ihrem Nichts vor dem Tiefsten und Höchsten. Das ist die Existenz des so verlorenen wie begnadeten Menschen.« Barlach führt hier keine erdachte oder gar ins Psychologische zu wendende Pose vor, sondern verdichtet Erfahrungen und Erlebnisse seiner Russlandreise von 1906. Alles Weitere formt er in der »Russischen Bettlerin« aus. Barlach lässt sich anrühren durch das, was er sieht, durch die Welt, die »abseits im Schatten steht, leidet, verhungert, verlöscht, ohne daß die Welt und ihre Zeitungen davon widerhallen«. Wer muss da heute nicht an die Rentnerin in St. Petersburg oder Irkutsk denken, deren Verzweiflung kaum in Kunst fassbar wird?

Der Erkenntnis-Vorbehalt, dass die Welt sich letztlich nicht ausdeuten lässt, betrifft auch Barlachs Werk. Immer ist das, was er darstellt, mehr als das, was an Deutung zu sagen wäre. Es ist schon mehr als symbolisch, dass der so viel zitierte Satz über Gott in seinem nie vollendeten Stück »Der Graf von Ratzeburg« zu finden ist. Warum hat er dieses Stück, das er elf Jahre vor seinem Tode begann, nicht abgeschlossen und warum hat er noch im November 1936 daran gearbeitet? Weil er mit der Frage, die darin steckt, nicht fertiggeworden ist, weil man als wirklich fragender Mensch nie damit fertigwerden kann, ja fertigwerden darf. Als Christopher betet und schließt: »Lobe Gott wie ich und sei mit mir einig in Gottes Preis«, lässt Barlach Heinrich antworten. »Ich habe keinen Gott – aber es sei gepriesen, daß es an dem ist, wie es ist: Ich habe keinen Gott. Aber Gott hat mich.« Worauf Christopher ergänzt: »Wage mit mir den gleichen Weg, der ein Weg ist des Dienstes ohne Herren über dir, noch unter dir, noch zu deiner rechten oder linken Seite, der Weg, der kein Werk der Sohlen mehr ist, noch der Furcht oder des Fragens und der Ungewißheit!«

Wer den Zusammenhang bedenkt, merkt, wie problematisch es ist, einen einzigen Satz herauszureißen, um ihn so besser »gebrauchen« und Barlach vereinnahmen zu können. Es ist das kleine »Es«, das Barlach hier einfügt: »Es sei gepriesen« statt »ER sei gepriesen«. Das »Es« will andeuten: Ich habe dafür keinen zutreffenden Namen. Das Versprechen Christophers ist, dass Furcht, Fragen und Ungewissheit aufhören. Für Barlach wäre das unmöglich gewesen. Denn wenn diese Erkenntnis-Mühe aufgehört hätte, wäre auch seine schöpferische Kraft versiegt. Nur der Fragende bleibt der Schöpferische. Und nur der, der wenigstens vorläufige Antworten wagt, hat auch Anspruch, gehört zu werden. So bleibt Barlach in Distanz zum post-modernen Allerlei, fern sich selbst genügender Spiel-Wiesen der Probierkunst, wo alles gleich gültig und dann eben alles gleichgültig wird.

Alles, was er schafft, ist dem Selbstzeugnis seiner Persönlichkeit ähnlich. Barlach sieht, dass »ich mein wahres Wesen in einer dunklen, unbewußten Tiefe suche. So sind wohl auch alle meine Gestalten nichts anderes als zum Sprechen und Handeln geborene Stücke dieses unbekannten Dunkels (und) meine plastischen Gestalten sind nichts als sehnsüchtige Mittelstücke zwischen einem Woher? und einem Wohin?« Die Suche nach Gott wird die Suche nach sich selbst, und die Suche nach sich selbst mündet in das Fragen nach Gott.

Ins Dunkle, in die unbewusste Tiefe versucht Barlach einzudringen und weiß bei allen Versuchen des Gestaltens, dass es Stückwerk ist. Alles steht unter einem Vorbehalt, den der Apostel Paulus mit den Worten ausdrückt: »Wir sehen jetzt durch einen Spiegel in einem dunklen Wort, dann aber von Angesicht zu Angesicht. Jetzt erkenne ich's stückweise. Dann aber werde ich erkennen, gleich wie ich erkannt bin.« (1. Korinther 13, 12ff.)

Barlachs Kunst ist tief religiös, wenn man darunter versteht: sich selbst suchen, in die Tiefen des Seins eindringen und dabei doch Geheimnisse zu bewahren! – gewissermaßen »Zeigen durch Verhüllen.« Es ist ein Glaube, den man traditionell fides qua nennt, ein Ausdruck von Intensität, von Grundvertrauen, unterschieden von der fides quae, einer bestimmten materialen Entfaltung in einer bestimmten Religion oder Konfession mit einem jüdischen, christlichen, muslimischen Credo.

Leichtigkeit kann man Barlach wahrlich nicht bescheinigen. Den Barlach'schen Gestalten haftet eine Schwere an, die nicht wegzuinterpretieren ist. Und doch haben seine Figuren etwas Schwebendes. Das Erdverbundene ist auch schon das Abhebende. Wird nicht der »Sterndeuter« bei seinem Blick nach oben gezogen, während er doch auf Erden festsitzt? Und fährt nicht der »Singende Mann« mit seinem Gesang nach oben? Es ist nicht erst in seinem Güstrower »Schwebenden Engel« das Gesetz der Schwere künstlerisch überwunden. Da dieser »das Gesicht der unvergeßlichen Käthe Kollwitz hat«, schreibt Brecht: »Solche Engel gefallen mir. Und obwohl man weder einen Engel noch einen Mann hat je fliegen sehen, so ist doch das Fliegen glorios dargestellt.« Das schreibt einer, der von sich bekennt, »daß die religiösen Plastiken Barlachs [ihm] nicht viel [sagen], überhaupt alle, die etwas Mystisches haben«.

Dieses Gott suchen, um Gott ringen, an Gott zweifeln und an Gott verzweifeln, diese unablässigen Versuche, das Unvorstellbare darzustellen, blieben nicht nur unvollständig, sondern würden verfälscht, wenn wir nicht mit derselben Sorgfalt und Aufmerksamkeit auf das sähen, was die politische und soziale Dimension des Barlach'schen Werkes ist: die Hungernden, die Frierenden, die Kranken, die Verkrüppelten, die Geschändeten, die Ermordeten, die Verlassenen. In allen drei Kunstformen bringt er sie zur Sprache und in die öffentliche Diskussion ein. In mystische Tiefen zu steigen, hieß für Barlach eben nicht, von den Abgründen des Lebens selbst oder vom Konkret-Politischen abzusehen, sondern den Zusammenhang zwischen beiden zu erkennen und sichtbar zu machen. Allein an den Auseinandersetzungen um seine Ehrenmale ließe sich die Geschichte zwischen den Weltkriegen beschreiben.

Bereits 1919 traut er – anders als die meisten Intellektuellen – den Versprechungen des Kommunismus nicht und sieht sehr klar die Gefahren: »Politisch glaube ich an einen Kommunismus hochwertiger Menschheit. Aber die Diktatur des Proletariats? Die Räterepublik? Überhaupt der Aberglaube von Glück und Gerechtigkeit, Prosperität und Zufriedenheit ist mir verdächtig. Des einen Uhlenglück wird immer das Nachtigallenunglück des anderen sein. Immerhin, ein bißchen mehr Brüderlichkeit könnte in die Welt kommen.« Verzicht auf gefährliche Illusionen muss nicht bedeuten, Hoffnungen aufzugeben, die Zielvorstellungen mit »utopischem Überschuß« brauchen. Die Kunst des Möglichen kommt ohne einen Begriff vom Unmöglichen nicht aus. Barlachs Gesellschafts- und Menschenbild steht in einem gut lutherischen Kontext (*sofern* das »Lutherische« nichts Konfessionell-Verengtes ist!). Er teilt Luthers skeptisches Menschenbild. Aber der Gefallene als ein Begnadeter bleibt nicht ohne Hoffnung.

Ähnlich wie Tucholsky wird Barlach zu einem der engagiertesten Anwälte des entschiedenen Pazifisten Jesus aus Nazareth. Entschieden begehrt er auf gegen die eigene Verunsicherung, als ihm der Domprediger von Magdeburg Pazifismus vorwirft: »Es ist bloßstellend in christlichen Augen, nicht bellikos zu sein? ... daß in einen christlichen Dom eine Kriegsverherrlichung oder auch nur Bejahung gehöre – nun, nun, genug. Ich möchte Ausfälle machen, die nicht wiedergutgemacht werden können – ich bin eben doch kein Pazifist, fürchte, daß ich mich eines Tages um meinen Kopf rede, da ich mich nicht gleichschalten kann.« Barlach will erinnern an das Menschenschlachten, an die Kriege für »Volk und Vaterland«, wendet sich gegen die verlogene Preisung der Helden in deutsch-nationalen Ehrenmalen, statt den Weg des Friedens zu gehen. Er findet, der Pazifist sollte »von Dompredigern gepriesen werden anstatt verdächtigt« (Brief vom 14. August 1933). Für solche Sätze sollte er in Zeiten der neuen »christlichen« Kriegsrechtfertigungen heute gepriesen werden.

Barlach ver-ehrend, frage ich: Worauf kommt es an? Er antwortet mit einem Konjunktiv: »Alles verlieren, nichts sein, nichts haben und doch wissen, daß Gott Gott ist, darauf käme es an.« Alles, was ich sagen wollte, hat Barlach in seiner »Sündflut« aus dem Jahre 1924 zusammengefasst: »Gott ist nicht überall, und Gott ist auch nicht alles, wie Vater Noah sagt. Er verbirgt sich hinter allem, und in allem sind schmale Spalten, durch die er scheint und blitzt. Ganz dünne, feine Spalten, so dünn, daß man sie nie wiederfindet, wenn man nur einmal den Kopf wendet.« Barlachs Kunst ist eine solche schmale Spalte, durch die das Göttliche scheint und blitzt. Auf uns.

Ein Dokument der Subversion und des Aufbruchs
Wie Franz Fühmann die Bibel auslegt

Wahrheit, Wahrhaftigkeit und die Brüche des Lebens

Franz Fühmann hat sich lange und rückhaltlos mit Ernst Barlach auseinandergesetzt. Für den 1962 erschienenen Bildband »Das schlimme Jahr« schrieb er einen Text, der später unter dem Titel »Barlach in Güstrow«, veröffentlicht wurde. 1970 gab er den Band »Das Wirkliche und Wahrhaftige« heraus, der Briefe, Dokumente sowie Abbildungen zahlreicher Grafiken und Plastiken von Barlach enthielt. Da wir schon nicht zu *der* Wahrheit kommen, muss es uns wenigstens um das Wahrhaftige gehen; wahrhaftig wollte Fühmann selbst sein, mit seiner Selbstkritik nach zwei Lebensverirrungen: Er hatte sich zwei Systemen verschrieben, deren Ideologie als »absolut gültig« postuliert worden war.

Das Wirkliche ist das Widersprüchliche, nicht das Eindeutige. Das mag Fühmann bewegt haben, den Dingen auf den Grund zu kommen, sich nicht mit der Oberfläche zu begnügen, in den Grund zu steigen, gar im wörtlichen Sinne: »ins Bergwerk einzufahren«. Ihm ging es um die Verwirklichung eines Ideals – Frieden und Gerechtigkeit – in einer stalinistischen Gesellschaft. Den Sozialismus hielt er für ein humanes Projekt! Am Schluss aber, in seinem Testament vom 26. Juli 1983, resümierte Fühmann: »Ich habe grausame Schmerzen. Der bitterste ist der, gescheitert zu sein: In der Literatur und in der Hoffnung auf eine Gesellschaft, wie wir sie alle einmal erträumten. Ich grüße alle jungen Kollegen, die sich als obersten Wert ihres Schreibens die Wahrheit erwählt haben.«[1] Das Eingeständnis eines erneuten Scheiterns.

Immer wieder reflektierte er das Verhältnis von Wahrheit und

Wahrhaftigkeit – so in seiner Dankrede zur Verleihung des Geschwister-Scholl-Preises 1982: »Wahrhaftigkeit ist nicht identisch mit Wahrheit, sie bleibt in der menschlichen Sphäre des Irrens, allein sie ist der Todfeind der Lüge und gleich der Wahrheit, die sie begehrt, von der Wesensart des Unbedingten, und sie ist ein Begehren, vor dem man erschrickt, denn es fordert zur Nachfolge auf und mißt jeden an der Bereitschaft dazu. Sie prägt das Schibboleth auf die Stirnen, das heimliche Erkennungswort, das bestürzt und schreckt, wenn es jählings hervortritt und in Lettern von solchem Glühen erscheint, daß kein Vergessen sie auslöschen kann. … Wahrhaftigkeit will aber an die ganze Wahrheit, denn die Wahrheit ist immer das Ganze, nicht abgewogen, nicht zugemessen, nicht ausgewählt und nicht abgestuft, nicht in irgendeinem Dienste stehend, der sie nach Belieben gebraucht und von dafür Befugten verwalten läßt, nicht für Programme zugeschnitten, nicht Strategien untergeordnet, nicht modifiziert nach Erfordernissen, nicht Präzeptoren vorbehalten, die Volk als das schlechthin Unmündige ansehn, … ein absoluter, kein relativer Wert. Sie kann zum Tod sein, diese Wahrheit; sie sagt ›was ist‹ und sagt es gnadenlos, alle Illusionen wie Spinnweb zerfetzend, alle schäbigen Hoffnungen niederreißend, allen Ausflüchten den Weg abschneidend, jede Lüge, die sich eine ›fromme‹ nennt, in ihrer nackten Erbärmlichkeit zeigend, jeden Rausch in jene Ernüchterung wendend, die vor Schmerzen schreien macht. Darum geht der Wahrheit der Schrecken voran, und was ihr folgen, sind Scham und Schuld, doch sie alle sind Ingredienzen der Würde.«[2] Die Unbedingtheit des Widerstandes dieser Studenten aus München forderte ihn, der zu jener Zeit noch ganz auf der Seite Hitlers gestanden und gekämpft hatte, zu einer Selbstverständigung heraus.

»Der Wahrheit nachsinnen – / Viel Schmerz«, diese Zeile Georg Trakls bestimmte sein Leben. In die dunkle Qual seines Grübelns »fuhr der Blitz eines Parteitages«, damals, 1956. Dadurch kam er – nach eigenem Bekunden – »aus dem Trinken heraus, und das immerhin für mehr als drei Jahre«: »Nie strahlte die Hoffnungsgewißheit auf die unbesiegbare Wahrheit so hell.« Und er musste dann erleben, dass Stalin zwar kein Klassiker mehr war, »aber ein zweidimensionales Denken in Begriffen von Schwarz und Weiß« weiterhin galt und nach wie vor alles von der Ideologie allein bestimmt wurde.[3]

Gewunden klingt die Antwort des NDPD-Mitgliedes Franz Fühmann in der »National-Zeitung«, Berlin, vom 3. September 1961 auf den offenen Brief von Wolfdietrich Schnurre und Günter Grass. Beide hatten am 16. August 1961 »an die Mitglieder des Deutschen Schriftstellerverbandes« appelliert, dass sie gegen den Mauerbau protestieren mögen. Da war er noch ganz »in Reih und Glied«. »Ich möchte Ihr Schreiben ernstnehmen: Am Brandenburger Tor und am Potsdamer Platz stehen Panzer. Es sind sozialistische Panzer, und es ist gut, daß sie da stehen, denn es ist notwendig. Es ist auch unbequem – in erster Linie für die, die in den Panzern sitzen und den Frieden an seiner am meisten gefährdeten Grenze beschützen ... In braunen Panzern bin ich, den Antikommunismus der Globke und Goebbels im Kopf und ein Gewehr der Firma Krupp in der Hand, in die Sowjetunion eingedrungen, und es waren die Insassen der roten Panzer gewesen, die mich aus der leiblichen und geistigen Sklaverei der Hitlerwehrmacht befreiten.«[4] Halbherzig rechtfertigte er die vermeintlich gerechte Sache ganz aus der Vergangenheit. Politik wurde zur Religion, zur Glaubenssache.

Genau 20 Jahre später hielt er auf der Berliner Begegnung zur Friedensförderung eine Acht-Thesen-Rede. Friedenspolitik als Weltinnenpolitik von unten ist »das Aufsprengen eines Teufelskreises, darin Mißtrauen vermehrte Rüstung und vermehrte Rüstung vermehrtes Mißtrauen zeugen. In ihrer Korrespondenz von Universalität und Bürgerinitiative ist die Friedensbewegung durch nichts ersetzbar ... Die Grundlage allen Vertrauens ist Wahrhaftigkeit; sie beginnt immer als Wahrhaftigkeit gegenüber sich selbst. Unwahrhaftigkeit kann niemals ein Mittel für einen noch so guten Zweck sein. Sie zersetzt diesen Zweck und diskreditiert ihn. Sie baut letztlich nur Vertrauen ab, dessen Vorräte erschöpfbar sind, übrigens in allen Bereichen und in jeder Beziehung. Geschwundenes oder zersetztes Vertrauen ist wie abgestorbene Flüsse nur schwer regenerierbar. Ich halte es mit Immanuel Kant, nach dem ›die Lüge der eigentliche faule Fleck in der menschlichen Natur‹ ist. Wie der Krieg sollte die Lüge geächtet sein. Sie sprießen beide aus einer Wurzel und führen beide zur Zerstörung.«[5] Er sah sich abermals getäuscht, obwohl er in die ›guten Panzer‹ umgestiegen war.

Dazwischen lagen andere erschütternde Erfahrungen. Bereits 1964 hatte er sich im »Neuen Deutschland« vom Bitterfelder Weg verabschiedet, dem Versuch, eine eigene »sozialistische Nationalkultur« durchzusetzen und so eine »sozialistische Persönlichkeit« zu entwickeln: »... vor allem brauchen wir Qualität, Qualität und nochmals Qualität. Ich möchte mich auf dieses Problem als Wunsch für unsere Kulturpolitik beschränken: entschiedene Förderung der Qualität in der Literatur und Bekämpfung alles Seichten, Geschluderten und Gehudelten, Kitschigen, Gedankenarmen, Banalen und Abgeschmackten. ... Es gibt keine Wertmaßstäbe: Belangloses Zeug wird, weil thematisch wichtig oder grade passend, auf vielen Spalten breitgetreten, wichtige Arbeiten werden ignoriert. ... Einer grünen Bank wird vorgeworfen, daß sie kein blauer Tisch sei.«[6] Als der NDR ein Zitat aus diesem Brief veröffentlichte, schrieb er quasi einen Widerruf, der ebenfalls im »Neuen Deutschland« erschien. Die Freund-Feind-Frage schien immer noch klar; das ändert sich mit seinem heute berühmten Brief an den stellvertretenden Minister für Kultur, Klaus Höpcke (geschrieben am 20. November 1977). Darin beklagte er, dass die DDR-Bürger ihre »Lust auf Wahrheit« aus den Medien der DDR nicht mehr stillen könnten. Über die Ausreise der Schriftstellerin Sarah Kirsch erfuhren sie »aus einem anderen Informationssystem«. Fühmann empörte sich über das gewollte Verschweigen, das dann auch ihm selbst widerfuhr: Sein Brief konnte erst 1990 erscheinen (in der Zeitschrift »Sinn und Form«).

Die Einheit der Widersprüche – das Wort und die Wörter

Den in den Ereignissen des Sommers 1968 in der Tschechoslowakei zutage tretenden weltgeschichtlichen Widerspruch verspürte er ganz persönlich, er sah sich bis zur Grenze des Zerbrechens gespannt. Dieses Gefühl fand er in den Gedichten Georg Trakls wieder. Sein eigenes Leben sah Fühmann immer wieder im Spiegel dieses opiumsüchtigen Poeten, als einen Versuch, Trakl zu verstehen. »Nun las ich wieder mit jenem Schauer des Begreifens der eigenen Sache, des Erfahrens: Tua res agitur. – Es war ein Verstehen im Sinn des Pfingsten: ›Wie kommt es, daß wir sie hören, jeder in der eigenen Sprache, in der wir geboren sind?‹ – Ein jäher Riß; etwas Neues begann.«[7]

Ohne jenes Grübeln, ohne jene Risse, ohne jenes Hinabsteigen in die Tiefen, ohne jenes unbedingte Pathos der Wahrhaftigkeit, ohne jene selbstquälerische Selbstbefragung, die sich nichts erspart, ist nicht zu verstehen, wie sich Fühmann der Bibel nähert, sie versteht und verstehen lehrt. Zudem muss man stets ein hermeneutisches Prinzip beachten, das Fühmann für Trakls Gedichte – wie für Literatur überhaupt – heranzieht, wenn denn religiöse Grundlagentexte in den Bereich von Literatur fallen: Das Wesen des dichterischen Wortes ist als »Einheit von Gegensätzen zu fassen«[8]. Der Widerspruch im Wort soll den Leser aufschrecken lassen. Daher ist jede Interpretation von Dichtung so lange auf einem rechten Weg, als sie »mindestens eines der Elemente jener Widerspruchseinheit zu fassen vermag, was zugleich verlangt, sich des Anspruchs zu entheben, allein die richtige zu sein«[9].

Die Sprache der Wissenschaft und die Sprache der Dichtung sind zwei Sprachen. Wörter bezeichnen für uns das Wort als Instrument des wissenschaftlichen Zugriffs. Fühmann führt als Beispiel an: »daß etwa die Adjektive ›rot‹ und ›gelb‹ in der Wissenschaftssprache als eindeutige ›Wörter‹, nämlich als Namen für die Netzhauteindrücke bestimmter elektromagnetischer Wellen, in der Sprache der Dichtung hingegen als ambivalente, trotz jeweils klarer Begriffsbestimmung nie ausschöpfbare Worte anzusehen sind: ›rot‹ – das ist der Name für den Netzhauteindruck einer Frequenz von 4×10^{14} Hertz; und ›rot‹ sagt eine Einheit von Leben und Tod.«[10] Wer dies nicht unterscheidet, wird nichts begreifen. Das dichterische Wort ist zu verstehen im Sinne des Plurals von *Worte* und nicht von *Wörtern*. Das Wesen der Worte ist die widersprüchliche Einheit menschlicher Erfahrung.

Wer die Kraft des Ausdrucks nicht spürt, kann die Poesie nicht begreifen. Im Buch der Psalmen seien Wortausbrüche des Einzelnen wie des Volkes in einem Bedrängnisüberschwang zu finden, erfüllende Freude neben herzzerreißendem Leid. Es drängt den Menschen, über seine Gefühle zu reden. Und so redet man miteinander in der Gemeinde zu Gott, weil man reden *muss*, um bestehen zu können.

Wer solche Texte bloß als historische Dokumente liest, die nur einen Zustand beschreiben, wird so lange nichts begreifen, wie er nicht weiß, dass es um die Sache jedes Einzelnen geht. Es geht um Identität *und* Differenz, um Einverständnis *und* Widerspruch, um unendliche Nähe *und* um unendliche Ferne. Insofern hat Fühmann theologisch das vorweggenommen, was Ernesto Cardenal und Dorothee Sölle später Theo*poesie* – im Unterschied zur bloßen Theo*logie* – genannt haben.

Franz Fühmann sagte über sich selbst – 1982 im Gespräch mit Winfried F. Schoeller: »Wenn Sie wollen, ist sie (die Heimkehr) letzten Endes das Grundthema dessen, was ich schreibe, auf die allgemeinste Formel gebracht. Das Geheimnis: daß einer ein solch zerbrochenes Leben hat und doch die Identität der Person besteht, … ein zwar langsames Begreifen dessen, ›was ist‹, doch dann ein Bestehen auf dem, was man einmal erkannt hat, trotz aller Anfechtungen.«[11]

So wie sich das Geheimnis in der Poesie zeigt, so erst recht im »Buch der Bücher«, dessen Wort unausschöpfbar ist. Fühmann verweist auf den Rat Augustins, »es gebe zwei Möglichkeiten ..., sich den Zugang zur Schrift zu versperren: wenn man *zu klein* oder wenn man *zu groß* von sich selbst denke. Glaube man, das Wort nicht verstehen zu können, scheitere man schon an der Schwelle, dünke man sich aber zu weise, halte man die Bücher der Bibel für belächelnswerte Ammenmärchen. Wenn man jedoch unvoreingenommen eintrete, werde einem zuteil, mit dem Buch zu *wachsen*«.[12]

Der Mythos als verdichtete Menschheitserfahrung

Lange Zeit erschien Fühmann der Mythos als das Mittel schlechthin, komplexe Wirklichkeit adäquat einzufangen, um den Widerspruch nicht aus den Dingen zu nehmen.

Nachdem er viele Jahre hindurch griechische Mythen auf eine glänzende Weise nacherzählt hatte, hielt er 1974 in der Humboldt-Universität in Berlin seine große Vorlesung »Das mythische Element in der Literatur«. Darin wandte er sich der Interpretation des Matthias-Claudius-Liedes »Der Mond ist aufgegangen« ebenso zu wie Jean Paul, James Joyce und dem Hiob-Buch. Er versuchte, das Geheimnis der Überzeugungskraft des Mythos zu ergründen: »Der Mythos ist nie zur Erklärung geschaffen, wiewohl er ... ›die Eigenschaft hat, erklärend zu sein‹.« Und er bestätige seine eigene Erfahrung: dieser »erklärt Dinge, die wissenschaftlich unerklärbar sind«.[13] Lebten wir nicht im Sozialismus – in der »entwickelten sozialistischen Gesellschaft« – wo es derlei gar nicht mehr geben konnte?!

Entscheidend für das Bibelverständnis Fühmanns war seine Beschäftigung nicht bloß mit mythischer Überlieferung, sondern mit dem Mythosbegriff selbst. Im allgemeinen Sprachgebrauch werden damit Verklärung, Lüge und unhistorisches Fantasiegebilde in Verbindung gebracht oder Mythisches und Mystisches (ein augenschließendes Inne-werden) werden vermengt. Mythos kann umschreibend übersetzt werden mit: »wie die Sache sich verhält«. Aber die Sache verhält sich nicht eindeutig, sondern vielschichtig und widersprüchlich. Mythos macht es möglich, »die individuelle Erfahrung, mit der man ja wiederum allein wäre, an Modellen von Menschheitserfahrung zu messen«[14].

Mythos ist verdichtete Menschheitserfahrung, demonstriert an einzelnen Personen, die etwas Typisches haben, obwohl sie als unverwechselbare Individuen erscheinen. Ausschlaggebend ist eine große Nähe zu dem, was Carl Gustav Jung das »kollektive Unbewußte« genannt hat: überlieferte Vorstellungen, die in Träumen, Fantasien, Dichtungen, Visionen ins Bewusstsein treten und in allen Völkern wiedererscheinen als Archetypen, z. B. die alte Weise, die große Mutter, der Schatten, die Schlange, das göttliche Kind, als Urtopographien etwa Paradiesgarten und Höllenfeuer oder als geometrische Urformen Gabelung oder Mandala, als heilige Zahlen wie etwa die Dreizahl. Sie finden in verschiedenen Kulturen verschiedene Gestalt. Sie lassen sich deuten, sind aber nirgendwo durch Deutung ganz ausschöpfbar. Im Verlauf der Menschheitsgeschichte werden Mythen immer wieder umgeformt und »weitergesponnen«.

Zu allen Zeiten geht es darum, den Mythos so zu entschlüsseln, dass der Verstehende sich selber begreifen lernt und sich »objektiv« unbeantwortbaren Fragen stellt, »nicht nur … nach dem Was und Woher, sondern auch nach dem Warum gerade *seines* und dem Wozu *allen* Geschlagenseins in die Welt«[15].

Beim Menschen – und bei ihm allein – verschmelzen das WAS und das WIE der Erfahrung, da der Erfahrende und der Erfahrungsgegenstand in einer Person zusammenfallen. »Das Mythische«, meint Fühmann, »ist Gleichnis für die Verschränkung dessen, was sowohl draußen wie drinnen ist, von historisch-sozialen wie von psychischen Realitäten.«[16] Das ICH, das sich betrachtet, macht sich zum Objekt und kann seinem Subjektsein dennoch nicht entrinnen. Dieser Vorgang vollzieht sich im heranwachsenden Menschen, der zum ersten Mal von sich nicht mehr in der dritten Person spricht, sondern ICH sagt und zugleich weiß, dass er für sich selber auch ein Gegenstand ist, dass er nicht nur einen Körper *hat*, sondern auch einer *ist*.

Fühmann macht das an einem einfachen Vorgang deutlich: Wer von einer Wespe gestochen wird, erfährt den Stich nicht bloß als objektiven Vorgang, den er in Schwellung und Rötung betrachten kann, sondern zugleich als seinen Schmerz. In der Art, wie ich auf den Schmerz reagiere, entdecke ich zugleich die Züge meiner eigenen Seele; Äußeres wie Inneres wirken auf mich ein. Der Stich trifft mich. Und so kann ein höhnisches Gelächter mich in meiner Seele treffen, ein Stich, der mich anschwellen und verhärten lässt, bis es in mir hämmert und die Wut braust. Und so sprechen wir dann vom »Stich ins Herz«. Solch »doppelte« Erfahrung vermittelt die Kunst, die mit dem Objekt auch das Subjekt, mit der Landschaft auch die Landschaft der Seele abbildet. Die »Sonnenblumen« von van Gogh, das Lächeln der Mona Lisa oder das Schmerzensgesicht auf dem Isenheimer Altar wären sonst bloß Glückstreffer mit historischem (oder in Geld ausdrückbarem) Wert. Sehe ich aber diese Kunst als Kunst, so ist sie ein Objekt, das in mich dringt, mich zum Übertragbaren, zum Symbolischen und Metaphorischen führt. In existenziellen *Grunderfahrungen* verschmelzen das Subjektive und das Objektive: Ich verkörpere ihr Was und ihr Wie. Leben und Sterben, Ich und Du, das Zuhause und die Welt, Schmerz und Beglückung – all das ist mein Erleben. Da wird *mein* Kind geboren! Und die ganze Welt beginnt noch einmal – vor meinen Augen und für mich. Zugleich geschieht dies millionenfach. Was für jeden einmalig ist, ist zugleich ein statistischer Wert. Ich weiß, dass alle Menschen sterblich sind – im

Prinzip, ganz objektiv, aber wenn mir meine Geliebte, meine Mutter, Schwester sterben oder wenn ich selber dem letzten Dunkel gegenüberstehe, dann tritt etwas mein Herz und Hirn Überwältigendes in mein Leben. Im Bildwort, im Gleichnis, in der Metapher, im Mythos lässt sich adäquat ausdrücken, dass das Allgemeine und das ganz Einmalige das Was und Wie auf eine geheimnisvolle Weise in eins fallen. Hiob schreit: »Wenn doch mein Gram, mein Leid gewogen würde auf einer Waage, ganz genau, so wäre es schwerer als aller Sand, der an den Küsten der Meere liegt.« Wen ein vergleichbares Leid wie Hiob getroffen hat, der weiß: *der* versteht mich. Was hier ausgedrückt wird, lässt sich nicht objektivierend adäquat erfassen. Das Absurde wird im Bild ausgedrückt, denn der Sand lässt sich nicht wiegen.

Dies lesend, ist der Leidende, der sich mit Hiob beschäftigt, für einen Moment aus seiner Einsamkeit herausgetreten. Er spürt: Hier versteht mich einer, hier versteht einer, was keiner verstehen kann, der nicht diese Erfahrung gemacht hat, die ich gerade mache. So hilft ein solches Bildwort, Leid zu bewältigen – das eigene, einmalige Leid zu überwinden. Ein Bild, eine Zeile, eine Musik gewinnt etwas Kathartisches. Ich sage befreit: »So ist es. Genau so. Treffender lässt es sich nicht sagen.«

Der Turmbau zu Babel – oder: über Sprache und Arbeit

Was ich grundsätzlich ausgeführt habe, demonstriert Fühmann in seinem Buch »Die dampfenden Hälse der Pferde ...« am Beispiel des Turmbaus zu Babel. Bevor das Geistlein Küslübürtün den Kindern jene alte Geschichte, diese Mythe, zu erklären versucht, erzählt er ihnen von der Bibel. Die Bibel sei ein wunderbares Buch, das jeder kennen sollte, »auch, der nicht an Gott glaubt. Ein uraltes Volk hat es vermocht, in seiner Geschichte – denn die wird im Alten Testament erzählt – den Weg der Menschheit abzubilden: Herkunft, Wanderschaft, Kämpfe und Schlachten, Naturkatastrophen, Drangsale, Hoffnung, Grausamkeit, Nöte, Verirrungen, Treue, Liebe, Opfermut, Schändlichkeit, Aufstieg, Triumph und Absturz und alle Regungen menschlicher Seele in Legenden, Chroniken, Geschichten und Liedern und dazu die tiefe Weisheit einer bestimmten Art von Märchen, die man Mythen nennt.«[17]

Fühmann geht auf den Unterschied zwischen Märchen und Mythe ein: Im Märchen bekommt immer der Prinz die Prinzessin, das Böse wird bestraft und alles geht gut aus, während die Mythen so ausgehen wie das Leben selbst. Und das habe eben nicht sehr oft ein glückliches Ende. Im Mythos vom »Turmbau zu Babel« oder bei der »Arche Noah« geht es nicht um Architektur und Schiffsbaukunst, sondern um die Klärung der Widersprüche, die der Mensch erlebt, *und* jene Widersprüche, die in ihm selbst sind: dass der Tapfere zugleich der Feige sein kann und in dem Guten auch das Böse steckt.

Mythen versuchen, die Grundfragen des Menschen nach sich selbst auf eine fantastische Weise zu erklären, vor allem die Fragen nach den Ursprüngen: Woher kommt das Böse, woher die Sehnsucht, ja, woher kommt die Welt? Wieso sind Menschen verschieden und sprechen verschiedene Sprachen? Gibt es einen Plan, nach dem die Geschichte verläuft, und wer macht diesen Plan? Wenn es verschiedene Sprachen gibt, die unabhängig voneinander entstanden sind, lässt sich das überhaupt übersetzen, und wie können sich Menschen verstehen? Kann man überhaupt verstehen ohne Sprache? War erst der Gedanke oder erst das Wort – gibt es Gedanken ohne Worte?

Diese Einführung hat die Neugier des Lesers geweckt; er ist auf die Geschichte des Turmbaus zu Babel vorbereitet, auf die große Sprachverwirrung, wenn Genesis 11 zitiert wird.

Fühmann entgeht der Falle der moralistischen Verengung, die Bibel als eine Ansammlung von religiös-moralischen Vorschriften zu betrachten: »Man darf die Mythen der Bibel eben nicht wörtlich nehmen, sondern muß versuchen, sie zu verstehen.« Küslübürtün erläutert, die Sprache sei vom Menschen einfach nicht zu trennen, deswegen müsse sie mit ihm entstanden sein. Der Mensch habe – vor etwa einer Jahrmillion – von den Affen her einen Sprung gemacht, einen Mutationssprung. Zu seinen besonderen Anlagen gehörte die Fähigkeit zur Arbeit, zum Denken und zur Sprache. Der Mythos von Babel berichte nicht vom Ursprung der Sprache, sondern vom Ursprung der Sprachtrennung. Dass der Gott Jahwe Menschen sprechen gelehrt habe, sei »wissenschaftlich« kompletter Unsinn, aber wenn etwas ganz Neues plötzlich entstehe, dann nenne man das gern eine »Schöpfung«, und zu einer Schöpfung gehöre nun einmal ein »Schöpfer«. Dem hätten Menschen einen Namen gegeben.

Die Sprache sei eine Voraussetzung für die gemeinsame Arbeit an einem Projekt, einer Idee und ihrer technischen Verwirklichung. Wie sehr der eine Mensch auf den anderen und seine Fähigkeit angewiesen ist, wie sehr Arbeit eine Form der Selbstverwirklichung des Einzelnen in der Gemeinschaft ist, wird in der Mythe vom Turmbau zu Babel ebenso deutlich wie die Versuchung des Menschen, sich nicht nur über die Tierwelt zu erheben, sondern auch übereinander. »Mit der Arbeit ist die Sprache geschaffen worden und durch die Sprache wurde sie auch verwirrt«, d.h. vieldeutig.

Wenn einer nicht anders kann

In seiner Erzählung »Der Mund des Propheten« (1982) greift Fühmann die Prophezeiung des alttestamentlichen Propheten Micha auf: Entweder »fährt Feuer um das Erdrund, und sein Atem bläst alles Leben aus« oder »Die Völker … bringen ihre Schwerter und Lanzen, und die an den Schmiedfeuern sitzen, schmieden die Schwerter zu Pflugscharen um und die Lanzen zu Winzermessern«. In einer Zeit, in der Polizisten den Aufnäher

»Schwerter zu Pflugscharen« von den Jacken Jugendlicher entfernten, ging er in Kirchen und in Evangelische Studentengemeinden. Er wusste, dass sein Auftreten »tief problematisch ist, daß es eben nicht selbstverständlich ist, daß ich als Atheist dort lese ... Ich habe mich nicht in die evangelische Kirche begeben, sondern ich bin dorthin gedrängt worden, ganz einfach, weil seit jenem November 1976[18] ... mein Staat mir kein Publikum mehr gibt, und die Kirche hat diese Funktion wahrgenommen.«[19]

Mit der Erzählung »Der Mund des Propheten« wollte er an einer Manifestation des Schriftstellerverbandes »zur Beförderung des Friedens« mitwirken. Als dies nicht möglich war (natürlich aus »technischen Gründen«), sah er sich gezwungen, in evangelischen Kirchen zu lesen. Er wurde selber zum »Mund des Propheten«, als er seine Erzählung erstmals an dem Tag gelesen hatte (25. März 1982), an dem der Verteidigungsminister der DDR, Armeegeneral Heinz Hoffmann, das neue Wehrgesetz verkündet hatte. Hoffmann hatte in seiner Einführungsrede gesagt: »Unsere Soldaten tragen ihre Waffen für den Frieden, und je besser sie ihre Waffen beherrschen, um so zuverlässiger ist der Frieden gesichert! So gerne wir unsere Waffen dereinst verschrotten werden – noch braucht der Sozialismus, braucht der Frieden unsere Pflugschare *und* unsere Schwerter!«[20] Sowohl im »Neuen Deutschland« wie auch später in der Broschüre über das Wehrgesetz war das Wort ›und‹ fett gedruckt.

Fühmann dagegen ordnete die alte Konversions-Vision der alttestamentlichen Propheten in die lebensbedrohliche Konfliktsituation gegenseitiger atomarer Vernichtung ein. Wieder ging es ihm um die verschwiegene Wahrheit und die ertrotzte Wahrhaftigkeit – Wahrheit und Frieden waren für ihn aufeinander angewiesen. »Da sagte der Prophet: ›Wenn die Lüge aus tausend Mäulern schreit, schweigt die Wahrheit aus einem Mund.‹ – Da sagte die Königin Jezebel: ›Ein stummer Mund hat nicht Wahrheit noch Lüge.‹ – Da reckte sich der Prophet und sprach: ›So will ich für den Verstummten sprechen!‹ ...

›Was nutzt ein Wort?‹

›Das Wort wird bewahrt‹, sprach der Prophet, der immer nur Einer ist in den Vielen, weil er der Mund der Wahrheit ist.«[21]

Am 25. Mai 1982 schrieb er an die »liebe Karin (Hirdina), … Polizei her, festnehmen, Abzeichen abreißen, die Leute auf unglaubliche Weise drangsalieren, das ist die ganze Weisheit [der Staatsführung]. Wir sind auf dem jetzt legalisierten Weg zur Militärdiktatur, das ist der Sachverhalt, und die Folgen zeigen sich. Ich bin gegen Militarisierung der Gesellschaft, bin zum Beispiel dagegen, daß die Militärs an den Schulen aus und ein gehn, bin gegen die wahnwitzigen Atomkriegsübungen, die in einer ungeheuerlichen Weise die Leute zum Narren halten, bin gegen die fröhlichen Pioniermanöver, bin dagegen, daß mir, wie jüngst im Hotel in Greifswald, um 6 Uhr früh ein Kommando in die Ohren gellt, daß man im Lehrlingskräftevergleich der vormilitärischen Erziehung ›für den Frieden schießt‹, bin gegen innerbetriebliche Schulungen, in denen empfohlen wird, allen Ernstes, *allen Ernstes*, daß, wenn man den Atomblitz sieht, [man] sich schnell in die geschützte Ecke der ihm zugewandten Wand lege und ihn nicht angucke.«[22] Dann wandte er sich mit scharfen Worten gegen alles militaristische Getue, gegen ein Wettrüsten, das notwendig in die Katastrophe führt, gegen die Unwahrhaftigkeit, gegen simple Wahrheiten, gegen Feindbilder und kündigt am Schluss des Briefes an, dass er »noch I Text machen (müsse) ›Warum ich als Atheist die Bibel lese‹«[23]. So lehrt Fühmann die Bibel lesen in den Konflikten der Gegenwart, denn – so betont er – wenn er in San Salvador leben würde, hätte das Wort aus Joel Gültigkeit, wo es heißt: »zieht in den Heiligen Krieg und schmiedet die Pflugscharen um zu Schwertern«[24].

In der verfemten Auftragsarbeit »Der Mund des Propheten« stehen sich Nordreich und Südreich gegenüber. Die feindlichen Brüder gleichen einander. Sie wollen Besitz, sie wollen Macht, und sie wollen die Unterwerfung. Die Propheten des Königs, die Redenschreiber der Mächtigen, die stets mit gespreizter

Zunge wortreich propagieren, was »höfisch« ist, stehen dem »Mund des Propheten« gegenüber. Solche falschen Zeugen gibt es stets, wenn nur Denunzianten an der Macht schlecken können. Naboth, dessen Weinberg der König und seine Gattin – vor allem seine Gattin! – haben wollen, wird gesteinigt. Der zum Verstummen Gebrachte braucht einen Fürsprecher, der bereit ist, für die Wahrheit alles zu riskieren. Die Mächtigen des Nordreiches und des Südreiches gleichen sich. Der Henker ist jedem Mächtigen zu Diensten, der wahre Prophet dagegen ist keinem dienlich und wird von jedem bekämpft. Dies zeigt die Geschichte ebenso, wie sie von der Unbestechlichkeit der Propheten erzählt, denen die Mächtigen nicht zuhören wollen. Der Henker scheint am Schluss zu triumphieren. Er fragt den Propheten: »Was nutzt dir die Wahrheit?« Sie kostet dem Propheten das Leben. Die Willfährigen überleben – aber die Wahrheit lässt sich nicht töten und findet immer wieder einen Mund, *einen* Mund. Auf den Einzelnen kommt es an.

Die Frage ist, ob die Angeredeten das Wort der Wahrheit hören oder es verhöhnen. Zunächst sind da zwei Berge, die zur Auswahl stehen: vom einen kommen die Waffen und auf dem anderen werden die Schwerter zu Pflugscharen geschmiedet. Am Schluss bleibt der Berg der Hoffnung – Hoffnung gegen allen Augenschein, dass Pflugscharen für die Felder geschmiedet werden. Heute gilt auch für die Felder Afghanistans, dass Brot und nicht Mohn wächst, dass Samen und nicht Minen im Erdreich liegen.

Die Rätsel und das Geheimnis

In der Bibel findet Fühmann eben nicht ewige Wahrheiten im Sinne von feststehenden Dogmen, aber er findet darin über die Zeit hinaus Gültiges. Und er praktiziert genau das, was Martin Luther meinte, wenn er sagte: »Hinein, hinein in die Bibel, ihr Leute«, und unterscheidet zwischen Worten, die nur einmal in einer bestimmten Situation, sagen wir zu David, gesagt worden sind und nur damals galten, und den Worten, die heute gelten. Dazu bedarf es des reifen und kritisch unterscheidenden Lesers.

Fühmann sucht nicht vordergründig die Moral, sondern die Wahrheit, den Sinn-Gehalt, die Ziel-Richtung, das erklärende Wort. Das Hintergründige erklärt er mit der Unterscheidung zwischen Rätsel und Geheimnis: »Denn was sich in Wahrheit immer im Dunkel großer Dichtung verbirgt, Geheimnisse menschlichen Existierens, stellt sich dem Leser hier zunächst als ein Rätsel dar, und ein Rätsel, im Gegensatz zum Geheimnis, ist das, was sein Wesen vollständig verliert, wenn man seine – und stets eindeutig, also mit Wörtern formulierbare – Auflösung kennt, während ein Geheimnis dauert, wieviel an Erhellung ihm auch widerfährt.«[25]

Zwischen dem Psalm von Trakl und biblischen Psalmen sieht Fühmann einen grundlegenden Unterschied. Trakls Psalm bewertet er als Antistück zu seinem Urbild, dem biblischen Psalm, »darin notwendig alles verständlich sein muß. … Die Psalmen der Bibel erquicken den Dürstenden, die von heute erwecken nie stillbare Gier.«[26] Ich meine, hier irrt Fühmann. Gerade biblische Psalmen behalten ein Geheimnis und sind nicht so kristallklar, wie manche gewohnte Lesart oder gar das Leistenschlagen der Theologen vorgeben. Allein die Möglichkeit verschiedener Interpretationen der Psalmen verweist darauf, dass ihnen ein Geheimnis bleibt und jede Erklärung nur zu Näherungen kommt, statt »im Schwalle läppischer Verständlichkeiten, die uns mit ihrer Marktschreierei plagen«, zu veröden.

Subjektive Erfahrungen – übertragbare Erkenntnisse

Zu einer Reprint-Ausgabe der Luther-Bibel von 1534 hat Franz Fühmann einen Essay beigesteuert, der zu den überzeugendsten Interpretationshilfen gehört, die es überhaupt gibt. Dieser sehr persönliche und zugleich ganz grundsätzliche Text ist einer der bedeutendsten bibel-hermeneutischen Entwürfe des 20. Jahrhunderts, gerade wegen der Verbindung von Subjektivität und Allgemeingültigkeit. Zunächst erzählt Fühmann von seinen Begegnungen mit der Bibel, vermittelt in traditionell-ländlicher Umgebung mit dem Pfarr-Herren, mitten in katholischer, geradezu geschlossener Gesellschaft. Liebevoll und bilderreich berichtet er selbst von dramatischem Geschehen, das mit dem liturgischen Ablauf des Kirchenjahres in wunderlicher Weise verbunden worden war. Und er resümiert: »Ein lebendiges Buch, vom Mond umgeblättert, gänzlich ohne Widersprüche, und offen vor mir wie der lichte Tag.«[27]

Im Unterschied zu Schwabs Sagen, Grimms und Bechsteins Märchen und den Geschichten aus Tausendundeiner Nacht war die Bibel nicht im Besitz des Kindes Fühmann; aber die Bilder der Bibel – durch den katholischen Pfarrer vermittelt – brachten ein »erregend Neues: das Geheimnis, das aus dem Alltag wuchs«[28]. Rückblickend fragte er sich: »Sah ich anderswo solche Bilder nicht? … und siehe, meine Welt trat hervor.«[29] Er entdeckte in den biblischen Geschichten das Geheimnis des Alltags, das Hintergründige im Alltäglichen. Die Bilder füllten die Fantasie, und die Evangelien überstiegen sein Dasein. Er sah ihre Bilder »in stummer Ehrfurcht«. Plötzlich – im Neuen Testament – war der Herr nah und doch gänzlich im Unnahbaren. Die Bibel hatte viel mehr mit der Wirklichkeit zu tun als die griechischen Mythologien. In die Figuren der Bibel konnte er sich hineinversetzen: »Herakles oder Theseus spielte ich; Simson, das wußte ich, würde ich sein … Ich würde Elias sein, den die Raben nährten … Ich würde in der Grube liegen wie Joseph, mit dem Engel ringen wie Jakob, … den geschlagenen Sklaven rächen wie Moses.«[30] Der Heranwachsende »spürte unruhig«, dass die biblischen Geschichten ihn betrafen: »allein auch um die herausforderndsten lag still jene sonnenhafte Aura, die mich nicht zu nahe treten ließ.«[31]

Dem kindlichen Gemüt drängten sich die Illustrationen von Schnorr von Carolsfeld auf, zusammen mit den biblischen Bildern von Engeln und Teufeln, von Reitern mit Bogen, Schwert, Waage und Dreizack – all dies wird zur Grundlage für die spätere Auseinandersetzung mit dem, was er schon instinktiv entnommen hatte aus den weitererzählten Sermonen, überliefert vom Pfarrer, im Zusammenhang eines immer wiederkehrenden Kirchenjahres. Die Mutter hatte ihm die Lektüre der biblischen Geschichten nur zögernd gestattet, auch in der Klosterschule wurde er nicht zum Bibellesen ermuntert. Als er sie aber las, wurde ihm sehr bald der gravierende Unterschied zwischen den Mären und biblischen Geschichten klar. Erstere waren eindeutig und eindimensional. Das Böse war vom Guten geschieden – und die Menschen in böse und gute. Und am Schluss gab es immer ein Happyend. In biblischen Geschichten aber entdeckte er »ein Geheimnis, das mich bannte: Ich fühlte, daß es von jener Art war, die im eigenen Ich bedrohlich aufstand und, meine Naivität zerstörend, mich aus meinem Kindsein warf. Ich begann die Geschichten der Bibel zu lesen: Ein Riß; und der Abgrund Mensch klaffte auf.«[32] Ganze Geschichten komprimiert er auf zwei Sätze: »Ein Königssohn begehrt seine Schwester, erklärt, ohne ihren Leib nicht leben zu können, lockt die Sorgende durch eine List auf sein Lager, doch am Morgen schon ihrer überdrüssig, läßt er sie auf die Straße werfen, und ein Bruder, der sie rächt, geht als Aufrührer zugrund.«[33] Das ist der Riß, da ist der Abgrund. Das ist der Mensch.

Wie kann man besser von der Heiligkeit der Heiligen Schrift sprechen? Innere Unruhe und persönliche Herausforderung stehen neben erschütterndem Erstaunen. Und Fühmann machte in seinem Innersten aufs Äußerste dieses Nebeneinander von Zerstörung und Heilsein, vom Ende aller Dinge und vom Hängen an dieser schönen Erde durch.

Fühmann hatte einen klaren, unbestechlichen Blick für das, worauf es ankommt. Er erwies sich als ein Meister der Bild- und Symboldeutungen, der Verquickung des Individuellen mit dem Kollektiven, des Sozialen mit dem Religiösen, der inneren Welten und der äußeren Erscheinungen. Er schälte das Wesentliche aus allem Beiwerk heraus und lotete die Konflikte aus. Der hermeneutische Schlüssel war ihm jene Unbedingtheit, mit der der Mensch handelt, und jene Widersprüchlichkeit, in die er sich verstrickt.

Nur so lässt sich Bibel überhaupt verstehen, weil der Leser sich fragt, wo und wie er darin vorkommt, wie er im Widerspruch die Wahrheit erkennt. »Der krumme Weg konnte der gradeste werden und der gerade nie das Ziel erreichen, das doch sichtbar in seiner Bahn lag; im Werden verschränkte sich Hoffen und Bangen; Huldigung und Verleugnung schmolzen ineinander, in der Treue war Verrat angelegt, in der Liebe Haß, in der Demut Hoffart; im Segen schwang Fluch, und im Fluch dröhnte Segen, Wahn und Narrheit schlugen um in Weisheit, und der schärfste Verstand zeugte leeres Geschwätz oder stürzte gar ins Verderben.«[34] Wie ließe sich knapper und tiefgründiger beschreiben, was in biblischen Geschichten anklingt?

Immer wieder verglich Fühmann biblisches Denken mit dem griechischen Mythos und betonte grundlegende Unterschiede: Das Schicksal steht in der Bibel eben nicht unabänderbar fest. Die Entschlüsse dieses Gottes sind ethisch begründet, und so lässt sich auch im Ethischen mit IHM handeln. Die Menschen sind keine Helden; sie sind nicht Opfer unabwendbaren Schicksals, sondern »Kämpfer für die Idee«[35]. Auch einem Menschen, der sich für Böses entscheidet, bleibt Einsicht und Umkehr. Freilich gibt es Zeiten des Büßens, nicht nur der »geistigen« Buße.

Fühmann sah sich durch die Bibel-Lektüre im Widerspruch

zur Herren-Mensch-Ideologie seiner Zeit. Er, ein Soldat in Hitlers Armee, las das Buch 1943 als ein Dokument der Subversion, »des Unerhörten, des Unerlaubten, des Umkehrens von Oben und Unten und des Zerschlagens der alten Tafeln, ein zersetzendes Buch, das den Königen fluchte und die Armen und Schwachen selig pries, ein Buch der Parteinahme für alle Mindren, das den Herrenmenschen ins Gesicht spie, ein Buch des Aufwiegelns und Unruhestiftens, das alles das in Frage stellte, das sich in fraglos sichrer Gegründetheit wähnte – voran die eigene Existenz.«[36]

Die Nacht, da keiner mehr wirken kann

An den Propheten verdeutlicht er, dass Prophet ist, wer nicht anders kann,[37] wer es wagt, gegen den Strom zu schwimmen, sich mit den Oberen anzulegen und unbestechlich das zu sagen, was er sieht, und das vorauszusagen, was kommt, *wenn* Menschen sich nicht ändern. Und auch hier wieder verdeutlicht Fühmann, dass eine Umkehr möglich ist, dass es nicht das unabänderliche Fatum gibt. Er sieht in der Parallelität zu seiner eigenen Zeit und zu sich selbst, in welche schwierige Rolle die »Sager der Wahrheit« stets kommen und weiß doch auch: bei den Propheten ist es die *Wahrheit*, die brennt. Und sie wäre das Rettende! Und nur sie ist das Rettende.

Sehr persönlich klingt, was ihn an den Propheten so fasziniert: nämlich »ihr grandioses Geschichtsphilosophem vom Sinngehalt der Niederlage als Möglichkeit einer Wendung zum Andern, als radikales Neubeginnen, und zwar zuerst mit der eignen Person, als die Chance, Lehren zu ziehen, als Selbstbesinnung auf ethische Werte, als Bruch mit verderblichen Traditionen, als beispielgebendes Menschentum«[38]. 1982 schrieb er diese Sätze, da war er sechzig. Würde er nach dem vorerst völlig besiegelten Ende der weltweiten sozialen Aufbruchbewegung solche Sätze noch formen? Ja, er würde sie finden und aussprechen – angesichts eines Buches, das eine längere Wegstrecke von Leiden und Hoffnungen, von Bewährung und Versagen hinter sich hat.

Als sich sein Horizont durch das erkennbare Nahen des Todes, aber auch durch sein Scheitern in der Gesellschaft verdüstert, kommt er von einem Wort aus dem Johannesevangelium nicht mehr los, ein Wort, das ihn tief beunruhigt: »Es kommt die Nacht, da keiner mehr wirken kann.« Gegen den Tod zu wirken bleibt die menschliche Möglichkeit, aber sie wird nur ergriffen, wenn auch die Gefahr begriffen wird, in der wir stecken, anno 2007, im Kampf der Reichen gegen die Armen, in einem Krieg mit unsichtbaren, aber benennbaren Fronten, in einem Krieg der fundamentalistisch-destruktiven Verblendung einerseits und der Selbstgerechtigkeit und arroganten Machtüberlegenheit andererseits. Die Welt braucht Menschen, »die nicht anders können«, sie braucht Menschen mit dem Pathos der Wahrhaftigkeit und mit gedanklicher Klarheit, Menschen wie Franz Fühmann, die unerschütterlich nach Wahrheit suchen und dafür den Schmerz in Kauf nehmen.

Der Satan, der Erzvater und der Gehorsam

1968 – als Freiheit, Demokratie und Sozialismus sich anzunähern schienen, als sich mündige Individuen gegen die Doktrin »die Partei hat immer recht«, erhoben und niedergewalzt wurden, schrieb Fühmann seine Erzählung »Erzvater und Satan«.

Es geht ihm um das Dämonische, um die Verwechselbarkeit von Gott und Satan, um die Ambivalenz alles Prinzipiellen, sofern Gehorsam zum obersten Prinzip wird: gegen die Stimmen des Herzens und des Verstandes, gegen die Sager der Wahrheit. Abraham wird auf die Gehorsamsprobe gestellt, das Liebste dem Höchsten zu opfern. Er täuscht den Isaak über das Ziel der gemeinsamen Reise. Mit ihm zieht er auf den Berg Morija, um ihm den »Blütenschnee mitten im Winter« zu zeigen. Aber auf dem Weg dahin kommt die Angst, das Verschweigen, die Vorahnung und die Abwiegelung. Isaak ist bereits aufopferungswillig: in blindem Gehorsam sieht er »die schönste Blüte« auf dieser Welt. Fühmann verlegt den Widerspruch Gottes in Gott hinein. Der Satan schließlich befreit Abraham vom letzten Schritt, als der mit zitternd erhobener Hand Isaak, den Sohn seiner Tränen, den Geliebten, den Einzigen, gehorsam zu töten bereit ist, weil er *soll.* Der Satan gebietet Einhalt! Und seine Stimme erschallte, der des Herrn zum Verwechseln gleich! Der Satan stellt zuvor die entscheidende Frage: »Ist es gerecht, daß ein Oberer solch eine Tat von einem Vater verlangt?« Er stellt die Autorität der Macht infrage. Der Verführer ist der abtrünnige Engel – mit sinnenverwirrendem Licht. Er tut dem gehorsam Ergebenen kund, dass der Allmächtige verwundbar ist. Der Widersacher, hat *Ihn* zittern gesehen.

Die Botschaft der Erzählung ist, sich nie abzufinden mit der höheren Weisheit derer, die wissen und befehlen können, was für den Menschen gut ist, und ihn dabei brechen. Das Herr-Knecht-Unterwerfungs-Verhältnis wird aufgehoben. Doch der Preis ist hoch. Fühmann führt die überlieferte Geschichte zu einer tragischen Pointe: Sarah glaubte, dass der Erzvater tun würde, was ihm befohlen worden war. Während Abraham glücklich mit dem lebenden Isaak zurückkehrt, hat sie sich entleibt, aufgeschlitzt, vom Schoß bis zum Herzen. Satan wird zur Stimme des Erbarmens, die dem Menschen sagt: Dieser Gehorsam ist Wahnsinn. Es ist eine markerschütternde Geschichte des Protestes dagegen, dass Menschen sich zum Werkzeug der Geschichte machen lassen – im Namen des Guten, von oben Befohlenen. Genau platziert ist jedes Wort, jeder Dialog, den Widerspruch in allem verdeutlichend. Der »Blütenschnee«, wird vorgespielt, wirklich aber ist die Schlachtbank und die

Bereitschaft zum Schlachten. Dann kommt die glückliche Wendung, aber ein Happyend gibt es nicht; der Irrtum ist tödlich, auch wenn Isaak lebt.

Herzlich und hilflos

Franz Fühmann – der Klosterschüler, der Soldat im Eroberungskrieg, der Umgedrehte aus der Antifa-Schule, der Parteifunktionär, der Rebell – stand ganz im Banne der Zeilen Georg Trakls.

Franz Fühmann lebt mit Behinderten, liest für Behinderte, lernte von Behinderten. Die Staatssicherheit hielt ihn selbst für einen Behinderten, für einen, der der ›geistigen Umnachtung nahe‹ wäre.

Franz Fühmann schrieb für Kinder, macht sich und anderen komplizierte Dinge verständlich. Seit 1974 hatte er den Traum, das Alte Testament für Kinder zu erzählen.

Franz Fühmann lebte mit Bergleuten in Sangerhausen, fuhr als ein Mitarbeitender, nicht als Kommentator unter Tage, lernte von Bergleuten, scheiterte am Berg.

Franz Fühmann lebte als Eremit in Märkisch Buchholz, unter Dörflern, erfuhr das Alltägliche, erlebte, durchlitt, genoß Alleinsein, Abgeschiedensein, Unerreichbarsein, äußerste Konzentration.

Franz Fühmann kam als Alkoholiker in die Entziehungsklinik, hörte mit dem Trinken auf und entkam der Verzweiflung, die ihn in die Sucht getrieben hatte.

Franz Fühmann ist ein Dichter und Nachdichter, ein Erzähler und Nacherzähler, ein Briefempfänger und Briefschreiber, ein Metaphoriker und Hermeneut.

Am Ende seines an Brüchen so reichen Lebens resümierte Fühmann schonungslos. Und doch denkt er weiter, für die Jüngeren, und hält nichts für sinnlos. Schließlich gibt es Prometheus, so, wie es Sisyphus gibt. Für den Propheten zu sprechen kann jedem den Kopf kosten, aber dann kommen andere, die den Mund aufmachen.

Franz Fühmann zerreibt sich ständig zwischen notgedrungen akzeptierter Realität und schonungsloser Wahrhaftigkeit. Er stellte sich vor junge, bedrängte Autoren und gehörte zu denen, die die Wege anderer respektieren, auch ihren Weggang, solange sie aufrichtig bleiben.

Franz Fühmann bietet keine vordergründig politische, dogmatisch verengende, spekulative, bornierte, ehrfürchtig erstarrte, sondern eine an den Grundfragen des Menschen orientierte Interpretation der Bibel an. Fühmann ist so wenig »atheistisch« wie »theistisch« fixiert. Sein Zugang ist so genau wie unvoreingenommen, so erfahrungsbezogen wie ermutigend. Er ist dem Geheimnis auf der Spur, dem er nachsinnt, um weiter zu sehen. Die Bibel ist ihm ein zu hebender Schatz der Menschheitskultur, der den bereichert, der ihn zu erschließen vermag. De profundis! Eines meidet er freilich: Die Erlösungsbotschaft wird nicht Gegenstand seiner Reflexionen; schließlich ist er kein Prediger. Aber ein Atheist? Das weiß Gott allein.

Sein Bibelessay schließt recht abrupt. Warum er sich dem Neuen Testament nicht mehr explizit zuwendet? Er bittet selbst um Nachsicht. Er sei mit den Ambivalenzen des Neuen Testaments noch nicht »zu sich selbst gekommen«. Er bleibt tief beunruhigt, wie (nach Johannes 9) »der Sehend-Gemachte aus der Gemeinde ausgestoßen und dem Sehend-Macher das Äußerste bestimmt ist«.

Fühmann, der keine »Ideologie der Dialektik« zur Verschleierung von Machtpolitik brauchte, weiß die Bibel mit ihrer Wahrheit im Widersprechenden zu verstehen; die unterschiedlichen Bücher begreift er als Einheit.[39]

»Es kommt die Nacht, da keiner mehr wirken kann.« Dieser Satz hat ihn nicht losgelassen. Er fand keinen Abstand zu diesen Worten. Und wozu man keinen Abstand hat, darüber kann man nicht schreiben. Immer wieder kamen ihm Selbstzweifel, sah er sich gescheitert, zuletzt, den Tod schon vor Augen, in einem Brief an einen Brigadier in Sangerhausen. Er musste eingestehen, dass er sein geplantes Lebenswerk, das Bergwerksprojekt, nicht würde beenden können, und er bat die Freunde in der Brigade, ihn nicht mehr zu besuchen.

Was ist uns nur verlorengegangen mit diesem Menschen, im 62. Lebensjahr, und was ist uns schmerzlich vorenthalten mit den nun fehlenden Bibelgeschichten? Ich wüsste niemanden, der es besser gemacht hätte. Und ich wüsste gern, wie sehr ihn der Umbruch 1989/90 herausgefordert hätte zur Weiterführung des Begonnenen.

Franz Fühmann musste so sein, wie er war, mit etwas Unbedingtem, das ihn vor jedem Opportunismus, freilich nicht vor jedem Irrtum, bewahrte. In seiner eigenen schmerzhaften Selbstfindung spitzt er die Fragen so zu, dass zu spüren ist, wie sehr er unter Selbstzweifeln leidet. Bisweilen kommt er der Selbstvernichtung nahe. Er hat etwas vom Pathos der in sich zerrissenen und an der zerrissenen Welt leidenden Propheten des Alten Testaments. Und so wollte er sich auch verstanden wissen. Er sagte von sich, er habe sich jetzt »ein Terrain erobert. Diese Propheten, das ist was Grandioses! Die werden mich nicht mehr loslassen.«[40]

Das Prinzip Zweifel
Bert Brecht provoziert das richtige Fragen

Die Frage nach der Relevanz des Christlichen hat Bertolt Brecht sein Leben lang nicht verlassen. Das reicht von seiner »Hauspostille«, in der er ironisch-polemisch christlicher Entsagungsfrömmigkeit vorwirft, die faktisch bestehenden Verhältnisse zu zementieren, bis hin zu seinem großen Lehrstück »Der gute Mensch von Sezuan« – eine Adaption des Hiob-Themas, ob es denn einen einzigen Gerechten gebe.

Brecht schließt pathetisch mit jenen berühmten Sätzen:

> Wir stehen selbst enttäuscht und sehn betroffen
> Den Vorhang zu und alle Fragen offen.[1]

Zugleich bleibt er auf der Suche nach einem »guten Schluß«.

Bei Brecht verbergen sich religiöse Fragen in sozialen Fragen. Das reicht von der Ballade von Marie Farrar, »denn alle Kreatur braucht Hilf' von allen«, bis zu seinem sehr frühen Vermächtnisgedicht »An die »Nachgeborenen« (1938) mit der Vision, »Daß der Mensch dem Menschen ein Helfer ist«[2].

Scharf polemisiert Brecht gegen jede christliche Vertröstungsideologie, die eben eine eminent politische Funktion zur Vertröstung der Armen hat, um den Lebensgenuss der Reichen zu garantieren. Er mahnt geradezu liturgisch-pathetisch

> Laßt euch nicht verführen!
> Es gibt keine Wiederkehr.
> ...
> Laßt euch nicht vertrösten!
> Ihr habt nicht zu viel Zeit!

…
Ihr sterbt mit allen Tieren
Und es kommt nichts nachher.[3]

Nichts ist ihm »heilig«, in seinen Persiflagen verschont der junge Brecht nichts.

Das aufklärerische Pathos, mit dem Immanuel Kant sich wundert über »das moralische Gesetz in mir und den gestirnten Himmel über mir«, entzaubert er in »Orges Gesang« auf dem Abort:

Orge sagte mir: Der liebste Ort
Auf Erden war ihm immer der Abort.

Dies sei ein Ort, wo man zufrieden ist
Daß drüber Sterne sind und drunter Mist.[4]

Die Kreatürlichkeit und damit die Vergänglichkeit des Menschen sind für Brecht ein Thema, das er nicht ohne die Frage behandelt, was denn der Mensch in seiner Lebenszeit an »Vergnügungen« hat erleben dürfen und was er zugleich getan hat, um Ungerechtigkeit zu bekämpfen, denn »die Gerechtigkeit ist das Brot des Volkes«. Und dieses Brot – im doppelten Sinne – muss da sein: »reichlich, bekömmlich, täglich«.

Ich bin ein Theologe geworden, der die Bibel nur mit Brecht (und Brecht nur mit der Bibel) lesen kann. »Ich erwarte keine Antwort, aber die deine.« Dieser Brechtsatz gilt für alle, die als mündige Menschen die Bibel lesen. Ihr seid die Nachgeborenen derer, die Nachgeborene des Krieges waren. Wir sind immer »Nachgeborene«. Wir stehen auf der Schwelle zu einer Zeit, deren Konturen wir noch nicht kennen. Das Bedrohliche überwiegt, und es wäre zu bändigen, wenn wir alle miteinander nicht alles laufen ließen. Wenn wir wollen, lässt es sich bändigen. Wer aus der Flut auftaucht, muss achtgeben auf neue Fluten, die drohen, und lernen aus dem, was zurückliegt. Nur dialektisches Denken kann sich bewähren.

> Wer noch lebt, sage nicht: niemals!
> Das Sichere ist nicht sicher.
> So, wie es ist, bleibt es nicht.[5]

Schlecht steht es um die Hoffnung der Welt, denn »Es ist furchtbar, daß der Mensch sich mit dem Bestehenden so leicht abfindet, nicht nur mit fremden Leiden, sondern auch mit seinen eigenen.«[6] Brecht ist der Schriftsteller, der uns eingreifendes Denken lehrt, das, was wir allgemein mit dem Wort »Verantwortung« meinen.

Aus welchem familiären Kontext stammt dieser Berthold? Der Vater rechnete offenbar lange mit der Rückkehr des Sohnes in die »Gutbürgerlichkeit«. Auf heute übertragen: Er rechnete immer noch damit, dass er Computerspezialist würde, und die Mutter hoffte, dass er ein zweiter Ganghofer werden würde, so eine Art Konsalik, ein Gefälligkeitsschriftsteller für die Oberen und das gemeine Volk zugleich.

Bert Brecht kennzeichnete früh ein Pathos, das in die Welt der Klein- und der Großbürgerlichkeit nicht passte, nämlich das Pathos der Wahrhaftigkeit. Er hatte geradezu einen Zwang zu sagen, was ist. Und das mit einem Vergnügen an Sprache, einem Vergnügen am Aufdecken von Konflikten, einem Vergnügen an der Dialektik, am Reisen, an bequemen Schuhen, am Hund, an der Zeitung und am Freundlichsein. Dazu gehört seine Wut, die er in den kalkulierten Zorn der Veränderung umgießt. 1918 – mit zwanzig Jahren also – las er seinem Freund Otto Münsterer die »Auslassungen eines Märtyrers« vor.

> Ich zum Beispiel, spiele Billard in der Bodenkammer
> Wo die Wäsche zum Trocknen aufgehängt ist und pißt
> Meine Mutter sagt jeden Tag: es ist ein Jammer
> Wenn ein erwachsener Mensch so ist

Und und so etwas sagt, wo ein anderer Mensch nicht an
so etwas denkt
Bei der Wäsche, das ist schon krankhaft, so was macht ein
Pornografist

Aber wie mir dieses Blattvordenmundnehmen zum Hals
heraushängt
Und ich sage zu meiner Mutter: was, kann denn ich dafür,
daß die Wäsche so ist!

Dann sagt sie: so etwas nimmt man nicht in den Mund,
nur ein Schwein
Dann sage ich: ich nehme es ja nicht in den Mund

Und so geht das Geplänkel weiter bis zur ärgerlichen Feststellung:

Dann sollen sie eben nichts von der Wahrheit in den Katechismus drucken
Wenn man nicht sagen darf, was ist.[7]

Man muss konkret sagen, was ist, auch wenn unsere Wäsche heute in der Trommel liegt und nicht mehr pisst. Es geht um den Konflikt der Generationen, der Konventionen, der Wahrheiten und der Tabus einer Zeit. Weh einer Zeit, die nicht einmal mehr Wahrheiten hat, gegen die man sein kann! Wer so redet wie dieser Zwanzigjährige, der kann eigentlich von keiner Eltern- und Lehrergeneration als Moralist für Heranwachsende missbraucht werden. Brecht ist keine Podestfigur: so ein Liebhaber der Frauen und einer, der von Frauen so geliebt wurde. Er ist ein Mensch, von dem man lernen kann, die Welt genauer zu sehen, nie zu verzweifeln, sondern zu erkennen, dass die Welt Änderung nötig hat, dass sie den Einzelnen braucht und den Zusammenschluss derer, die sich nicht abfinden wollen mit Krieg, Hunger, Ungerechtigkeit, mit Machtanmaßung und mit

Vertröstungen. Von blühenden Landschaften kann keine Rede sein! Nichts gelingt ohne Schwierigkeiten und Widersprüche; sie machen das Leben »schön«.

Brecht bleibt stets ein Lernender und ein Lehrender, der kritische Zuschauer und Leser will. Man wird weder ihm noch sich selbst etwas Gutes tun, wenn man ihn zum Klassiker macht oder – wie es in der vereinigten deutschen Republik weithin üblich wird – für abgestanden erklärt, ihn gewissermaßen gleich mit in die östliche Nostalgiekiste wirft.

Ideenlose halten sowieso diejenigen nicht aus, die es sich erlauben, überhaupt noch Ideen zu haben, für die es sich lohnt, sich einzusetzen. Die so genannte Postmoderne, die jetzt auch über den Osten kommt, ist lediglich ein Ausdruck von lauer Verzweiflung, nirgendwann von Hoffnung, überhaupt ohne starke Empfindung, eher eine nachbürgerliche Dekadenz in Nadelstreifen. Eine Art »Westerwelle« kommt über uns.

Achtzehn Jahre nach dem poststalinistischen Sozialismus in der DDR und nach ideologischem Gebrauch dieses Dichters ist es nicht mehr selbstverständlich, Brecht intensiv in der Schule zu behandeln; denn alles, was da links ist, bekommt flugs das Etikett der »Mischung aus Utopie und Verbrechen«, als falsches Bewusstsein, als überholt und verloren. Das hörte ich andersrum schon einmal. Brecht soll gewissermaßen emeritiert werden. Er sei, genauso wie der Sozialismus, endgültig »erledigt«. Manches ist in der Tat so erledigt, wie der sowjetische Sozialismustyp überhaupt. Es gibt einige Texte von ihm – Gedichte, Geschichten, Stücke –, die ideologisch missbraucht werden konnten. Bis zur 10. Klasse habe ich nur Gedichte gelernt, bei denen ich mir sagte: Die würde ich nie von alleine lernen! – Bis dann ein Lehrer kam, der Brecht mit uns anders las. Seitdem liebe ich Brecht.

Man muss sich z.B. ein Gedicht wie »Der große Oktober« ansehen, um jene Zeit kennenzulernen, auch seine Stalin- und Sowjetuniongedichte, seinen Leninkult. Vieles lässt sich aus der

Zeit erklären, selbst uneingestandene Irrtümer, Folgen der Verwirrung und Verirrung, dass die Wahrheit parteilich sei. Im Übrigen muss man wissen, was sich in den Biografien, die in der DDR erschienen, auch in der zweibändigen von Werner Mittenzwei, nicht fand: Brecht war nicht »in der Partei«, schrieb jedoch ein Gedicht über »die Partei«, wie sie – die SED – sein sollte, damit er ihr angehören könnte. Brecht, von den Nationalsozialisten ausgebürgert, ist auch nie »einer von uns« gewesen. Er war kein DDR-Bürger, sondern erwarb 1950 die österreichische Staatsbürgerschaft. Mit Gründen. Brecht hat den Mauerbau nicht mehr erlebt, auch nicht das Aufbrechen der Mauer und die Diskussion um das, was »Deutschland« nun bedeutet.

Brecht lässt sich nicht vereinnahmen, nicht einmal von sich selbst. In einer Kalendergeschichte – sie wurde unter dem Titel »Die überzeugenden Fragen« veröffentlicht – schreibt er: »Ich habe bemerkt, sagte Herr Keuner, daß wir viele abschrecken von unserer Lehre dadurch, daß wir auf alles eine Antwort wissen. Könnten wir nicht im Interesse der Propaganda eine Liste der Fragen aufstellen, die uns ganz ungelöst scheinen?«[8] Das ist seine herrliche Ironie. Man weiß nicht – meint er es so, meint er es so nicht?

Oder »Das Wiedersehen«: »Ein Mann, der Herrn Keuner lange nicht gesehen hatte, begrüßte ihn mit den Worten: ›Sie haben sich gar nicht verändert.‹ ›Oh!‹ sagte Herr Keuner und erbleichte.«[9]

Oder: »Die Mühsal der Besten«: »›Woran arbeiten Sie?‹ wurde Herr Keuner gefragt. Herr Keuner antwortete: ›Ich habe viel Mühe. Ich bereite meinen nächsten Irrtum vor.‹«[10] Wenn einer so über sich reden kann, dann kann er kein Ideologe werden. Brecht ist letztlich immer am Menschen interessiert. Sein frühes Pathos gibt er nicht preis:

> Auch ihr, ich bitte euch, wollt nicht in Zorn verfallen
> Denn alle Kreatur braucht Hilf von allen.[11]

Wer die Geschichte »Von der Kindesmörderin Marie Farrar« liest und wem das nicht nahegeht, der kann kein Mensch sein.

Bei Brecht sind persönliches Mitleid und die politische Solidarität immer verbunden. Ihm geht es um das »Brot der Gerechtigkeit«. Das finde ich außerordentlich überzeugend: Es geht wirklich um das Brot, das ich esse. Und es geht um das Brot der Gerechtigkeit. In einer solchen Metapher ist das Individuelle mit dem Politischen unmittelbar verbunden. Die materielle Bedingtheit allen Denkens wird nicht vulgärmarxistisch gelehrt, sondern dialektisch entwickelt. Viele seiner Texte provozieren nicht in einem vordergründigen Sinne; aber sie provozieren Gespräche.

Das Gedicht »Bei den Hochgestellten« wirft heute ganz neue Fragen auf, z. B. ob die Niedrigen, wenn sie endlich zu essen haben oder gar »oben« sind, sich wirklich anders verhalten.

Brecht ist ein besonderer Freund des Friedens. Da kann er richtig pathetisch werden.

> Friede der Frau und dem Manne!
> Friede dem Greis und dem Kind!
> Friede der See und dem Lande
> Daß sie uns günstig sind.[12]

Brauchen wir nicht geradezu solch ein Friedenspathos, das alle und alles einbezieht? Bedrängend wahr bleiben seine imperativischen Bitten im Gedicht »An Meine Landsleute«:

> Ihr, die ihr überlebtet in gestorbenen Städten
> Habt doch nun endlich mit euch selbst Erbarmen!
> ...
> Ihr Männer ...
> Ihr Kinder – daß sie euch mit Krieg verschonen!
> Ihr Mütter ...[13]

Brecht ist durchgängig herrschaftskritisch. Er ist Marxist, aber er hält den Zweifel immer hoch, eben die Tugend, die für Karl Marx persönlich die wichtigste war, was uns in der DDR wiederum verschwiegen wurde. Ohne das »Prinzip Zweifel« gibt es für ihn kein «Prinzip Hoffnung«. Sein Denken ist eingreifend; er begnügt sich nicht mit dem Gedanken an sich.

> Gelobt sei der Zweifel! Ich rate euch, begrüßt mir
> Heiter und mit Achtung den
> Der euer Wort wie einen schlechten Pfennig prüft!
>
> O schönes Kopfschütteln ...[14]

Aber der Zweifel ersetzt nicht das Handeln. Beobachten wir genau, wie dieses Land inzwischen wieder von »Unpolitischen« wimmelt, die zusehen, was die anderen machen. Sie schütteln beständig den Kopf und sagen: »Das ist nicht richtig so.« Aber sie bleiben völlig passiv, geschweige denn, dass sie eine demokratische Opposition organisieren. Deswegen: Nicht nur eingreifend *denken*, sondern auch *eingreifen*! Zweifeln? Ja! Aber auch etwas tun. Dann gibt es die Überbedenklichen, die niemals zu handeln wagen und den Zweifel verbieten.

> Da sind die Unbedenklichen, die niemals zweifeln.
> Ihre Verdauung ist glänzend, ihr Urteil ist unfehlbar.
> ... Auf Argumente
> Hören sie mit dem Ohr des Spitzels.[15]

Solche Leute sterben nie aus. Jene Brechtsätze hatte ein junger Mann 1970 in Halle öffentlich ausgelegt und war dafür ins Gefängnis gekommen. Danach ging die Spitzelei im Studentenwohnheim, das ich damals leitete, erst richtig los.

Brecht ist einer, der uns lehrt, an den großen Männern zu zweifeln.

Die großen Männer sagen viele dumme Sachen
Sie halten alle Leute für dumm
Und die Leute sagen nichts und lassen sie machen
Dabei geht die Zeit herum
…
Der große Bert Brecht verstand nicht die einfachsten
    Dinge
Und dachte nach über die schwierigsten wie zum Beispiel
    das Gras
Und er lobte den großen Napoleon
Weil er auch aß

Die großen Männer tun, als ob sie weise wären
Und reden sehr laut – wie die Tauben
Die großen Männer sollte man ehren
Aber man sollte ihnen nicht glauben[16]

Brecht sagt »Ja, aber« zu allen alten und neuen Ideologien, Thesen und Antithesen. Genauso sagt Brecht denen, die einmal Unterdrückte waren und nun Führer sind, dass sie beim Reden hören sollten und dass sie das Zweifeln zulassen sollten, denn sie sind doch Führer geworden, weil sie einmal an Führern zweifelten. Aus diesem Grunde setzt Brecht viel häufiger Fragezeichen als Ausrufezeichen oder Doppelpunkt. So steckt auch im Imperativ immer die Frage:

Wer seid ihr? Zu wem
Sprecht ihr? Wem nützt es, was ihr da sagt?
Und, nebenbei:
Läßt es auch nüchtern? Ist es am Morgen zu lesen?
… Ist alles belegbar?
Durch Erfahrung? Durch welche?
Aber vor allem
Immer wieder und vor allem andern: wie handelt man
Wenn man euch glaubt, was ihr sagt?[17]

Ihm geht es darum, zuerst die richtigen Fragen zu stellen, um sodann die eigenen Antworten zu suchen und diese auf ihre Tauglichkeit hin zu untersuchen. Man lese wieder Bert Brechts »Der Zweifler« und »Lob des Zweifels«. Und beschäftige sich mit seiner Ästhetik, in der eine überraschende Ethik steckt, etwa in seinem kleinen Text: »Was ist schön?« Schön ist es, wenn man Probleme löst, antwortet Brecht.

Er sucht den Zweifel, der produktiv bleibt, der nicht zum Verzweifeln wird, sondern schließlich ins Handeln führt. Und dabei ist er so maßlos wie bescheiden. In einem der späten Gedichte, die geradezu etwas Weisheitliches haben, schreibt er:

Das Bild wurde gemalt mit den Farben, die vorhanden waren.

Gegessen wurde, was da war.
Gegeben wurde den Bedürftigen.
Gesprochen wurde mit den Anwesenden.
Gearbeitet wurde mit den Kräften, der Weisheit und dem Mut,
die zur Verfügung standen.
Die Sorglosigkeit soll nicht entschuldigt werden.
Mehr wäre möglich gewesen.
Das Bedauern wird ausgesprochen.
(Was könnte es helfen?)[18]

Buchstabieren wir diese Zeilen aus dem Gedicht »Schlechte Zeiten« angesichts unserer Herkulesaufgaben nach der äußerlich gewonnenen deutschen Einheit. Wer so nüchtern ist, der resigniert nicht. Das ist Hoffnung eines Realisten und nicht eines »Statisten« des Status quo: Mit dem arbeiten, was vorhanden ist, aber immer auch Größeres für möglich halten.

Brecht überrascht immer wieder, und man muss schon sehr darauf sehen, wie ernst er seine Zeilen jeweils meint, wie viel Ironie oder Provokation also jeweils darin steckt.

Selten wird Brecht zynisch. Eine Frauenzeitschrift fragt ihn 1928 nach dem Buch, das den stärksten Eindruck hinterlassen habe. Seine lapidare Antwort: »Sie werden lachen, die Bibel.« Darauf stürzen sich natürlich meine theologischen Zunftgenossen: Brecht. Die Bibel. Seht mal! Dabei will Brecht in der Tat, dass die Frager lachen und gleichzeitig bemerken, welche nachdenkenswerte Wahrheit in seiner Antwort steckt. Brecht hat von der Bibel gelernt. Wer heute seine »Hauspostille« liest, wird sie nicht verstehen, wenn er nicht die Bibel kennt, wie überhaupt seine Strategie, durch Verfremdung zur Erkenntnis zu kommen, für die Katz ist, wenn man nicht weiß, was er verfremdet. In den Genuss der Erkenntnis kommt erst derjenige, der etwas weiß! Wer die Bibel nicht kennt, wird die Verfremdung nicht verstehen. Brecht bietet erst einen Erkenntnisgewinn, wenn man weiß, was er »verfremdet«. Wissen wird – selbst wenn man es erst mit Mühe erworben hat – zum Genuss.

Angesichts von vier bis sechs Millionen Arbeitslosen kommen soziale Fragen in einer neuen, bedrängenden, aggressiven wie explosiven Weise auch bei uns in Ostdeutschland wieder auf. In der Dritten Welt sind sie längst die Überlebensfrage. Da bleibt der sozialkritische Brecht aktuell, auch wenn nicht alle seine Antworten brauchbar sind, weil manche heutige Bedingung anders ist. Er konnte z.B. noch nicht sehen, wie viele Menschen die moderne Technologie »freisetzt« und welche Falle die Technologiemodernisierung neben der Herrschaft multinationaler Konzerne darstellt.

Der sozialistische Verteilungsstaat ist gescheitert. Brecht konnte auch noch nicht sehen, dass dieser Sozialismus an sich selbst, nicht bloß an der Konkurrenz mit dem Kapitalismus, ökonomisch und politisch zugrunde gegangen ist. Aber ein Stück wie »Der gute Mensch von Sezuan« stellt sehr klar das Problem dar, vor dem auch wir stehen: wie sich Wirtschaftlichkeit und menschliche Solidarität besser vertragen. Brecht lässt uns zurück mit der Frage, wie sich heute die Güte und das Geld miteinander vertragen. Er ist der Überzeugung, dass ein guter Schluss da sein *muss*. Durch sein ganzes Werk zieht sich die

Frage nach der Wirksamkeit des Guten und der Güte, die Frage nach der guten Welt und dem guten Menschen. Zugespitzt hat er das in der »Heiligen Johanna der Schlachthöfe«, dem kapitalismuskritischen Stück par excellence. Da sagt die sterbende Johanna:

> Sorgt doch, daß ihr die Welt verlassend
> Nicht nur gut wart, sondern verlaßt
> Eine gute Welt![19]

Es kommt darauf an, dass Bedingungen geschaffen werden, unter denen man gut sein *kann*. Das wiederum knüpft das frühe, populärste Werk Brechts, »Die Dreigroschenoper«, an:

> Wir wären gut – anstatt so roh
> Doch die Verhältnisse, sie sind nicht so.[20]

Das ist zu einseitig. Das hat Brecht später überarbeitet und durchdacht. Man braucht Verhältnisse, unter denen man nicht stehlen muss, um leben zu können. Wenn Reiche immer reicher und Arme immer ärmer werden, wird das Stehlen zwangsläufig. Wer aber stiehlt legal – mehr? Die Reichen!

So populär sie geworden sind – zum Mitsingen –, so wenig haben die Lieder ihre Sprengkraft verloren: der Song von der Seeräuber-Jenny, die Moritat von Mackie Messer, die »Ballade vom angenehmen Leben« oder das Lied »Von der Unzulänglichkeit menschlichen Strebens«:

> Ja, mach nur einen Plan
> Sei nur ein großes Licht
> Und mach dann noch 'nen zweiten Plan
> Gehn tun sie beide nicht.
>
> …
>
> Ja, renn nur nach dem Glück
> Doch renne nicht zu sehr

Denn alle rennen nach dem Glück
Das Glück rennt hinterher.«[21]

Oder die Schlussverse der »Moritat von Mäckie Messer«:

Denn die einen sind im Dunkeln
Und die andern sind im Licht
Und man siehet die im Lichte
Die im Dunkeln sieht man nicht.«[22]

Wer den »Kinderkreuzzug« gelesen hat, den wird der Schrecken der Nazizeit und das Mitgefühl mit den Verfolgten nicht loslassen, sofern er nicht völlig abgebrüht, von der flachen Fernsehkultur abgestumpft ist: Kinder ziehen gemeinsam aus dem Kriegsgebiet in ein Land, wo Frieden war. Der Hund, den sie aussenden mit einem Hilferuf am Hals, wird verhungert gefunden.

Brecht war wahrlich ein Aufrechter, aber das macht ihn noch nicht zum Helden. Ziemlich umstritten blieb sein Verhalten beim Verhör 1947 in den USA während der McCarthy-Zeit. Da reagierte er pragmatisch, aber durchaus auch in Angst. Er versuchte, sich geschickt aus der Schlinge zu ziehen. Es drängte ihn zurück nach Europa, nach Deutschland, nach Berlin. Während der Befragung in den USA war er wahrlich kein Bekenner. Er hielt solche »Gewissensprüfung« zwar für nicht rechtmäßig, wollte jedoch nicht sinnlos bestraft werden. Auch da findet man merkwürdige Parallelen: »Fünf Schwierigkeiten beim Sagen der Wahrheit« hat er ausgemacht: den *Mut*, sie zu sagen, die *Klugheit*, sie zu finden, die *Kunst*, sie unter die Leute zu bringen, das *Urteil*, diejenigen auszuwählen, bei denen sie wirksam sind, und die *List*, sie zu verbreiten. Mut, Klugheit, Kunst, Urteil und List braucht man beim Sagen der Wahrheit. Aber vor einem Inquisitionsgericht die Wahrheit sagen? Er gab eine pragmatische Antwort, weil man nicht jedem gegenüber verpflichtet ist, alles zu sagen. Wie wahr ist das in unserer hochentwickelten Schlüssellochkultur!

Brecht hat eigene Erfahrungen in der Kalendergeschichte »Maßnahmen gegen die Gewalt« eingefangen:

»Als Herr Keuner, der Denkende, sich in einem Saale vor vielen gegen die Gewalt aussprach, merkte er, wie die Leute vor ihm zurückwichen und weggingen, blickte um und sah hinter sich stehen – die Gewalt.

›Was sagtest du?‹ fragte ihn die Gewalt.

›Ich sprach mich für die Gewalt aus‹, antwortete Herr Keuner.

Als Herr Keuner weggegangen war, fragten ihn seine Schüler nach seinem Rückgrat. Herr Keuner antwortete: ›Ich habe kein Rückgrat zum Zerschlagen. Gerade ich muß länger leben als die Gewalt.‹«[23]

Texte hat er uns hinterlassen, die gewissermaßen in den »Katechismus« gehören, wie z. B. »Herr K. und die Natur«. Wo Nationalismus wieder aufflammt, auch als rechte Gewalt, da wirkt Brecht erhellend und befreiend. Er schreibt in der Geschichte »Vaterlandsliebe, der Haß gegen Vaterländer«:

»Herr Keuner hielt es nicht für nötig, in einem bestimmten Lande zu leben. Er sagte: ›Ich kann überall hungern.‹ Eines Tages aber ging er durch die Stadt, die vom Feind des Landes besetzt war, in dem er lebte. Da kam ihm entgegen ein Offizier dieses Feindes und zwang ihn, vom Bürgersteig herunterzugehen. Herr Keuner ging herunter und nahm an sich wahr, daß er gegen diesen Mann empört war, und zwar nicht nur gegen diesen Mann, sondern besonders gegen das Land, dem der Mann angehörte, also daß er wünschte, es möchte vom Erdboden vertilgt werden. ›Wodurch‹, fragte Herr Keuner, ›bin ich für diese Minute ein Nationalist geworden? Dadurch, daß ich einem Nationalisten begegnete. Aber darum muß man die Dummheit ja ausrotten, weil sie dumm macht, die ihr begegnen.‹«[24] Das ist es: wir sollten aufpassen, auch wenn wir an *die* Serben denken. Oder: Es gibt auch andere Kroaten als die Gewalttätigen in Mostar, andere Muslime als die Selbstmordattentäter in Bagdad und in Tel Aviv!

Wo der Kapitalismus als Prinzip weltweit dominiert, muss der »Kaukasische Kreidekreis« und die Weisheit des Azdak wieder zur Sprache kommen:

… daß da gehören soll, was da ist
Denen, die für es gut sind, also
Die Kinder den Mütterlichen, damit sie gedeihen[25]

In der demokratischen Gesellschaft wird man für die Gerechtigkeit unter den Bedingungen der Freiheit kämpfen müssen. Diese Aufgabe bleibt uns, sie gehört zu den Vermächtnissen dieses großen deutschen Dichters und unabhängigen Sozialisten.

Manches in seinen Gedichten erschließt sich in seinem Mehrfachsinn erst allmählich.

Glücklicher Vorgang

Das Kind kommt gelaufen
Mutter, binde mir die Schürze!
Die Schürze wird gebunden.[26]

Glück ist Hilfe: Bitten, gebeten werden, helfen können, Hilfe erfahren. Das ist Leben. Dass der Mensch dem Menschen ein Helfer sei, das ist das Ziel allen menschlichen Lebens. Und so wird Brecht für viele weiterhin ein Mutmacher. Die Welt, die wir der nächsten Generation übergeben, trudelt in eine globale Krise. Viele haben schon jetzt das Gefühl, dass sie nicht gebraucht und nicht erwartet werden »in der Welt der Arbeit«.

Es ist kein billiger Trost, sondern die stets nötige Portion Selbstbesinnung, die aus einem Gedicht wächst, das Brecht »Frühling« nennt. Solch ein Selbstvertrauen, wie es dieses Frühlingsgedicht ausdrückt, brauchen wir in einer Zeit, die uns zukunftsskeptisch macht.

Frühling

An einem dürren Ast
Ist eine Blüt erblüht
Hat sich heut nacht bemüht
Und nicht den Mai verpaßt.

Ich hatt so kein Vertraun
Daß ich ihn schon verwarf
Für Anblick und Bedarf.
Hätt ihn fast abgehaun.[27]

Anmerkungen

I. Dichtung und Wahrheit — das Gute und das Schöne

Nach Wahrheit suchen
Lessings Gedanken über Glaube, Vernunft und Toleranz

1 Gotthold Ephraim Lessing, Gespräche. Berlin 1924, S. 49.
2 Ebenda, S. 48 ff.
3 Zitiert nach Karl-Josef Kuschel, »Jud, Christ und Muselmann vereinigt«? Lessings Nathan der Weise. Paderborn 2004, S. 190.
4 Walter Jens/Hans Küng, Dichtung und Religion. Pascal, Gryphius, Lessing, Hölderlin, Novalis, Kierkegaard, Dostojewski, Kafka. München 1984, S. 106.
5 Friedrich Heinrich Jacobi hatte Goethes »Prometheus«-Gedicht ohne Verfasserangabe in einem seiner Zeitschriftenexemplare publiziert, die Seite war nicht paginiert, so dass man sie leicht hätte herausreißen können. Zur Zeit des Absolutismus war es höchst gefährlich, atheismusverdächtige Gedichte aus dem Gedankenkreis Spinozas zu veröffentlichen. Goethe nahm »Prometheus« erst 1789 in seine Gedichtsammlung auf, unmittelbar darauf folgte »Ganymed« – ein Gedicht, in dem die Natur pantheistisch verherrlicht wird.
6 Willy Brandt, Der Wille zum Frieden. Perspektiven der Politik. Mit einem Vorwort von Golo Mann. Frankfurt a.M. 1973, S. 328.

Das Geheimnis der Welt in allen Kulturen wiederfinden
Zur kosmopolitischen Religiosität Hermann Hesses

1 Hermann Hesse, Gesammelte Werke. Band 6, Frankfurt a.M. 1987, S. 208 ff.
2 Ebenda, S. 209.
3 Ebenda, S. 211.
4 Ebenda, S. 196.
5 Ebenda, S. 197.

6 Hermann Hesse, Gesammelte Werke. Band 5, Frankfurt a.M. 1987, S. 429.
7 Hesse, Gesammelte Werke, Band 6, S. 425.
8 Ebenda, S. 471.
9 Ebenda, S. 393.
10 Ebenda, S. 474.
11 Ebenda, S. 475.
12 Vgl. ebenda, S. 430f.
13 Ebenda, S. 430.
14 Hermann Hesse, Sämtliche Werke. Hrsg. von Volker Michels. Band 10, Frankfurt a.M. 2002, S. 569.
15 Hesse, Gesammelte Werke, Band 6, S. 451.
16 Ebenda, S. 452.
17 Ebenda, S. 407.
18 Vgl. ebenda, S. 389ff.
19 Vgl. ebenda, S. 393.
20 Hermann Hesse, Die Gedichte. Hrsg. von Volker Michels, Frankfurt a.M. 1998, S. 795.
21 Hesse, Sämtliche Werke, Band 10, S. 246f.
22 Ebenda, S. 246.
23 Hermann Hesse, Lesebuch. Erzählungen, Betrachtungen und Gedichte. Frankfurt a.M. 1992, S. 309.
24 Ebenda, S. 318.
25 Ebenda.
26 Hermann Hesse, Prosa aus dem Nachlass. Frankfurt a.M. 1965, S. 160f.
27 Hermann Hesse, Sämtliche Werke. Band 14, Frankfurt a.M. 2003, S. 252ff.
28 Hesse, Sämtliche Werke, Band 10, S. 260.

II. Wie Glaube berührt und verwandelt

»Und doch war das Leben so schön«
Musik als Erlösung bei Wolfgang Amadeus Mozart

1 Eric-Emmanuel Schmitt. Mein Leben mit Mozart. Zürich 2005, S. 17ff.
2 Ebenda, S. 32.
3 Ebenda, S. 42.
4 Ebenda, S. 62f.

»Vertrauen, dieses schwerste ABC«
Ein Brief an Hilde Domin

1 Hilde Domin, Das Gedicht als Augenblick von Freiheit. Frankfurter Poetik-Vorlesungen 1987/1988. München 1988, S. 90.
2 Hilde Domin, Gesammelte Gedichte. Frankfurt a.M. 1987, S. 264.
3 Ebenda, S. 222.
4 Ebenda, S. 170f.
5 Ebenda, S. 272.
6 Ebenda, S. 221.
7 Ebenda, S. 364f.
8 Ebenda, S. 111.
9 Ebenda, S. 294.

Ein ermutigender Freund hilft, die Ohnmacht zu überwinden
Dorothee Sölle lehrt beten und widerstehen

1 Dorothee Sölle, Die revolutionäre Geduld. Berlin 1974, S. 23.
2 Dorothee Sölle, Meditationen & Gebrauchstexte. Berlin 1969, S. 13.
3 Dorothee Sölle, Die Hinreise. Zur religiösen Erfahrung. Texte und Überlegungen. Stuttgart 1975, S. 75.
4 Sölle, Meditationen & Gebrauchstexte, S. 9.

III. Die Zweifel der Suchenden: Begleiter aus der Krise

Ein Dokument der Subversion und des Aufbruchs
Wie Franz Fühmann die Bibel auslegt

1 Ingrid Prignitz, Franz Fühmann. Im Berg. Texte aus dem Nachlaß. Rostock 1999, S. 307.
2 Barbara Heinze, Franz Fühmann. Eine Biographie in Bildern, Dokumenten und Briefen. Rostock 1998, S. 287.
3 Franz Fühmann, Vor Feuerschlünden. Erfahrung mit Georg Trakls Gedicht. Rostock 1982, S. 131.
4 Heinze, Franz Fühmann, S. 110.
5 Ebenda, S. 299f.
6 Franz Fühmann, Erfahrungen und Widersprüche. Versuche über Literatur. Rostock 1975, S. 5ff.

7 Fühmann, Vor Feuerschlünden, S. 204.
8 Ebenda, S. 13.
9 Ebenda, S. 14.
10 Ebenda, S. 13.
11 Heinze, Franz Fühmann, S. 360.
12 Franz Fühmann, Meine Bibel. In: Zu Martin Luther: Biblia. Bd. 3, Leipzig 1983, S. S. 81 (Hervorhebungen – F. Sch.).
13 Fühmann, Erfahrungen und Widersprüche, S. 199.
14 Ebenda, S. 164.
15 Ebenda, S. 201.
16 Ebenda, S. 199.
17 Franz Fühmann, Die dampfenden Hälse der Pferde im Turm von Babel. 3. Aufl., Berlin 1981, S. 100.
18 Fühmann hatte mit anderen Schriftstellern und Künstlern gegen die Ausbürgerung Wolf Biermanns protestiert.
19 Heinze, Franz Fühmann, S. 303.
20 Wehrdienstgesetz und angrenzende Bestimmungen. Staatsverlag der DDR. Berlin 1983, S. 9 ff.
21 Heinze, Franz Fühmann, S. 301.
22 Ebenda, S. 301 ff.
23 Ebenda, S. 304.
24 Ebenda, S. 303.
25 Fühmann, Vor Feuerschlünden, S. 73 ff.
26 Ebenda, S. 75.
27 Fühmann, Meine Bibel. In: Zu Martin Luther: Biblia, S. 53.
28 Ebenda, S. 53.
29 Ebenda, S. 54.
30 Ebenda, S. 54.
31 Ebenda, S. 55.
32 Ebenda, S. 58.
33 Ebenda, S. 58.
34 Ebenda, S. 59.
35 Ebenda, S. 63.
36 Ebenda, S. 70.
37 Ebenda, S. 74.
38 Ebenda, S. 77 ff.
39 Franz Fühmann, Das Ohr des Dionysios. Rostock 1985, S. 145.
40 Ebenda, S. 152 ff.

Das Prinzip Zweifel
Bert Brecht provoziert das richtige Fragen

1 Bertolt Brecht, Stücke 6. Berlin und Weimar, Frankfurt a. M. 1989, S. 278 (Große kommentierte Berliner und Frankfurter Ausgabe. Werke, Bd. 6).
2 Bertolt Brecht, Gedichte 2: Sammlungen 1938–1956. Berlin und Weimar, Frankfurt a. M. 1988, S. 87 (Große kommentierte Berliner und Frankfurter Ausgabe. Werke, Bd. 12).
3 Bertolt Brecht, Gedichte 1: Sammlungen 1918–1938. Berlin und Weimar, Frankfurt a. M. 1988, S. 116 (Große kommentierte Berliner und Frankfurter Ausgabe. Werke, Bd. 11).
4 Ebenda, S. 61.
5 Bertolt Brecht, Lob der Dialektik. Ebenda, S. 238.
6 Bertolt Brecht, Ist die Unterdrückung so als. Gedichte 4: Gedichte und Gedichtfragmente 1928–1939. Berlin und Weimar, Frankfurt a. M. 1993, S. 410 (Große kommentierte Berliner und Frankfurter Ausgabe. Werke, Bd. 14).
7 Bertolt Brecht, Gedichte 3: Gedichte und Gedichtfragmente 1913 bis 1927. Berlin und Weimar, Frankfurt a. M. 1993, S. 11 f. (Große kommentierte Berliner und Frankfurter Ausgabe. Werke, Bd. 13).
8 Bertolt Brecht, Prosa 3: Sammlungen und Dialoge. Berlin und Weimar, Frankfurt a. M. 1995, S. 20 (Große kommentierte Berliner und Frankfurter Ausgabe. Werke, Bd. 18).
9 Ebenda, S. 21.
10 Ebenda, S. 15.
11 Brecht, Gedichte 1, S. 44.
12 Bertolt Brecht, Friedenslied. Brecht, Gedichte 5: Gedichte und Gedichtfragmente 1940–1956. Berlin und Weimar, Frankfurt a. M. 1995, S. 254 (Große kommentierte Berliner und Frankfurter Ausgabe. Werke, Bd. 15).
13 Ebenda, S. 205 f.
14 Bertolt Brecht, Lob des Zweifels. Brecht, Gedichte 4, S. 459.
15 Ebenda, S. 461.
16 Bertolt Brecht, Von den großen Männern. Brecht, Gedichte 3, S. 336 f.
17 Bertolt Brecht, Der Zweifler. Brecht, Gedichte 4, S. 377.
18 Brecht, Gedichte 5, S. 214 f.
19 Bertolt Brecht, Stücke 3. Berlin und Weimar, Frankfurt a. M. 1988, S. 230 (Große kommentierte Berliner und Frankfurter Ausgabe. Werke, Bd. 3).
20 Bertolt Brecht, Stücke 2. Berlin und Weimar, Frankfurt a. M. 1988, S. 263 (Große kommentierte Berliner und Frankfurter Ausgabe. Werke, Bd. 2).

21 Ebenda, S. 291.

22 Bertolt Brecht, Prosa 4: Geschichten, Filmgeschichten, Drehbücher 1913–1939. Berlin und Weimar, Frankfurt a.M. 1992, S. 320 (Große kommentierte Berliner und Frankfurter Ausgabe. Werke, Bd. 19).

23 Brecht, Prosa 3, S. 13.

24 Ebenda, S. 15.

25 Bertolt Brecht, Stücke 8. Berlin und Weimar, Frankfurt a.M. 1992, S. 185 (Große kommentierte Berliner und Frankfurter Ausgabe. Werke, Bd. 8).

26 Brecht, Gedichte 5, S. 262.

27 Ebenda, S. 266.